《高职高专商学系列教材》编写委员会名单

高职高专商学系列教材

（第二版）

西方经济学

XIFANG JINGJIXUE

李成　何善华　林宙◎编著

暨南大學出版社
JINAN UNIVERSITY PRESS
中国·广州

图书在版编目（CIP）数据

西方经济学/李成，何善华，林宙编著．—2 版．—广州：暨南大学出版社，2008.7（2016.2 重印）
（高职高专商学系列教材）
ISBN 978 - 7 - 81079 - 667 - 5

Ⅰ. 西…　Ⅱ. ①李…②何…③林…　Ⅲ. 现代资产阶级经济学—高等学校：技术学校—教材　Ⅳ. F091.3

中国版本图书馆 CIP 数据核字（2008）第 084849 号

出版发行：暨南大学出版社

地　址：中国广州暨南大学
电　话：总编室（8620）85221601
营销部（8620）85225284　85228291　85228292（邮购）
传　真：（8620）85221583（办公室）　85223774（营销部）
邮　编：510630
网　址：http://www.jnupress.com　http://press.jnu.edu.cn

排　版：暨南大学出版社照排中心
印　刷：江门市新教彩印有限公司

开　本：787mm×1092mm　1/16
印　张：15.125
字　数：385 千
版　次：2006 年 2 月第 1 版　2008 年 7 月第 2 版
印　次：2016 年 2 月第 12 次
印　数：38001—39000 册

定　价：23.00

总 序

呈现在读者面前的这一套《高职高专商学系列教材》是面向高等教育的专科教材。该系列教材内容涵盖了经济与管理两大学科中商务活动的基础理论、基础知识和基本技能，它在突出其实践性的同时，还对它们的性质、特点、方式、方法、过程及运行机制进行了研究。

商学是一门社会科学。我国清代学者郑观应曾说过："商理极深，商务极博，商心极密，商情极幻。"这便揭示了商学的特点及复杂性。据考证，商学最早的著作是 10 世纪阿拉伯的《商人手记》（即《巨商阿·德米斯基手记》），尔后，1458 年意大利出版了《商人学》，17 世纪德国出版了《商事学》等。商学发展历经沧桑，反映了不同国家生产力发展的水平和商务活动的状况。

进入 21 世纪，我国的生产力水平已经发展到了一个相当的高度。2003 年我国国内生产总值（GDP）已达 115 898 亿元，比上年增长 9.1%，按当时汇率计算，人均 GDP 首次突破 1 000美元。2004 年 GDP 已达 136 515 亿元，又上了一个新台阶。2004 年全国社会消费品零售总额为 53 950 亿元，是 1949 年 140.5 亿元的 383.9 倍。据世界贸易组织秘书处公布：2004 年我国货物进口额为 11 547.4 亿美元（是 1950 年 11.3 亿美元的 1 021.8 倍），世界排名第 3 位；服务贸易出口额为 589 亿美元，世界排名第 9 位；服务贸易进口额为 697 亿美元，世界排名第 8 位，突显了我国经济发展的强劲态势和商务活动在国内、国际经济所处的重要地位。毫无疑问，加强商学科学研究、指导实践活动是时代赋予我们的使命。

从事商学教学与实践的各位作者、同仁与全体商学界的同道殚见洽闻，得其三昧，为推动商学系列教材的建设与创新，师直为壮，不敢懈怠，殚精竭虑，编写了这一套与时俱进、适应当今我国经济和科技发展及商学科学要求的《高职高专商学系列教材》。

商学系列教材的编写得到了暨南大学、华南师范大学、广东工业大学、广州大学、广东技术师范学院、广东潮汕学院、广州金桥干部学院、广州科技职业技术学院、广州航海高等专科学校、长沙民政职业技术学院、广州白云职业技术学院、广州私立华联学院等高校的教授、院长、系主任的悉心指导和鼎力相助。他们的加盟，无疑给这套《高职高专商学系列教材》锦上添花。在此，我们衷心地感谢他们开物成务的创造性劳动！

我们还要衷心地感谢暨南大学出版社潘雅琴副编审的大力支持和精心指导！

当然，编写《高职高专商学系列教材》难免管中窥豹，但它所具有的特色不容置疑：

一是针对性强。本系列教材体现高职高专要求：强调理论够用，突出实践性。既能把握理论基础，又能为强化应用提供广阔的空间，一改过去专科生使用本科生教材上课的旧习。

二是编写作者阵容强大。编著者来自普通高校和高职高专院校的资深专业教师，包括一大批双师型教师，他们具有丰富的教学经验、实践经验和较高的写作水平，确保了教材的高质量和可读性。

三是知识内容丰富。本系列教材的内容在汲取国内外新理论、新经验、新科技的基础之上，作者结合自身的研究与实践，博采众长，切磋琢磨，使认识得到了升华，在很多方面不乏新意、新创。

四是体例新颖。本系列教材的编著一改过去的理论说教、平铺直叙的呆板方式，而是围绕素质、知识、能力三位一体的教育原则，在结构框架、栏目设置和写作风格上均有所创新，结构层次分明，并运用了图表、案例、专栏等形式，激发学生学习兴趣，增强学生学以致用的信心。

商学科学是一个极其复杂和动态的领域，处于不断发展变化之中。因此，要想穷尽所有的内容是不可能也是不必要的。诚如有人所说，建筑是一门遗憾的艺术，因为楼房建成以后总会发现一些缺陷与疵点。本系列教材的作者们也会有与建筑师同样的感受，但他们已磨砺以须，恪守不渝，奋力紧跟时代发展，力使本系列教材日臻完善。

陈己寰

2005 年 5 月于华联园

前　言

西方经济学是一门基础课，对提高学生的整体素质和以后各专业课程的学习都是极为重要的。本书适用于高职高专财经、贸易、管理各专业学生的教材或教师参考用书，书中提供了大量的经济学案例、补充阅读等，有助于提高学生的学习兴趣，加深对经济学基本原理的理解。每章后面的小结，对教材的重点、难点和基础知识进行归纳和总结，力求使学生在学习中把握教材的核心内容。

本书共15章，其中李成编写第5、6、7、8、11、12、13、14、15章，何善华编写第1、2、4章，林宙编写第3、9、10章。

本书在编写过程中，得到了私立华联学院的鼎力支持和私立华联学院陈己寰教授、华南师范大学曾和杰教授和林勇教授、广州大学姚晓彬教授的指导和帮助，暨南大学出版社潘雅琴、吕肖剑为这本书的出版做出了贡献，在此，由衷地向他们致谢。

作　者

2006年1月

目　录

第3章 弹性理论

第4章　消费者行为理论

第5章　生产理论

第6章　成本与收益

第7章　厂商均衡理论

第8章 分配理论

第9章 国民收入核算理论与方法

第10章 国民收入决定理论

第11章 失业与通货膨胀理论

第12章　经济周期理论

第13章　经济增长理论

第14章　宏观经济政策

第15章　开放经济概论

第1章 导言

⊙本章学习要点

1. 稀缺性、选择、机会成本的含义
2. 生产可能性曲线
3. 微观经济学与宏观经济学的关系
4. 实证方法与规范方法的区别

⊙本章学习内容

1. 经济学的研究对象
2. 微观经济学与宏观经济学
3. 经济学的研究方法

⊙案例分析

⊙本章小结

⊙关键术语和概念

⊙练习题

⊙补充阅读

1.1 经济学的研究对象

经济学研究的各类问题是以资源的稀缺性与人类社会的无穷欲望之间的基本矛盾为出发点的。因此，在有限的社会资源条件下，如何对稀缺的资源进行有效配置与充分利用，最大化地满足人类社会的无穷欲望，成为经济学这门科学的研究对象。

1.1.1 资源的稀缺性

资源的稀缺性一般包括两个方面：一方面是相对于人类的无穷欲望而言，上天赋予我们的资源太少了；另一方面是由于自然或社会的原因，这些有限的资源还往往得不到充分利用。无穷的欲望与有限的资源之间的关系就是经济学所说的资源的稀缺性。因此，如何合理地配置与利用有限的资源，就成为了人类社会永恒的问题。经济学正是为解决这个问题而产生的。

在现代西方经济学中，社会资源一般包括三个部分：

第一，自然的赋予，如土地、森林、矿藏、河流等。

第二，劳动，即人力资源（劳动力），包括人的智力和体力的总和。

第三，人们制造出来用于生产的东西，如生产工具、机器设备、厂房建筑等。简单地说，社会资源包括土地、劳动和资本，它们的总量是固定的、有限的，是经济社会进行生产不可缺少的因素，所以，在经济学上也叫做生产要素。

无论是对社会还是个人，社会资源具有稀缺性都是普遍存在的。例如，人们需要许多舒适而宽敞的住房，但社会能用于建房的土地、资金、材料、人力等总是有限的；每个人都想购买许多物品，但我们的收入总是有限的。这就说明，任何社会和个人都会遇到社会资源稀缺性的问题。

在经济学上，资源的稀缺性一般是指相对稀缺性，即从相对意义上来谈资源的多寡。它只是相对于人类社会的无穷欲望来说，再多的资源也是不足的。经济学中的欲望是指人们心理上具有的一种缺乏与不满足的感觉以及求得满足的愿望。简单地说，欲望就是人们的需求，人类的欲望具有多样性和多层次性，进而具有无限性。关于欲望，我们在第 4 章中再具体学习。

但是，这种稀缺性的存在又是绝对的。也就是说，它存在于人类历史的各个时期和一切社会。从历史上来看，稀缺性存在于人类社会的所有时期。无论是早期的原始社会还是当今社会，都存在着稀缺性。从现实来看，稀缺性存在于世界各地，无论是贫穷的非洲还是富裕的欧美，都存在稀缺性。所以，稀缺性是人类社会永恒的问题，只要有人类社会，就会有稀缺性。

1.1.2 资源的配置——选择和机会成本

既然社会资源具有稀缺性，如何把有限的资源进行合理配置与充分利用，以最大化地满足人类社会的无穷欲望，在经济学中则显得非常重要。

资源具有稀缺性，但同时具有多用途性，每一种资源都有一系列可供选择的用途。例如，钢铁既可以用来制造日常生活用品（如厨具、房屋等），也可以用于军事目的（如生产枪支、大炮等）。在实际生产当中，人们可以根据需要的不同选择不同的用途。而一种资源一旦被用于某种商品的用途后，就会失去生产另一种商品的可能，即人们需要在资源的多种用途中进行合理选择。

与此同时，人类无限性的需要随着社会的发展和进步也日益增大，呈现出多样性的特点，而且在日益增多的多种需求中，在不同的时期和条件下，人们对某种物品的需求程度也是不同的。例如，在和平年代，人们对日常用品的需要更为强烈，钢铁就会被更多地选择用于制造生活用品。

正是由于社会资源多用途性与需要多样性的并存，使得任何社会都面临一个选择的问题，所谓选择就是用有限的资源去满足某些欲望的决策，也就是如何利用既定的社会资源去生产经济物品，以便更好地满足人类的需要。具体而言，选择包括三个相关问题：

第一，生产什么，生产多少。人们的需要具有多样性与多层次性，在不同的条件下，每种需要的相对重要性不同。在资源稀缺，全部需要得不到充分满足时，为使有限的资源所能提供的满足程度最大，就要合理选择应满足需要的种类，并确定被选择中每种需要到底满足到什么程度。这就是决定生产什么、生产多少的问题：生产什么主要取决于哪些需要被选中，这又取决于各种需要的相对重要性；每种产品生产多少，则取决于选中的每种需要到底要满足到什么程度，并据此决定每种产品到底该生产多少。由于资源的有限，用于生产某种产品的资源多些，则用于生产另一种产品的资源就会少些。人们必须做出选择：用多少资源生产某一种产品，用多少资源生产另一种产品。

第二，如何生产。一是用什么资源生产，二是用什么方法生产。资源具有多样性，同时每种资源的相对稀缺程度不同。所以，无论生产什么，都要合理选择所用资源的种类和每种资源的使用量，实现资源的合理组合，以使生产的成本达到最低。这就是用什么资源进行生产的问题，当然，同样的产品有不同的资源组合（劳动密集型方法或资本、技术密集型方法或资本）。此外，还有采用什么方法去生产的问题（大规模生产还是小规模生产，采用何种生产方法效率较高）。

第三，为谁生产。生产出来的产品如何在人们之间进行分配和分配是否合理、根据什么原则、采用什么机制进行分配、分配的数量界限如何把握等。分配直接影响到效率：一方面，合理分配收入才能使生产者发挥积极性，从而提高生产效率；另一方面，效率最大归根到底是效用最大，只有合理分配收入，才能使既定的财富消费量提供的满足程度最大。

稀缺性是人类社会各个时期和各个社会所面临的永恒问题，所以，上述关于选择的三个方面的问题也就是人类社会所必须解决的基本问题。这三个问题被称为经济学上资源的配置问题。

但是，因资源的稀缺性而做出选择必然会丧失资源的其他用途，有所得就要有所失。为了得到某种东西而放弃的另一种东西就是做出决策的机会成本。例如，一个大学生选择上大学读书，他就放弃了四年工作所得的收入；当土地被用于修建高尔夫球场时，必须放弃这块土地所能生产的粮食。为上大学而放弃的工作收入和为修建高尔夫球场而放弃的粮食就是做出上大学或修建高尔夫球场这些选择的机会成本。

1.1.3 生产可能性曲线

我们可以用生产可能性曲线的概念来说明稀缺性、选择和机会成本。

生产可能性曲线又称为生产可能性边界线或生产转换线，表明在既定资源和技术条件下生产两类商品最佳产出数量的不同组合点的轨迹。

在一定技术水平下，一个社会或一国的全部资源所能生产的物品的最大数量总是一定的。假定一个社会用全部资源生产两种物品：粮食和棉花。如果只生产粮食可以生产 15 万吨，只生产棉花可以生产 5 万吨。在这两种极端的可能性之间，还存在着粮食和棉花的不同数量组合。假设这个社会在决定粮食与棉花的生产时，提出了 *A*、*B*、*C*、*D*、*E*、*F* 六种组合方式，则可以做出表 1 – 1 的形式来反映生产可能性。

表 1-1　生产可能性表

可能性	棉花（万吨）	粮食（万吨）
A	0	15
B	1	14
C	2	12
D	3	9
E	4	5
F	5	0

根据表 1-1，我们可以做出生产可能性曲线图，如图 1-1 所示：

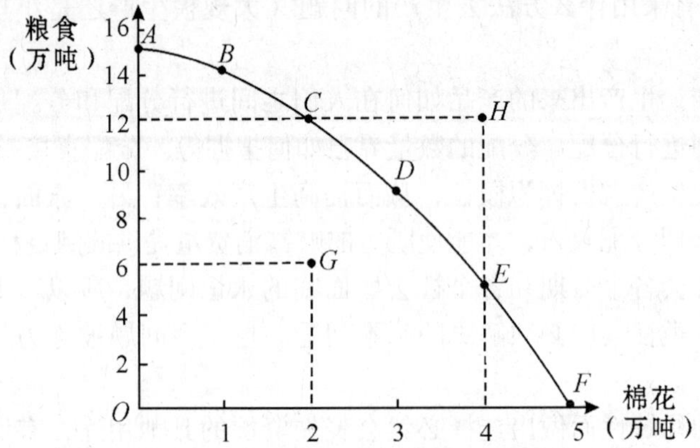

图 1-1　生产可能性曲线

在图 1-1 中，连接 *A*、*B*、*C*、*D*、*E*、*F* 点的 *AF* 线是在资源既定的条件下所能达到的粮食与棉花最大产量的组合，被称为生产可能性曲线或生产可能性边界。*AF* 线还表明了，多生产一单位粮食要放弃生产多少单位棉花，或者相反，多生产一单位棉花要放弃生产多少单位粮食，因此，又称为生产转换线。从图 1-1 中还可以看出，*AF* 线内的任意一点（例如 *G* 点）上粮食与棉花的组合（6 万吨粮食和 2 万吨棉花），也是资源既定条件下所能达到的，但并不是最大数量的组合，即资源没有得到充分利用。*AF* 线外的任意一点（例如 *H* 点）上粮食与棉花的组合（12 万吨粮食和 4 万吨棉花），是粮食与棉花更大数量的组合，但在现有条件下无法实现。

所以说生产可能性曲线是表示一个经济社会在一定技术条件下，充分利用现有资源所能生产的各种商品的最大数量的组合。

生产可能性曲线说明了稀缺性、选择和机会成本这三个重要概念。

在存在稀缺性的情况下，人们必须做出生产多少粮食和棉花的决策。这就是所面临的选择问题。生产可能性曲线上的所有点都是人们所做出的选择。

在资源既定时，多生产一吨棉花就要少生产若干吨粮食，或者说为了得到一吨棉花就要放弃若干吨粮食。所放弃的若干吨粮食正是得到一吨棉花的机会成本。生产可能性曲线的斜率代表机会成本。

资源的稀缺性迫使人们必须对无穷的欲望的轻重急缓做出选择。实际上，经济学就产生于资源的稀缺性以及由此而引起的选择的需要。以钢铁这一资源为例，和平时期社会更需要多用于制造日常生活用品（如厨具、房屋等），而在战争时期社会更需要用于军事目的（如生产枪支、大炮等）。这样，在解决稀缺问题时，人类社会就必须对如何使用资源做出选择。所谓选择就是如何利用既定的资源去生产经济物品，以便更好地满足人类的需要。

生产可能性曲线上的点代表稀缺资源的不同配置及产品的数量组合。到底选择哪一种组合，即生产什么、生产多少由选择方式（计划或市场）决定。如何生产，用什么方法更有效率，要对各种生产要素进行组合，低效率生产方式会导致其产量组合落在生产可能性曲线以内。产品如何分配即为谁生产，你可以根据生产可能性曲线上的组合点，判断社会资源是更多地用于粮食、棉花的生产，还是用于高尔夫球场。

1.1.4 资源的利用

当出现失业时，意味着经济资源的闲置与浪费。所以，经济学家不仅要研究资源的配置问题，还要研究资源的利用。所谓资源的利用是指人类社会如何利用现有的稀缺资源，使之生产出更多的物品和劳物。经济资源的稀缺与闲置并存是现代经济学面临的两大难题，即产量组合不在 AF 曲线上，而在 AF 曲线以内（如 G 点）。因此，如何对稀缺资源进行充分利用来满足人们的需要，是经济学研究的另一个问题，即宏观经济问题。

资源的利用包括三个相关的问题：

第一，为什么资源得不到充分利用，如何解决失业、实现充分就业。

第二，在资源既定情况下，为什么产量有时高有时低，即一个社会生产物品的能力是否实现了持续增长，财富是否持续增加。经济水平为什么会波动，如何实现经济增长。经济增长意味着在相同的资源限制条件下生产更多的物品和劳物来满足人们的需要。

第三，如何达到物价稳定。资源利用不足，例如存在失业时，会伴有通货紧缩的现象，但利用过度也可能造成通货膨胀。这两种情况都会破坏市场经济的价格机制，影响经济运行的稳定性。所以资源利用最好做到既无通货紧缩，也无通货膨胀。这就是物价稳定。因为现代社会是一个以货币为交换媒介的商品社会，货币购买力的变动对所引起的各种经济问题的解决都影响特别大。

由以上可以看出，稀缺性不仅引起了资源的配置问题，而且还引起了资源的利用问题。所以，许多经济学家把经济学定义为“研究稀缺资源配置和利用的科学”也许更恰当一些。

1.1.5 资源配置的基本方式——市场经济制度和计划经济制度

尽管各种社会都存在社会资源稀缺性的问题，但是解决资源稀缺的方法并不相同。在现代社会经济中，解决资源配置与利用的两种基本经济制度是：

（1）市场经济制度，即主要通过市场上价格的调节来决定生产什么，如何生产与为谁生产。企业使用成本最低的技术和成本组合（如何生产）生产哪些价高利大的商品（生产什么）；生产要素价格或要素供求决定人们收入的高低，产品的分配取决于人们的货币数量或消费决策（为谁生产）；资源的充分利用、经济波动和通货膨胀等问题也主要通过价格的调节与刺激等间接经济手段来解决。

（2）计划经济制度，即通过中央计划来决定生产什么（军需物资或民用消费品数量及比例）、如何生产（生产要素统一调拨、按计划供应、产供销“一条龙”、计划缺口的平衡与调剂）、为谁生产（产品分配由自上而下的组织及制度决定）。

当然，在现实中许多国家的经济制度都是市场与计划不同程度的结合，经济学家把这种经济制度称为“混合经济”。但市场与计划的结合并不是一半对一半，总是以一种经济制度为主，另一种经济制度为辅。现在越来越多的人认识到，市场经济从总体上看比计划经济效率高，更有利于经济的发展。因此，许多过去采用计划经济制度的国家纷纷转向市场经济。这就是说，现在世界上绝大多数国家采取的是由国家宏观调控的市场经济制度。

既然稀缺性问题的解决离不开具体的经济制度，所以经济学的定义是：研究在一定经济制度下稀缺资源配置和利用的科学。本书所介绍的西方经济学，是研究在市场经济制度下，稀缺资源配置与利用的科学。因此，西方经济学也是市场经济的科学。

1.2 微观经济学与宏观经济学

现代西方经济学的研究对象是稀缺资源的配置与利用，由此形成了各种不同问题的经济学分支。微观经济学主要研究稀缺资源的合理配置，而宏观经济学主要研究稀缺资源的充分利用。

1.2.1 微观经济学

1. 微观经济学的含义

微观经济学是以单个经济单位为研究对象，通过研究单个经济单位的经济行为和相应的经济变量单项数值的决定来说明价格机制如何解决社会资源配置的问题。

在学习微观经济学时，应注意下列几点：

第一，研究对象是单个经济单位的经济行为。单个经济单位是指组成经济的最基本的单位：居民户与厂商。居民户是经济中的消费者或家庭。厂商是经济中的生产者或企业。首先分析单个消费者和单个生产者的经济行为，分析单个消费者如何就有限的收入进行消费选择决策以最大化地满足自己的需要，以及单个生产者如何利用有限的资源进行最优的生产决策以获得最大利润。

第二，解决的问题是资源配置。即生产什么、如何生产和为谁生产的资源配置问题。微观经济学主要研究市场价格机制、供求机制和竞争机制的作用原理，通过分析各种商品市场和要素市场的价格决定过程，考察经济变量之间的关系和相互影响，寻求实现稀缺资源配置的最佳途径。即在假设经济资源已经得到了充分利用的基础上，研究如何配置经济资源尽可能提高经济效率。

第三，中心理论是价格理论。在市场经济中，居民户与厂商的行为都受价格的支配，生产什么、如何生产和为谁生产都由价格决定。价格是一只看不见的手，调节着整个经济的行为，通过价格的调节，社会资源的配置实现了最优化。微观经济学正是要说明价格如何使社会资源配置达到最优化。价格分析是微观经济学的核心，因此微观经济学也被称为价格理论。

第四，研究方法是个量分析。个量分析是研究经济变量的单项数值如何决定。例如，某种商品的价格，就是这种经济变量的单项数值。通过分析单个市场中所有消费者和所有厂商之间的相互作用关系，来说明市场价格机制调节某种产品供求实现均衡。

2. 微观经济学的基本假设

经济理论的建立一般要以一定的假设为前提条件。微观经济学假设的基本条件有以下三点：

第一，市场出清假设。即价格可以自由而迅速地升降，发挥调节机制，经过价格调节的市场一定会实现供求均衡。具体而言，商品价格的调节使商品市场均衡；利率的调节使资本金融市场均衡；工资的调节使劳动力市场均衡。在这种均衡状态下，资源可以得到充分利用，不存在资源闲置或浪费的问题。也就是说，在假设资源充分利用的情况下，集中研究资源配置的问题。

第二，完全理性，即经济人假设。在微观经济学中，最优化行为起了关键作用。正因为每个消费者和厂商的行为都是最优的，所以，价格的调节才能使整个社会的资源配置实现最优化。这一假设的前提是，完全理性的假设，即消费者和厂商都是以利己为目的的经济人，他们都是按利益最大化的原则行事，既能把最大化作为目标，又知道如何实现最大化。

经济人假设是从事经济活动的个人在自利性的驱动下，独立做出理性的决策，然而，为了做出对自己有利的经济决策，进行最优化的行为，还必须拥有其他的假设条件。

第三，完全信息假设。完全信息是指市场上每一个从事经济活动的个体（消费者和厂商）都对有关经济情况具有完全的信息，并具有对信息进行处理的能力，这是最优化行为产生的充分必要条件。例如，每一个消费者都能充分了解每一种商品的性能和特点，准确地判断不同的消费量给自己带来的不同满足程度，掌握水平价格在不同时期的变化等，从而做出最优的消费决策；每一个生产者对生产所需资源和产品的价格变化也有充分了解，掌握投入与产出之间的技术数量关系，准确了解市场对其产品的需求等，从而做出最优化的生产决策。

只有在以上三个假设条件之下微观经济学关于价格调节实现资源配置最优化，以及由此引出自由放任的经济政策，才是正确的。在现实生活中，这三个条件并不一定完全具备，这只是传统经济学家在研究微观经济学时的一个基本假设条件。现代经济学家正是对此提出了质疑。本书介绍的微观经济学的主要内容还是传统的经济学，因此还是以这三个假设为前提。

3. 微观经济学的内容

微观经济学的内容相当广泛，其中主要包括有：均衡价格理论、消费者行为理论、生产理论、分配理论、一般均衡与福利经济学、市场均衡与微观经济政策等。在本书中，我们主要介绍这些内容。

1.2.2 宏观经济学

1. 宏观经济学的含义

宏观经济学是指以整个国民经济为研究对象，通过研究经济中各有关总量的决定及其变化，来说明资源如何才能得到最充分地利用。

在理解宏观经济学时，应注意下列几点：

第一，研究对象是整个经济。这就是说，宏观经济学所研究的不是经济中的各个单位，而是由这些单位所组成的整体。不是单一的树木，而是由这些树木所组成的森林。这样，宏观经济学就要研究整个经济的运行方式与规律，从总体上分析经济问题，即把整个国民经济作为一个整体，通过研究失业、通货膨胀、经济周期、资源的利用程度和经济增长等各种经济现象的原因及其相互关系，并为政府试图解决各种经济难题的经济政策提供理论上的指导，包括理论分析和政策研究两个基本的部分。

第二，解决问题的方法是资源利用。宏观经济学把资源配置作为既定的，研究现有资源没有得到充分利用的原因，达到充分利用的途径，以及经济如何增长等问题。

第三，中心理论是国民收入决定理论。宏观经济学把国民收入作为最基本的总量，以国民收入决定理论和就业分析为中心来研究资源利用问题，分析整个国民经济的运行。国民收入决定理论被称为宏观经济学的核心。其他理论则是运用这一理论来解释整体经济中的各种问题。宏观经济政策则是这种理论的运用。

第四，研究方法是总量分析。总量是指能反映整个经济运行情况的经济变量。它是由微观的个量加总而成的宏观总量或总量的平均数，如由各个家庭在一定时期的消费和储蓄加总而成的全社会的消费支出和储蓄总额，各个厂商在一定时期的投资加总而成的全社会的投资支出、政府在预算年度的收入和支出，一个国家在一定时期的进口总额、国际收支总额、货币供应量和货币流通量，国民收入和各行业的就业人数加总而成的全社会就业量以及由各种产品的价格汇总的一般物价水平等，都是把一个社会作为一个整体进行考察时的经济变量的总量或平均数。因此，宏观经济学也被称为"总量经济学"。

2. 宏观经济学的基本假设

宏观经济学产生于20世纪30年代，它的基本内容基于以下两个假设。

第一，市场机制是不完善的。自从市场经济产生以来，各国的经济就是在繁荣与萧条的交替中发展的，若干年一次的经济危机成为市场经济的必然产物，经济中，如果只依赖市场机制的自发调节，就无法克服危机与失业，就会在资源稀缺的同时，产生资源的浪费。资源稀缺性不仅要求使资源得到合理配置，而且还要使资源得到充分利用，而要做到这一点，只依赖市场机制是不够的。

第二，政府有能力调节经济，纠正市场机制的缺点。人类不是只能顺从市场机制的作用，而且还能在遵从基本经济规律的前提下，对经济进行调节。政府可以通过观察与研究来认识经济运行的规律，并采取适当的手段进行调节。整个宏观经济学正是建立在对政府调节经济能力信任的基础之上的。

总之，宏观经济学的核心是：政府应该调节经济，政府可以调节经济。

3. 宏观经济学的基本内容

宏观经济学的内容相当广泛，包括宏观经济理论、宏观经济政策以及宏观经济计量模型。本书涉及的主要是宏观经济理论与政策。其中主要有：国民收入决定理论、失业与通货膨胀理论、经济周期与经济增长理论、开放经济理论和宏观经济政策。

应该指出的是，不同的经济学家对经济运行进行了不同的分析，对各种宏观经济问题做出了不同的解释，并由此提出了不同的政策主张，形成了不同的宏观经济学流派。当前最有影响的有三大流派：新古典综合派、货币主义与理性预期派。以美国经济学家萨缪尔森为首的新古典综合派是凯恩斯主义在当代的代表，主张国家干预经济。以美国经济学家弗里德曼和卢卡斯为代表的理性预期派则主张自由放任。本书所介绍的宏观经济学是以新古典综合派的理论体系为主的。

1.2.3　微观经济学与宏观经济学的联系

从以上分析中，我们可以看出，微观经济学与宏观经济学在研究的对象、解决的问题、中心理论和分析方法上都是不同的。但它们之间又有着密切的联系。

1. 微观经济学是宏观经济学的基础

宏观经济学的研究对象是一个社会的总体经济行为，而对总体经济行为的分析离不开个体经济行为分析，即宏观经济分析必须要以微观经济分析为基础。总体上看，宏观经济学所研究的是稀缺资源利用的问题，是微观经济各个主体理性决策的结果。比如，宏观经济学研究总供求均衡和充分就业。总供求均衡的基本条件是储蓄等于投资；充分就业的实质是劳动市场供求均衡。储蓄是消费者收入在现在消费与未来消费之间跨时期合理配置的结果，投资是厂商对资本需求的决定。同样，劳动的供给是由劳动者在劳动与闲暇之间合理配置所决定的，劳动的需求也由厂商对劳动的需求所决定。

2. 微观经济学与宏观经济学是相互补充的

经济学的目的是要实现社会经济福利的最大化。为了达到这个目的，既要实现资源的最优配置，又要实现资源的充分利用。微观经济学在假定资源已经实现充分利用的基础上分析如何达到最优配置的问题；宏观经济学在假定资源已经实现最优配置的基础上分析如何达到充分利用的问题。它们从不同的角度分析社会经济问题，从这一点说明两者不是相互排斥的，而是互相补充的，它们共同组成经济学的基本原理。

3. 微观经济学与宏观经济学都是实证分析

微观经济学与宏观经济学都把社会经济制度作为既定的，不分析社会经济制度对经济的影响。它们都是把市场经济制度作为一个既定的存在，分析这一制度下稀缺资源配置与利用的问题。这种不涉及制度问题，只研究经济本身的内在规律，并根据这些规律，分析和预测人们经济行为的效果，即分析具体问题的方法就是实证分析，它要回答“是什么”的问题。从这种意义上看，两者都属于实证分析的范围。例如，两者都使用科学的抽象方法，都使用静态均衡分析和动态过程分析的分析方法，都利用经济计量学的方法进行经验的统计和数量分析，而在进行数量分析时都使用边际分析工具等。

1.3　经济学的研究方法

1.3.1　实证方法与规范方法

实证方法在研究经济问题时超脱一切价值判断，只研究经济本身的内在规律，并根据这些规律分析和预测人们经济行为的效果。它要回答“是什么”的问题。

规范方法在研究经济问题时以一定的价值判断为基础，提出某些标准作为分析处理经济问题的标准，并研究如何才能符合这些标准。它要回答“应该是什么”的问题。

在理解实证方法与规范方法时，应注意几个问题：

第一，价值判断的含义。价值判断可以被定义为对所认定的客观效力的赞成或不赞成的判断。价值判断就是指对经济事物社会价值的判断，即对某一经济事物是好是坏的判断。对社会有积极意义则为好，对社会有消极意义则为坏。价值判断属于社会伦理学范畴，具有强烈的主观性。实证方法为了使经济学具有客观科学性，就要避开价值判断问题；而规范方法要判断某一具体经济事物的好坏，则从一定的价值判断出发来研究问题。是否以一定的价值判断为依据，是实证方法与规范方法的重要区别之一。

第二，实证方法与规范方法要解决的问题不同。实证方法要解决“是什么”的问题，规范方法要解决“应该是什么”的问题，这一点也就决定了实证方法可以避开价值判断，而规范方法必须以价值判断为基础。

第三，实证方法研究经济问题所得出的结论具有客观性，可以根据事实来进行检验。规范方法研究经济问题所得出的结论要受到不同价值观的影响，没有客观性。谁是谁非没有绝对标准，从而也就无法进行检验。

第四，实证方法与规范方法研究经济问题尽管有上述三种差异，但它们也并不是绝对相互排斥的。规范方法要以实证方法为基础，而实证方法也离不开规范方法的指导。一般来讲，越是具体的经济问题，实证的成分越多；越是高层次、带有决策性的问题，越具有规范性。

1.3.2 均衡分析与非均衡分析

均衡是物理学中的名词。当一物体同时受到两个方向相反但力量相等的外力作用时，该物体处于静止状态。19 世纪末，英国经济学家 A. 马歇尔将均衡概念引入经济学中。经济学的均衡是指经济中各种对立的、变动着的力量处于力量相当、相对静止、不再变动的状态。

均衡分析是分析各种经济变量之间的关系，说明均衡的实现及其变动。均衡分析又可以分为局部均衡分析和一般均衡分析。局部均衡分析考察在其他条件不变时单个市场均衡的建立与变动。一般均衡分析考察各个市场之间均衡的建立与变动，它是在各个市场的相互关系中来考察一个市场的均衡问题。均衡分析偏重于数量分析，非均衡分析则认为经济现象及其变化的原因是多方面的、复杂的，不能单纯用有关变量之间的均衡与不均衡来加以解释，而主张以历史的、制度的、社会的因素作为分析的基本方法，即使是量的分析，非均衡也不是强调各种力量相等时的均衡状态，而是强调各种力量不相等时的非均衡状态。微观经济学与宏观经济学中运用的主要分析工具是均衡分析。

1.3.3 静态分析与动态分析

静态分析和动态分析的基本区别在于，前者不考虑时间因素，而后者考虑时间因素。换句话来说，静态分析考察一定时期内各种变量之间的相互关系，而动态分析考察各种变量在不同时期的变动情况。静态分析主要是一种横断面分析，不涉及时间因素所引起的变动，而动态分析主要是一种时间序列分析，要涉及时间因素所引起的变动。或者说，静态分析研究经济现象的相对静止状态，而动态分析研究经济现象的发展变化过程。

1.3.4 定性分析与定量分析

定性分析是说明经济现象的性质及其内在规定性与规律性。定量分析则是分析经济现象之间量的关系。许多经济现象是可以用某种标准来衡量的，可以表示为一定的数量，各种经济现象之间量的关系可以更为精确地反映经济运行的内在规律。因此，实证经济分析中特别注意定量分析。这也是经济学中广泛运用数学工具的重要原因。经济学中的数学主要运用在两个方面：一是运用数学公式、定理来表示或推导、论证经济理论，这就是一般所说的数理经济学；二是根据一定的经济理论，编制数学模型，并将有关经济变量的数值代入这种模型中进行计算，以验证理论或进行经济预测，这就是一般所说的计量经济学。定量分析使经济学更能运用于实际。数学是经济学的重要分析工具，这一点应该十分注意。

1.4 案例分析

水资源并不富裕

水——全球生命之所系。目前在这个世界上大约有20亿人处于缺水状态，水资源的稀缺已成为制约世界经济发展和实现人权的先决条件。

中国人均水资源拥有量只是世界平均水平的1/4，人均水资源排在世界第128位。随着人口增加和社会经济的发展，年取水量已经达到了世界全部取水量的12%，使中国水资源的供需矛盾更加突出，在21世纪能否实现经济社会和环境的良性循环的可持续发展，与水资源的可持续利用和水环境的有效治理有非常密切的关系。

现在中国政府大量投入资金治理水资源。从经济学意义上说，治理水资源就是解决水的稀缺。

经济学是一门科学吗

对于经济学是不是一门科学，学术界存在争论。国外多数经济学家认为，经济学是一门科学。国外少数经济学家和国内相当一部分经济学家认为经济学不是一门科学。了解这种争论对我们学习这门课是有意义的。

把经济学作为科学的理由是:

第一，经济学研究的是资源配置与资源利用。这种研究对象是客观的。或者说，经济学认识世界就是发现经济中的客观规律，这种规律与自然科学中的许多规律一样是不以人的意志为转移的。这种客观性决定了经济学的科学性。

第二，经济学得出的结论是可以用事实进行验证的。尽管它不像自然科学那样可以在受控实验室中进行试验，但可以利用历史与现实的资料进行验证，也就是说可以用客观标准来判断其正误。

第三，可以用实证的方法进行研究。这就是说可以摆脱价值判断，从经验中归纳出理论，然后再通过经验检验与发展。

经济学的科学化也就是经济学的实证化过程。经济学的发展离不开实证化。1968年瑞典皇家科学院设立诺贝尔经济学奖正是对经济学科学化的承认。当然，经济学作为一门科学还相当不成熟，对许多经济问题还难以做出科学的、令人信服的解释。如果说经济学是一门科学的话，它也就处于现代物理学的牛顿力学阶段。

承认经济学是科学，就要求经济学家摆脱价值判断，客观、冷静地分析经济现实，即一般常说的经济学非道德化或不涉及道德问题。

认为经济学不是科学的人认为，经济学的研究对象不同于自然科学。它所涉及的社会经济现象比自然现象复杂得多。而且，经济行为是由人进行的，这就与自然主宰的物理、化学现象不同。而且，研究经济学的人有自己的伦理道德观和阶级立场，不可能摆脱价值判断，超脱客观地进行研究。经济学应该关注人，不应该只注重经济规律，见物不见人。经济学研究的结论还谈不上是科学，对许多问题还无法做出正确解释。由此认为，把经济学作为一门科学是误导。

你同意哪种观点？为什么？

【本章小结】

解决资源的稀缺性与人的欲望的无限性这两个基本矛盾，产生了经济学。正是资源的稀缺，人们必须做出正确的选择，去合理的配置资源和充分利用资源。

选择的代价是机会成本。机会成本是为了得到某种东西所放弃的另一种东西。这个概念说明世界上“没有白吃的午餐”，任何选择都有代价。

微观经济学与宏观经济学的根本区别是研究的对象不同。微观经济学是研究单个经济单位的决策，宏观经济学研究整体经济运行规律，它们是经济学中既有差别又不可分割的两个组成部分。

实证方法说明“是什么”的问题，规范方法说明“应该是什么”的问题，这两种方法是相互补充的，但经济学家更多地运用实证方法认识客观世界。

西方经济学的研究方法包括实证方法与规范方法、均衡分析与非均衡分析、静态分析与动态分析、定性分析与定量分析。

【关键术语和概念】

稀缺性　选择　机会成本　生产可能性曲线　资源利用　经济制度　微观经济学　宏观经济学　实证分析　规范分析　价值判断

【练习题】

1. 什么是经济学？它的研究对象是什么？
2. 如何理解社会资源稀缺性的相对性与绝对性？
3. 什么是选择？它包括哪些内容？
4. 经济学家在微观经济学和宏观经济学中都研究价格，这两种研究有什么不同？
5. 学习微观经济学与宏观经济学时该注意哪些问题？它们有何联系？
6. 微观经济学与宏观经济学的基本假设有哪些？
7. 经济学的研究方法有哪些？
8. 实证方法与规范方法的区别与联系是什么？

【补充阅读】

经济学十大原理

1. 人们如何做出决策？

（1）人们面临权衡取舍。

（2）某种东西的成本是为了得到它所放弃的东西。

（3）理性人考虑边际产量。

（4）人们会对激励做出反应。

2. 人们如何相互交易？

（1）贸易能使每个人状况更好。

（2）市场通常是组织经济活动的一种好方法。

（3）政府有时可以改善市场结果。

3. 整体经济如何运行？

（1）一国的生活水平取决于它生产物品与劳物的能力。

（2）当政府发行过多货币时，物价上升。

（3）社会面临通货膨胀与失业之间的短期权衡取舍。

经济决策的步骤

经济决策的步骤一般包括四个部分：

（1）理性选择：居民户理性选择的目标是追求效用最大化，厂商理性选择的目标是追求利润最大化。

（2）机会集合：人们可以做出的所有选择的集合，也就是人们面临的机会集合。

（3）边际替换：人们面临的是机会集合，他们的选择不是唯一的，而是可以有多种选择，人们将会对各种机会进行比较，考虑替换的可能性。在此，应考虑三种成本：

①机会成本：人们为了得到一单位某种商品而不得不放弃别的商品的数量。

②沉没成本：已经付出并且不能收回的成本。

③边际成本：增加消费或生产一单位商品所付出的代价。

（4）做出决定。

第2章 供求理论

⊙本章学习要点

1. 需求的含义与需求定理
2. 需求的变动与需求量变动的区别
3. 供给的含义与供给定理
4. 供给的变动与供给量变动的区别
5. 均衡价格的决定与变动
6. 支持价格与限制价格的利弊

⊙本章学习内容

1. 需求理论
2. 供求理论
3. 价格决定
4. 价格政策

⊙案例分析

⊙本章小结

⊙关键术语和概念

⊙练习题

⊙补充阅读

微观经济学是关于资源配置的科学，而资源的配置是通过市场的价格来进行的，价格理论是微观经济学的中心。在市场经济中，价格是由市场的供求关系决定的，故供给和需求就是最重要的概念。本章研究需求、供给、价格的决定以及相关的经济政策。

2.1 需求理论

2.1.1 需求、需求表、需求曲线

1. **需求**

需求是决定价格的关键因素之一，那么，什么是需求呢?

需求是指居民户（消费者）在某一特定时期内在各种可能的价格水平时愿意而且能够购买的该商品的数量。根据定义，如果消费者对某种商品只有购买的欲望而没有购买的能力，就不能算做需求，需求必须是指居民户既有购买欲望又有购买能力的有效需求，两者必须同时具备，缺一不可。例如，小张很想购买一辆小轿车，但他没有钱，则不能构成有效需求，因为他只有购买的欲望，而没有购买的支付能力；反过来说，小张很有钱，但他不想购买一辆小轿车，此时，虽然他有支付能力，但他没有购买的欲望，也不能构成需求。因此，需求是购买欲望与支付能力的统一，即

需求 = 愿意购买 + 能够购买

2. **需求表**

需求表用于表示某种商品的各种价格水平和各种价格水平相对应的该商品的需求数量之间关系的数字序列表，表 2 - 1 是某商品的需求表。

表 2 - 1　某商品的需求表

价格—数量组合	*a*	*b*	*c*	*d*	*e*	*f*
价格（元）	1	2	3	4	5	6
需求量（单位量）	600	500	400	300	200	100

从表 2 - 1 可以清楚地看到商品价格与需求量之间的函数关系。例如，当商品的价格为 1 元时，商品的需求量为 600 单位；当价格上升为 2 元时，需求量下降为 500 单位；当价格进一步上升为 3 元时，需求量下降为更少的 400 单位，如此等等。需求表实际上是用数字表格的形式来表述需求这个概念。

3. **需求曲线**

商品的需求曲线是根据需求表中商品的不同价格—需求量的组合在平面坐标图上所绘制的一条曲线。图 2 - 1 是根据表 2 - 1绘制的一条需求曲线。

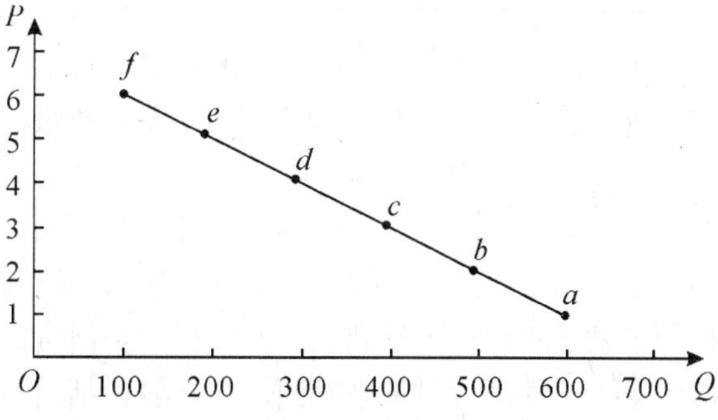

图 2 - 1　某商品的需求曲线

在图 2 - 1 中，横轴 *OQ* 表示商品的数量，纵轴 *OP* 表示商品的价格。应该注意的是，与数学上的习惯不同，通常以纵轴表示自变量 *P*，以横轴表示因变量 *Q*。需求曲线是根据表中每一个商品的价格—需求量的组合，在平面坐标图中描绘相应的点 *a*、*b*、*c*、*d*、*e*、*f*，然后顺次连接这些点所得到的曲线，就是该商品的需求曲线。表示在不同的价格水平下，居民户愿意而且能够购买的商品

数量。

需求曲线的特点是向右下方倾斜，斜率为负值，且曲线上不同点的斜率是不同的，表示商品的价格与需求量成反方向变动关系。需求曲线实际上是用图形的形式来表述需求这个概念。

2.1.2 影响需求的因素与需求函数

1. 影响需求的因素

影响需求的因素多种多样，概括起来主要有以下几种：

第一，商品本身的价格。商品本身价格高，需求就少；价格低，需求就多，这是众所周知的，商品本身价格的变化引起对该商品的需求量反方向变动，即后面我们要学习的需求定理。

第二，相关商品的价格。许多商品之间存在着相关的联系，商品之间的联系有两种：一种是互补关系，一种是替代关系。互补关系是指两种商品共同满足一种欲望，它们之间是相互补充的，例如钢笔与墨水、录音机与磁带。互补关系的商品，当一种商品价格上升时，对另一种商品的需求就会下降。例如录音机的价格上升，需求就减少，而磁带的需求也会减少；反之，当一种商品价格下降时，对另一种商品的需求就增加。两种互补商品之间的价格与需求成反方向变动关系。替代关系是指两种商品可以相互代替来满足同一种欲望，它们之间是可以相互代替的，例如羊肉与牛肉、面粉与大米、公路与铁路等。存在这种替代关系的商品，当一种商品（如牛肉）价格上升时，对另一种商品（如羊肉）的需求就会增加，因为牛肉价格上涨，人们会减少对牛肉的消费，而增加对相对便宜的羊肉的需求；反之，当一种商品价格下降时，另一种商品的需求就会逐渐减少。两种相互替代商品之间的价格与需求成同方向变动关系。

第三，居民户的收入水平和社会收入分配平等程度。平均收入增加，收入分配趋向平等，会使需求相应增加；反之，则会下降。一般来说，生活必需品对收入变化的反应不大，而奢侈品、高消费品对收入变化的反应则较大。但并不是任何商品的需求都与收入成同方向变动关系，后面我们介绍的低档商品就是这种情况的例外。

第四，消费者偏好。社会消费风尚的变化，将促使消费者在商品价格未发生任何变化的情况下增加或减少对某种商品的需求，而消费者偏好的变化受许多因素的影响，其中，广告宣传可以在一定程度上影响偏好的形成，这就是为什么厂商不惜血本大做广告的原因。

第五，人口数量与结构的变动。人口数量的增减直接影响需求的变动，而人口结构的变动影响需求的结构，进而影响某些商品的需求，例如，人口的老龄化会减少对时髦服装、儿童用品等的需求，但会增加对保健品、药品的需求。

第六，政府的经济政策。例如，偏紧的财政政策和货币政策（政府提高利息率政策）会抑制消费需求；而降低利息率，实行消费信贷制度则会鼓励消费，从而增加商品的需求。

第七，消费者对未来的预期，一般包括对自己的收入水平、商品价格水平等的预期。如果消费者预计未来自己的收入水平会上升、商品价格水平会上升，则此时他会增加对现在的需求；反之，则会减少对现在的需求。

总之，影响需求的因素有很多，概括起来有两种，一种是影响需求购买欲望的，一种是影响需求购买能力的，这些因素的共同作用决定了需求。

2. 需求函数

我们把影响需求的各种因素作为自变量，把需求作为因变量，则可以用函数关系来表示影响需求的因素与需求之间的关系，这种函数称为需求函数，用公式表示就是：

$$D=f(a, b, c, d, \cdots, n)$$

其中 D 代表需求，a、b、c、d、…、n 代表影响需求的因素。如果只考虑需求与价格之间的关系，把商品本身的价格作为影响需求的唯一因素，以 P 代表商品价格，则需求函数为：

$$D=f(P)$$

2.1.3 需求定理与替代效应和收入效应

1. 需求定理

从前面需求表与需求曲线可以看出，商品的需求量与价格成反方向变动关系。需求定理是表示商品本身价格与需求量之间关系的理论，它的基本内容是：在其他条件不变的情况下，某种商品的需求量与价格之间成反方向变动关系，即需求量随着商品本身价格的上升而减少，随着商品本身价格的下降而增加。

在理解需求定理时，特别注意“在其他条件不变的情况下”这句话，需求定理作为一种经济理论是以一定的假设条件为前提的，这里的假设条件是“其他条件不变”，它是指除了商品本身的价格之外，其他影响需求的因素都不变的情况下，来研究商品本身价格与需求量之间的关系，不能离开这一前提条件，否则，需求定理不能成立。例如，如果消费者的收入在增加，商品本身的价格与需求量就不一定成反方向变动了。

2. 替代效应与收入效应

为什么需求曲线会向右下方倾斜呢？或者说为什么需求量与价格成反方向变动呢？其实这是收入效应与替代效应两者共同作用的结果。

替代效应是在消费者实际收入不变的情况下，某种商品价格的变化对其需求量的影响，或者说商品价格的变化使消费者在替代品中间的选择方向发生了变动。也就是说，如果某种商品价格上涨了，而其他商品的价格保持不变，那么，其他商品的相对价格下降了，消费者就要用其他商品来替代该商品，从而对这种商品的需求就减少了。例如，前面提到的羊肉与牛肉就是一种替代关系，羊肉涨价而牛肉价格不变，牛肉相对就便宜了，消费者就会更多地购买牛肉而减少对羊肉的购买量。某种商品价格上升而引起的其他商品对这种商品的取代就是替代效应。

收入效应是指货币收入不变的情况下，某种商品价格变化对其需求量的影响，或者说价格变化导致消费者实际收入的变化。也就是说，如果某种商品价格上涨了，而消费者的货币收入并不变，那么，消费者的实际收入就减少了，从而对该商品的需求也就减少了。例如，牛肉的价格上涨而消费者的货币收入不变，若消费者购买相同数量的牛肉，则其实际收入将会减少，对牛肉的需求量必然减少。当一种商品价格提高时，引起居民实际收入降低，导致对该种商品需求量的下降就是收入效应。

替代效应强调一种商品价格变动对其他商品相对价格水平的影响，也就是说使价格上升的商品需求量减少，使价格下降的商品需求量增加，较高的价格挤走一些购买者，较低的价格带来新的购买者；收入效应强调一种商品价格变动对消费者实际收入水平的影响，也就是说使消费者价高时少买，价低时多买，价格的高低变化影响每一个消费者对该商品的购买量。需求定理正是这两种效应共同作用的结果。

3. 需求定理的例外

需求定理的例外一般有下列几种情况：第一，炫耀性商品。其价格与需求量成同方向变动关系。例如，首饰、豪华型轿车、知名品牌，只有价格变动时才会显示其社会身份地位作用，故价格下降时需求反而减少。第二，低档生活必需品（也称为吉芬商品）。英国经济学家吉芬在 1845 年爱尔兰大灾荒时发现的：马铃薯的价格上升，需求量不但没有减少，反而增加。后来以他的名字命名为吉芬商品。第三，投机性商品（如股票、债券、黄金等）。其价格发生变动时，需求呈现出不规则的变化，受心理、预期等的影响，人们往往有一种“买涨不买跌”的心理现象，即价格上涨时反而多购买，价格下跌时反而少购买或抛出。

2.1.4 需求量的变动与需求的变动

在现代西方经济学中，需求量和需求是两个不同的概念。

第一，需求量是指消费者在某一价格下希望购买的某种商品的数量，而不是实际购买的商品数量。例如，假设消费者在某一价格下对某种商品的需求量是 100 单位，这意味着如果市场上有 100 单位这种商品出售，消费者可以全部买下，但在现实生活中，消费者希望购买的数量往往和市场上厂商实际出售的商品数量不一致。如果市场上这种商品的数量只有 80 单位，而消费者希望购买 100 单位，则消费者实际只能购买 80 单位，还差 20 单位得不到满足。

第二，需求量是一种有效的需求，是消费者在某一价格下希望购买的商品数量，且是有能力实现的希望，而不是消费者主观的愿望，它在需求表中指对应于某一价格的商品数量，在需求曲线上是指某一点的横坐标，因此，需求量的变化在需求表中表现为同一需求表中价格—数量组合的变化，在需求曲线上表现为曲线上的点沿着需求曲线的移动，可用图 2－2 来说明需求量的变动情况。

在图 2－2 中，当价格由 P_0 上升为 P_1 时，需求量从 Q_0 减少到 Q_1，在需求曲线 D 上则是从 b 点向上方移动到 a 点。当价格由 P_0 下降到 P_2 时，需求量从 Q_0 增加到 Q_2，在需求曲线 D 上则是从 b 点向下方移动到 c 点，可见，在同一条需求曲线上，向上方移动是需求量减少，向下方移动是需求量增加。

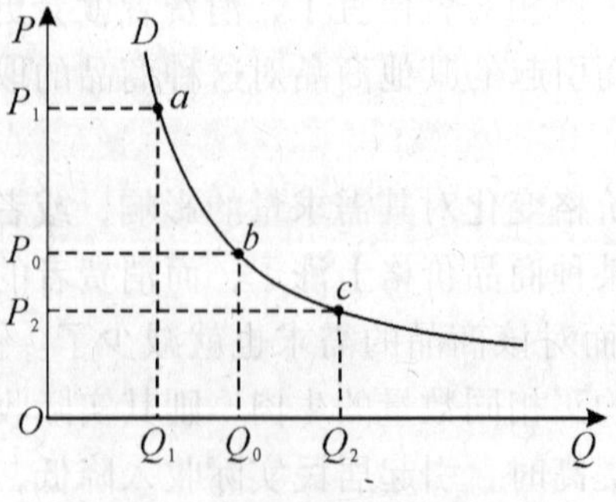

图 2－2　需求量变动的需求曲线

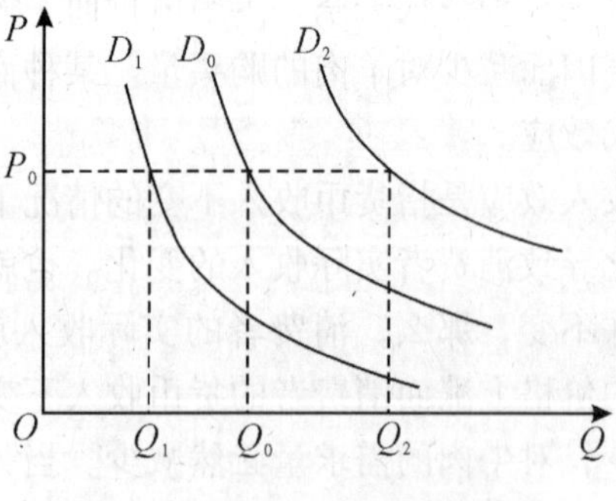

图 2－3　需求变动的需求曲线

需求是指在不同价格水平时的不同需求量的总称。需求的变动是指商品本身价格不变的情况下，其他非价格因素变动所引起的需求的变动。它是指整个需求表和需求曲线，它的变化表现为从一个需求表到另一个需求表的变化和需求曲线的平行移动，可用图 2 – 3 说明需求的变动情况。

在图 2 – 3 中，价格是 P_0，由于其他因素变动而引起需求曲线的移动是需求的变动。例如，收入增加时，在同样的价格 P_0，需求 Q_0 增加到 Q_2，则需求曲线从 D_0 移动至 D_2，反之，收入减少时，在同样的价格 P_0，需求从 Q_0 减少到 Q_1，则需求曲线从 D_0 移动至 D_1。可见，需求曲线向左移动是需求减少，向右移动是需求增加。

2.2 供给理论

2.2.1 供给、供给表、供给曲线

1. 供给

供给是决定价格的另一个关键因素，那么，什么是供给呢?

供给是指厂商在某一特定的时期内，在每一价格水平时，愿意而且能够供应的商品量。根据定义，如果该厂商对某种商品只有提供出售的愿望，而没有提供出售的能力，则不能形成有效的供给，也不能算做供给，故供给是供给欲望与供给能力的统一。

2. 供给表

供给表是表示某种商品的各种价格和与各种价格相对应的该商品的供给数量之间关系的数字序列表。表 2 – 2 是某商品的供给表。

表 2 – 2　某商品的供给表

价格—数量组合	*a*	*b*	*c*	*d*	*e*	*f*
价格（元）	1	2	3	4	5	6
供给量（单位量）	100	200	300	400	500	600

表 2 – 2 可以清楚地表示某商品的价格与供给量之间的函数关系。例如，价格为 1 元时，商品的供给量为 100 单位；价格上升为 2 元时，供给量为 200 单位；价格上升到 3 元时，供给量为 300 单位，如此等等。供给表实际上是用数字表格的形式来表述供给这个概念。

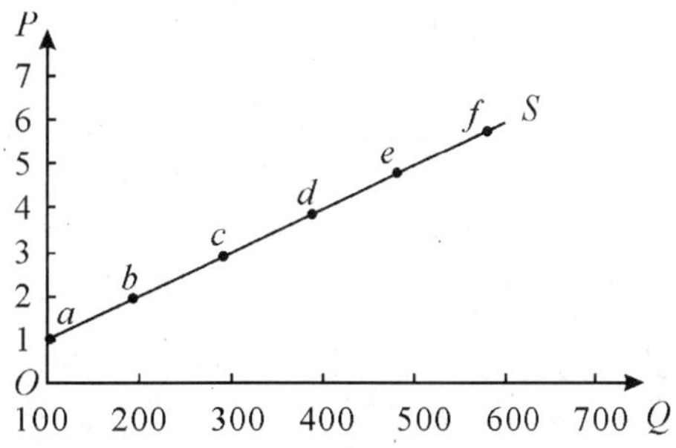

图 2 – 4　某商品的供给曲线

3. 供给曲线

商品的供给曲线是根据供给表中的商品的价格—供给量组合在平面坐标图上绘制的一条曲线。图 2 – 4 便是根据表 2 – 2 所绘制的一条供给曲线。

在图 2 – 4 中，横轴 *OQ* 表示商品数量，纵轴 *OP* 表示商品价格，*S* 为供给曲线。在平面坐标中，把根据供给表中商品的价格—供给量组合所得到的点 *a*、*b*、*c*、*d*、*e*、*f* 连接起来的线，就是该商品的供给曲线，表示在不同的价格水平下，厂商愿意而且能够提供出售的商品

数量。

供给曲线的特点是向右上方倾斜，斜率为正值。它表示商品的价格和供给量成同方向变动的关系，供给曲线实际上是用图形的形式来表述供给这个概念。

2.2.2 影响供给的因素与供给函数

1. 影响供给的因素

影响供给的因素概括起来主要有：

第一，商品本身的价格。一般来说，商品价格上升则供给增加，价格下降则供给减少。

第二，厂商的目标。厂商的目标一般有平均产量最大化、总产量最大化、销售收入最大化、利润最大化等，而商品的供给量取决于厂商的目标。如果厂商把获利置于高于一切的地位，那么，能够获得丰厚利润的商品的供给量就会增加，只有较少利润的商品的供给量就会减少。如果厂商还有其他政治或社会道义目标，则供给就会不同。

第三，其他相关商品的价格。一种商品的供给量不仅随着自身价格的变化而变化，而且还随着其他商品价格的变化而变化。假设某种商品的价格不变，而其他商品的价格变化了，那么，他们的相对利润也会随之改变，结果社会资源将重新配置，这种商品的供给量将会受到影响，当然这些商品包括替代品与互补品。两种互补商品之间，甲商品价格下跌会减少乙商品的供给，使乙商品供给曲线向左移动。两种替代商品之间，甲商品价格下降会使乙商品的供给增加；反之减少。例如，一块地可种小麦也可种玉米，玉米价格下跌，农民就不种玉米而种小麦，使得小麦的供给曲线向右移动。

第四，生产要素的价格。生产要素价格下降，会降低商品的生产成本，若产品的价格不变，则厂商的利润会增加，从而厂商会增加供给，甚至愿意以比以前更低的价格提供同样数量的商品；反之，生产要素价格上升，则会使成本增加，若产品的价格不变，则厂商的利润会减少，从而厂商会减少供给。故生产要素的价格下跌会使供给曲线向右移动；相反，供给曲线向左移动。

第五，技术的进步。技术进步可大大提高生产效率，可以使同样的资源得到更充分地利用，产出更多的商品，从而供给增加，供给曲线向右移动。

第六，政府的政策。政府的财政政策、价格政策、产业政策、分配政策、货币政策等会刺激或抑制厂商的供给。

第七，厂商对未来的预期。乐观的预期会促使厂商增加供给，而悲观的预期则会减少供给。

第八，此外还有时间因素、自然规律、社会条件、政治制度等。

2. 供给函数

在这里，如果我们把影响供给的各种因素作为自变量，把供给作为因变量，则可以用函数关系来表示影响供给的因素与供给之间的关系，这种函数称为供给函数，用公式表示就是：

$$S=f(a, b, c, d, \cdots, n)$$

其中 S 代表供给，a、b、c、d、…、n 代表影响供给的因素。如果只考虑供给量与价格之间的关系，而其他影响供给的因素不变，以 P 代表商品价格，则供给函数可以表示为：

$$S=f(P)$$

上式表明了某商品的供给量是价格 P 的函数。

2.2.3 供给定理

1. 什么是供给定理

从供给表与供给曲线可以看出，某种商品的供给量与价格成同方向变动关系。供给定理是表示商品本身价格与供给量之间关系的理论。其基本内容是：在其他条件不变的情况下，某种商品的供给量与价格之间成同方向变动关系。即供给量随着商品本身价格上升而增加，随着商品本身价格下降而减少。

在理解供给定理时，也同样要注意“在其他条件不变的情况下”这个假设前提。“其他条件不变”是指除了商品本身的价格之外，其他影响供给的因素都不变的情况下，来研究商品本身价格与供给量之间的关系，不能离开这一前提条件，否则，供给定理无法成立。例如，某个厂商的生产目的不是为了追逐利润最大化，而是为了某种社会目的（如为了人道而生产残疾人用品），那么，商品价格与供给量就不一定成同方向变动关系。

2. 供给定理的例外

有些特殊的商品，供给定理不适用，劳动力的供给就是一例。当工资增加时，劳动力的供给会随着工资的增加而增长；但当工资增加到一定程度时，如果工资继续增加，劳动力供给不仅不会增长，反而会减少。

如图 2－5 所示，劳动力的供给像个耳朵形，是因为随着每小时工资水平的进一步提高，劳动者仅用较少的工作时间就可以获得原先需要较多的工作时间才能获得的维持基本开支所需的工资收入，这时，他在闲暇与收入之间更倾向于前者。当然，除了劳动力的供给特例外，还有土地、证券、黄金、文物、艺术品等都属于这种情况。

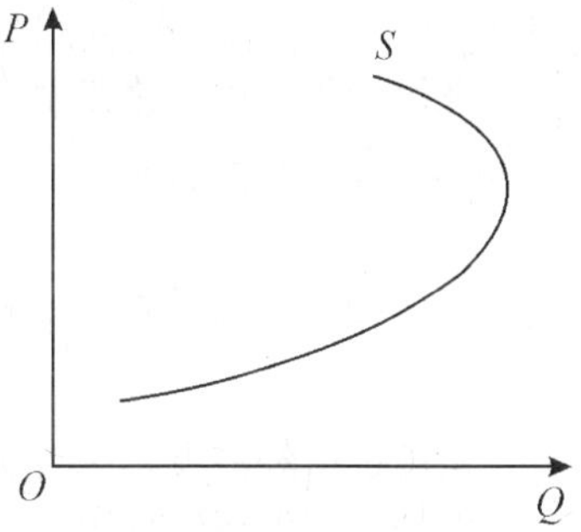

图 2－5　劳动力的供给曲线

2.2.4 供给量的变动与供给的变动

首先，让我们区分一下供给量与供给这两个概念。供给量是厂商在某一特定价格水平时，希望出售某种商品的数量，例如，当价格为 1 元时，厂商愿意供给 100 单位，这 100 单位就是供给量，在供给曲线上，供给量是供给曲线上的一点，供给量是厂商能够出售商品的数量，是有效的供给。供给是指不同价格水平时的不同供给量的总称。在供给曲线图中，供给是指整条供给曲线。因此，供给量与供给的区别是同一供给表中价格—数量组合的变动和整个供给表的区别，或者说供给曲线上某一点和整个供给曲线的区别。

供给量的变化在供给表中表现为行与行的变化，在供给曲线上表现为曲线上的点沿着供给曲线移动，在图 2－6 中，当价格由 P_0 上升为 P_1 时，供给量从 Q_0 增加到 Q_1，在供给曲线 S 上，则是从 b 点移动到 a 点；当价格由 P_0 下降为 P_2 时，供给量从 Q_0 减少到 Q_2，在供给曲线 S 上，则是从 b 点移动到 c 点，这就是供给量的变动。

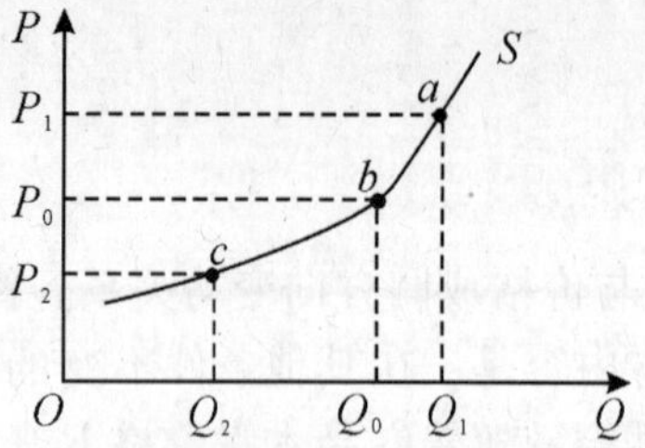

图 2－6　供给量变动的供给曲线

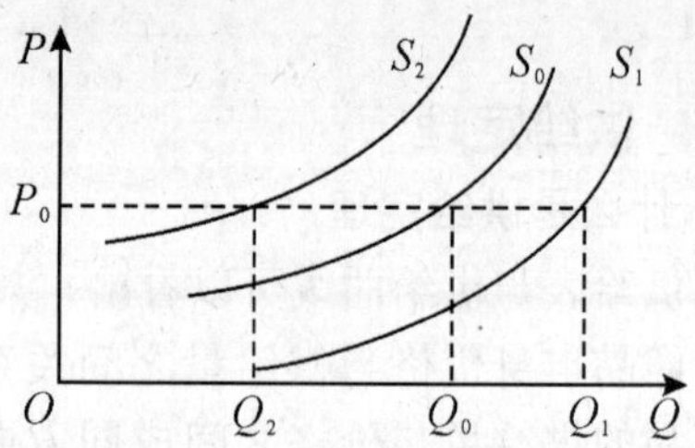

图 2－7　供给变动的供给曲线

供给变动表现为供给曲线的平行移动，在图 2－7 中，价格是 P_0。由于其他因素的变动而引起供给曲线的移动是供给的变动。例如，厂家的劳动生产率提高了，生产要素价格下降了，在同样价格水平 P_0 时，厂商的利润将会增加，从而产量增加，供给从 Q_0 增加到 Q_1，则供给曲线由 S_0 移动到 S_1。反之，则会使供给从 Q_0 减少到 Q_2，供给曲线由 S_0 移动到 S_2。可见，供给曲线向左方移动是供给减少，向右方移动是供给增加。

2.3　价格的决定

在市场经济中价格是由需求与供给决定的。在这一节里，我们要进一步探讨需求、供给和价格三者之间的关系。

2.3.1　均衡、均衡价格和均衡数量

1. 均衡的含义

均衡是指经济事物中有关的变量在一定条件的相互作用下所达到的一种相对静止状态。经济事物之所以能够处于这样一种静止状态，是由于在这样的状态中有关该经济事物的各参与者的力量能够相互制约和相互抵消，也由于在这样的状态中有关该经济事物的各方面经济行为者的愿望都能得到满足。正因为如此，西方经济学家认为，经济学的研究往往在于寻找在一定条件下经济事物的变化最终趋于相对静止之点的均衡状态。

2. 均衡价格与均衡数量

均衡价格是指一种商品需求量与供给量相等时的价格。在均衡价格水平下相等的供求数量称为均衡数量。从几何意义上说，一种商品市场的均衡出现在该商品的市场需求曲线和市场供给曲线相交的交点上，该交点称为均衡点。均衡点上的价格和与价格相等的供求量分别被称为均衡价格和均衡数量。可以用图 2－8 来说明均衡价格和均衡数量。

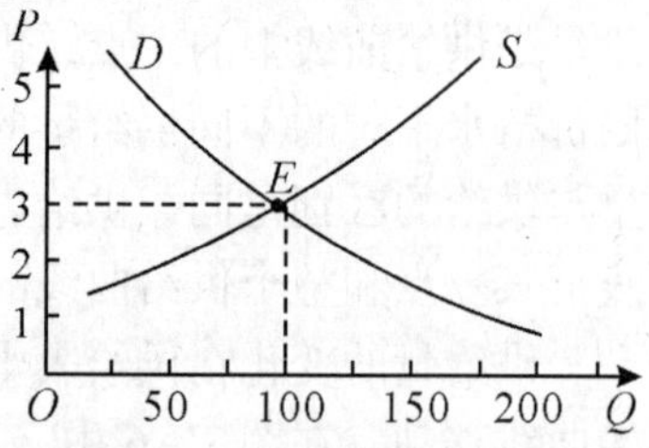

图 2－8　均衡价格的决定

在图 2－8 中，横轴代表商品的数量，纵轴代表商品的价格。D 为需求曲线，S 为供给曲线。D 与 S 相交于 E 点，决定此时的均衡价格为 3 元，均衡数量为 100 单位。

2.3.2 均衡价格的形成

均衡价格的形成是价格决定的过程，它是通过市场上供求双方的竞争过程自发形成的。当供过于求时（图2－9中的a、b点），市场价格会下降，从而导致供给量减少而需求量增加。当供不应求时（图2－9中的c、d点），市场价格会上升，从而导致供给量增加而需求量减少；供给与需求相互作用最终会使商品的需求量和供给量在某一价格上正好相等。这时既没有过剩（供过于求），也没有短缺（供不应求），正好出清，这样均衡价格就形成了。

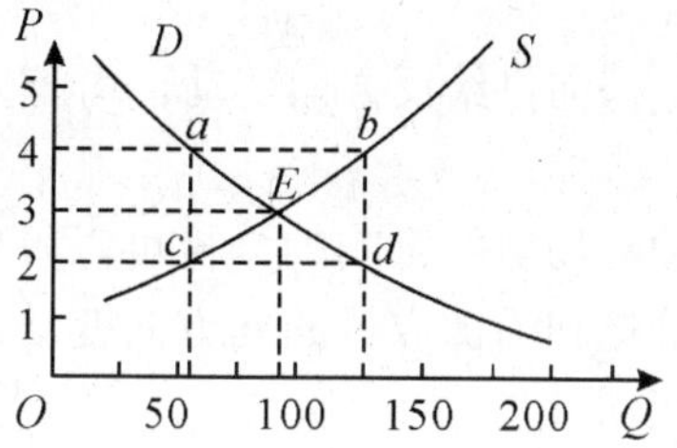

图2－9 均衡价格的形成

2.3.3 需求与供给变动对均衡价格的影响

1. 需求变动对均衡价格的影响

在供给不变的情况下，需求增加会使需求曲线向右平移，从而使得均衡价格和均衡数量都增加；需求减少会使需求曲线向左平移，从而使得均衡价格和均衡数量都减少。如图2－10所示。

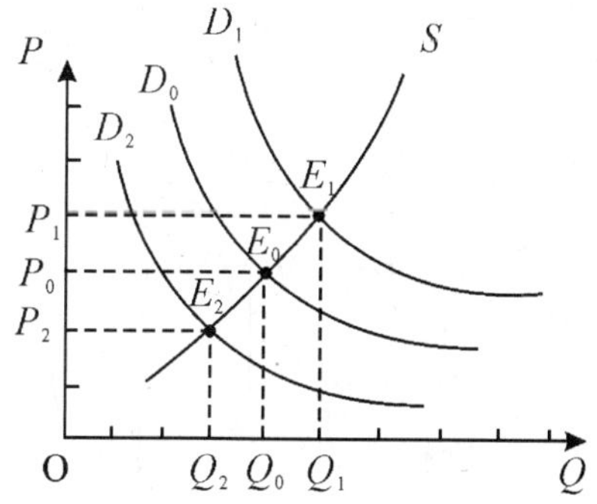

图2－10 需求变动对均衡价格的影响

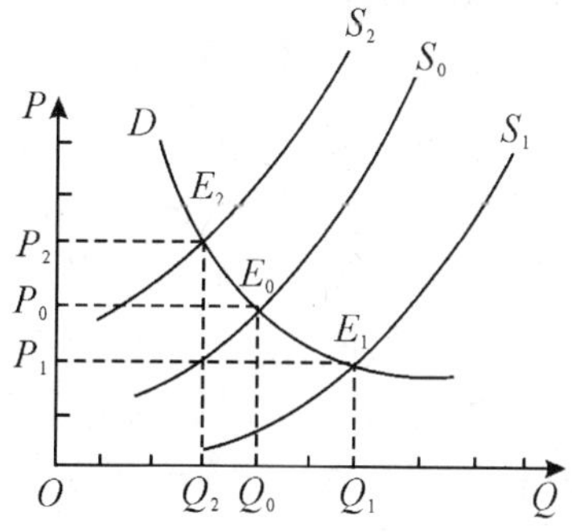

图2－11 供给变动对均衡价格的影响

在图2－10中，既定的供给曲线S和最初的需求曲线D_0相交于E_0点。在均衡点E_0，均衡价格为P_0，均衡数量为Q_0，需求增加使需求曲线向右平移至D_1曲线的位置。D_1曲线与S曲线相交于E_1点。在均衡点E_1，均衡价格上升为P_1，均衡数量增加为Q_1。相反，需求减少使需求曲线向左平移至D_2曲线的位置，D_2曲线与S相交于E_2点。在均衡点E_2，均衡价格下降为P_2，均衡数量减少为Q_2。

结论：需求变动引起均衡价格和均衡数量同方向变动。

2. 供给变动对均衡价格的影响

在需求不变的情况下，供给增加会使供给曲线向右平移，从而使得均衡价格下降，均衡数量增加；供给减少会使供给曲线向左平移，从而使得均衡价格上升，均衡数量减少。如图2－11所示。

在图2－11中，既定的需求曲线 D 和最初的供给曲线 S_0 相交于 E_0 点。在均衡点 E_0，均衡价格为 P_0，均衡数量为 Q_0，供给增加使供给曲线向右平移至 S_1 曲线的位置。S_1 曲线与 D 曲线相交于 E_1。在均衡点 E_1，均衡价格下降为 P_1，均衡数量增加为 Q_1。相反，供给减少使供给曲线向左平移至 S_2 曲线的位置，S_2 曲线与 D 相交于 E_2 点。在均衡点 E_2，均衡价格上升为 P_2，均衡数量减少为 Q_2。

结论：供给变动引起均衡价格向供给反方向变动，均衡数量向供给同方向变动。

3. 供求定理

从以上关于需求与供给变动对均衡的影响的分析可以得出供求定理：在其他条件不变的情况下，需求的变动引起均衡价格和均衡数量的同方向变动；供给变动引起均衡价格的反方向变动，引起均衡数量同方向变动。

这就是微观经济学的供求定理。应该指出的是，如果需求和供给同时发生变动，则商品的均衡价格和均衡数量的变化是难以肯定的，这要结合需求和供给变化的具体情况来决定。

2.4　价格政策

我们可以运用供求理论来分析政府的各种价格政策的结果和影响。政府对市场价格的干预方式主要有支持价格和限制价格两种。

2.4.1　支持价格

支持价格也称为最低价格，它是政府规定某些产品价格下限以便把价格保持在市场均衡水平以上，故最低价格总是高于市场的均衡价格。下面我们用图2－12来说明实行最低限价后对市场供求产生的影响。

如图2－12，市场上某种农产品的供求曲线 D 与 S 相交于 E 点，对应的均衡价格为 P_0，均衡产量为 Q_0。政府为了扶植农业生产，规定一个高于 P_0 的最低限价 P_1，这样农民在出售该农产品时可以得到较多的收入。但是，我们从图中可以看出在 P_1 价格下，这时的需求量为 Q_1，供给量为 Q_2，会出现供过于求，农产品会有 $\Delta Q = Q_2 - Q_1$ 的剩余量，此部分不能被市场所消化，应由政府按 P_1 价格收购。在政府实行支持价格时，就意味着政府通过财政支出补贴了该行业。

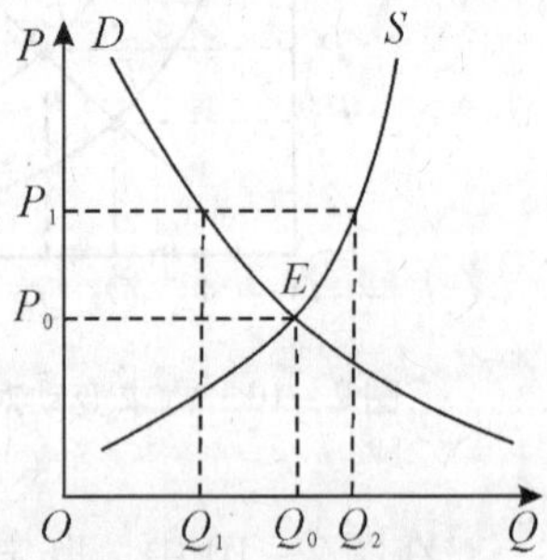

图2－12　价格下限图

政府实行最低限价的目的通常是为了扶植某些行业的发展。农产品的支持价格就是一些西方国家所普遍采取的政策，在实行这一政策时，政府通常收购市场上过剩的农产品来解决市场的失衡。在某种情况下，采取支持价格的运用对经济发展和稳定有一定的积极作用。

2.4.2 限制价格

限制价格也称为最高价格，它是政府规定某些产品的上限，以便把价格压到市场均衡价格以下，抑制涨价，故最高价格总是低于市场的均衡价格。下面我们用图 2－13 来说明实行限制价格后对市场供求产生的影响。

在图 2－13 中，市场上某种产品的供求曲线 D 与 S 相交于 E 点，对应的均衡价格为 P_0，均衡数量为 Q_0，但在这种价格时，穷人无法得到必需的生活品，政府在此为了制止过高的价格，规定了限制价格为 P_1（即该产品的市场最高价格）。从图中可以看出，这时的需求量为 Q_2，供给量为 Q_1，产品供给不足。$\Delta Q = Q_2 - Q_1$ 为供给不足的部分，为了维持限制价格，一般政府通过实行配给的办法来解决这种市场失衡。

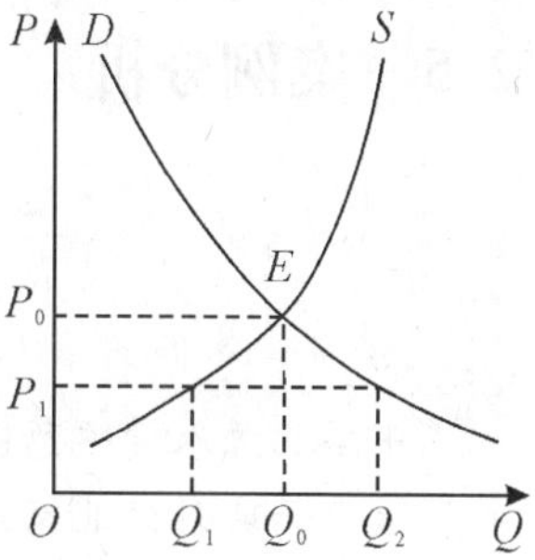

图 2－13　价格上限图

政府规定该产品的最高价格目的是为了抑制某些产品的价格上涨，尤其是为了对付通货膨胀。有时政府为了限制一些垄断性很强的公用事业的价格，也会采取最高限价的做法，当然，实行最高限价的做法也会带来一些不良的影响，例如在供不应求的情况下会导致市场上消费者排队抢购和黑市交易的盛行。在这种情况下，政府会采取配给的方法来分配产品。限制价格也可能会使厂商对产品粗制滥造，降低产品质量，形成变相涨价。限制价格在某些情况下也会有利于社会平等的实现，有利于社会的安定。

2.4.3 关于农产品的支持价格

在农业生产活动中，存在着这么一种经济现象：在丰收的年份，农民的收入反而减少了。这种现象在我国被称为“谷贱伤农”。下面我们用供求理论和下一章要学习的弹性理论来加以解释。

在弹性理论中，对于缺乏弹性的商品来说，商品的价格与厂商的销售收入成同方向的变动关系。因为农产品是生活必需品，需求的价格弹性往往是小于 1 的，即当农产品的价格发生变化时，农产品的需求往往是缺乏弹性的。下面我们用图 2－14 来解释这种经济现象。

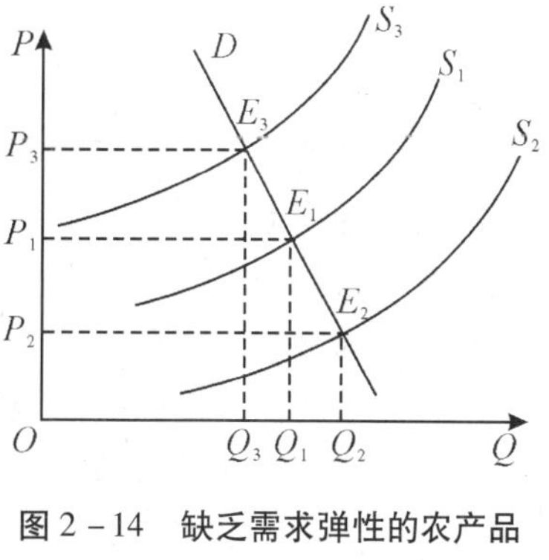

图 2－14　缺乏需求弹性的农产品

在图 2－14 中，农产品的需求曲线 D 是缺乏弹性的。农产品的丰收使供给曲线由 S_1 的位置向右平移到 S_2 的位置，在缺乏弹性的需求曲线的作用下，农产品的均衡价格大幅度地由原先的 P_1 下降到 P_2，虽然均衡数量上升了，但由于需求缺乏弹性，造成农产品均衡价格的下降幅度大于农产品的均衡数量的增加幅度，最后致使农民总收入量减少。总收入的减少量相当于图中矩形 $OP_1E_1Q_1$ 和 $OP_2E_2Q_2$ 的面积之差。

在欠收的年份，由于缺乏弹性的需求曲线的作用，使农产品的均衡数量减少的幅度将小于由它所引起的均衡价格的上升幅度，这样导致农民的总收入反而增加。在图中，供给曲线由 S_1 向左平移到 S_3 的位置，农民的总收入量由 $OP_1E_1Q_1$ 增加到 $OP_3E_3Q_3$。

基于以上的经济事实及其经验，在不少的国家，为了保护农场主和农民的利益，为了保护和支持农业的发展，都纷纷执行了农产品支持价格政策。其基本做法是：通过减少农产品的种植面积，来减少农产品的供给，从而将农产品的价格维持在一定的水平，保证农场主和农民的收入。

2.5 案例分析

“王大蒜”的故事

中国北方人爱吃葱蒜。在“文革”期间由于取缔农民自留地，街上很难买到这些东西。

地处长城外的北京延庆县山区，由于“天高皇帝远”，政府管不着，山村农民王老汉就将屋前屋后空地全部种上大蒜，第二年到街上卖了个好价钱。

同村人看到王老汉种大蒜发了，第二年都在屋前屋后种上大蒜。王老汉直嘀咕：“大家都种大蒜，价钱还能好得了？”于是，当大家在种大蒜时，他独自改种大葱。到第三年，由于满街都是大蒜，价钱很低，但大葱只有王老汉这一家，又卖了个好价钱。

看到王老汉又发了，同村人就想：看来，种大蒜不行，还得种大葱。于是，第三年全村人都改种大葱。王老汉又嘀咕上了：“大家都种大葱，价钱也好不了。”于是当大家都种大葱时，他又独自改回种大蒜。到第四年，王老汉第三次发了。

这是一个真实的故事。但村民们总不至于永远跟在王老汉后面来回转。

王老汉并未学过市场供求原理，但他的经济行为符合蛛网模型。由于他是种大蒜发家的，又会算计，因而村民们都叫他“王大蒜”。

资料来源：黎诣远，李明志编著．微观经济分析．清华大学出版社，2003 年 3 月第二版

【本章小结】

某种商品的需求是购买欲望与支付能力的统一，需求与价格成反方向变动。

需求量的变动与需求的变动的差别：商品自身价格变动引起量的变化称为需求量的变动，表现为在同一条需求曲线上点的移动；收入等其他因素变动引起量的变动称为需求变动，表现为整条需求曲线的移动。

某种商品的供给是供给欲望与生产能力的统一，供给与价格成同方向变动。

供给量的变动与供给的变动的差别：商品自身价格变动引起量的变动称为供给量的变动，表现为在同一条供给曲线上点的移动；生产要素价格、技术水平引起量的变动称为供给变动，表现为整条供给曲线的移动。

均衡价格是某种商品需求量与供给量相等的价格。它是市场供求关系自发调节而形成的，相对应的是均衡数量。需求或供给的变动会引起均衡价格与均衡数量的变动，经济学家称为供求定理。

一国经济在发展中，政府采用支持价格、限制价格来调节市场经济。

【关键术语和概念】

需求　需求量　需求曲线　需求定理　替代效应　收入效应　供给　供给量　供给曲线　供给定理　均衡价格　供求定理　支持价格　限制价格

【练习题】

1. 需求的含义是什么？影响它的因素有哪些？

2. 供给的变动与供给量的变动有何区别？用图形如何表示？

3. 如何理解收入效应与替代效应？

4. 供求的变动对均衡价格与均衡数量有何影响？用图表如何表示？

5. 指出发生下列几种情况时某种蘑菇的需求曲线的移动方向是左移、右移，还是不变？为什么？

（1）卫生组织发布一份报告称这种蘑菇会致癌；

（2）另一种蘑菇的价格上涨了；

（3）消费者的收入增加了；

（4）培育蘑菇的工人工资增加了。

6. 下列事件对产品 A 的供给有何影响？

（1）生产 A 的技术有重大革新；

（2）在生产 A 的行业内，企业数目减少了；

（3）生产 A 的人工和原材料价格上涨了；

（4）预计产品 A 的价格会下降。

【补充阅读】

均衡价格的数学表述：一个实例

任何经济理论都可以用数学公式来表述，即建立经济模型。这种方法在经济学中得到广泛应用。所以，我们这里以均衡价格的数学表述来说明这一点。

均衡价格是由需求与供给决定，我们可以把均衡价格决定的条件表述为：

$$D=f(P) \quad (1)$$

$$S=f(P) \quad (2)$$

$$D=S \quad (3)$$

式（1）是需求函数，式（2）是供给函数，式（3）是供求相等，即均衡价格决定的公式，也就是当 $D=S$ 时，就可以得出 P 的值。

我们知道，需求量与价格反向变动，所以，可以把式（1）的需求函数写为：

$$D=\mathrm{a}-\mathrm{b}P \quad (4)$$

同样，供给量与价格同方向变动，所以，可以把式（2）的供给函数写为：

$$S=-\mathrm{c}+\mathrm{d}P \quad (5)$$

这样，均衡价格决定的条件就可以写为：

$$\mathrm{a}-\mathrm{b}P=-\mathrm{c}+\mathrm{d}P \quad (6)$$

或者：
$$a + c = (d + b)P \quad (7)$$
$$P = \frac{a + c}{d + b} \quad (8)$$

a、b、c、d 是常数，只要给出具体数值就可以计算出均衡价格 P，再把 P 代入式（4）或式（5），就可以计算出均衡数量。

假定我们给出：a = 1 000，b = 100，c = 125，d = 125，则可以计算出均衡价格 P 为：
$$P = \frac{a + c}{d + b} = \frac{1\ 000 + 125}{125 + 100} = 5$$

把 $P = 5$ 代入式（4）得出：
$$D = 1\ 000 - (100 \times 5) = 500$$
$$S = -125 + (125 \times 5) = 500$$

所以，在均衡价格为每单位量 5 元时，均衡数量，即需求量和供给量均为 500 单位。

经济学家经常用数学工具来表述经济理论。对这种方法我们应有所了解。但要记住：数学仅仅是经济学的分析工具之一而不是经济学本身。对初学者来说，重要的还在于经济学的基本思想与理论。

第 3 章　弹性理论

⊙本章学习要点

1. 需求弹性与供给弹性的含义与计算
2. 需求富有弹性与缺乏弹性
3. 决定一种商品需求弹性的因素
4. 需求价格弹性与总收益的关系

⊙本章学习内容

1. 需求价格弹性
2. 供给价格弹性
3. 弹性理论的运用

⊙案例分析

⊙本章小结

⊙关键术语和概念

⊙练习题

⊙补充阅读

商品价格变动会引起需求量或供给量的变动，但需求量或供给量对价格变动的反应程度是不同的。弹性理论正是说明价格变动与需求量或供给量变动之间的这种量的关系。

3.1　需求价格弹性

3.1.1　弹性及需求价格弹性的概念

“弹性”是一个物理学名词，指一物体对外部力量的反应程度。在经济学中，弹性指在经济变量之间存在函数关系时，因变量对自变量变化的反应程度，其大小可以用两个变化的百分比之比例来表示，即弹性系数。

需求的价格弹性又称为需求弹性，指价格变动的比率所引起的需求量变动的比率，即需求量变动对价格变动的反应程度。

由于各种商品的需求量变动对其自身价格变动的敏感程度不同，有的商品的需求量对价格变动的反应很敏感，只要价格稍有变动，就会引起它的需求量大幅度变动；有的商品需求量对价格变动的反应不那么灵敏，即使价格发生大幅度的变动，它的需求量也不会有很大变动。这说明不同商品的需求价格弹性是不同的，可以用需求弹性的弹性系数来表示弹性的大小。需求价格弹性的弹性系数，就是商品需求量变动的比率与其价格变动的比率的比值，计算公式是：

$$需求价格弹性系数=\frac{需求量变动百分比}{价格变动百分比}$$

以 E_d 代表需求价格弹性的弹性系数，以$\frac{\Delta Q}{Q}$代表需求量变动的比率，以$\frac{\Delta P}{P}$代表价格变动的比率，则需求价格弹性的弹性系数的一般公式为：

$$E_d=\frac{\Delta Q/Q}{\Delta P/P}=\frac{\Delta Q}{\Delta P}\cdot\frac{P}{Q} \tag{1}$$

例如，某种商品的价格变动10%时，需求量变动20%，则这种商品需求价格弹性的弹性系数为2。

弹性系数的数值可以为正值，也可以为负值。如果两个变量为同方向变化，则为正值；反之，如果两个变量为反方向变化，则为负值。价格与需求量成反方向变动，所以当价格增加，即价格的变动为正值时，需求量减少，即需求量的变动为负值；同理，当价格的变动为负值时，需求量的变动为正值。所以，需求弹性的弹性系数应该为负值。但在实际运用时，为了方便起见，一般都取其绝对值。

3.1.2 需求价格弹性的计算

需求价格弹性可以分为需求点弹性和需求弧弹性，它们在表示需求量变化的百分比和价格变化的百分比之间的比率上是一样的，但它们所涉及的范围有所不同，计算方法也稍为不同。

（1）点弹性是需求曲线上某一点上的弹性，它等于需求量微小的相对变化与价格微小的相对变化之比。

$$需求点弹性=\frac{需求量微小的相对变化}{价格微小的相对变化}$$

计算弹性系数的一般公式为：

$$E_d=\frac{\Delta Q/Q}{\Delta P/P}=\frac{\Delta Q}{\Delta P}\cdot\frac{P}{Q}$$

当价格变动无限小，即 $\Delta P\to 0$ 时，上式可以写为：

$$E_d=\lim_{\Delta P\to 0}\frac{\Delta Q}{\Delta P}\cdot\frac{P}{Q}=\frac{\mathrm{d}Q}{\mathrm{d}P}\cdot\frac{P}{Q} \tag{2}$$

这就是计算点弹性的公式。由于价格与需求量反方向变化，所以$\frac{\mathrm{d}Q}{\mathrm{d}P}$为负数，实际运用时上式可以写为：

$$E_d=-\frac{\mathrm{d}Q}{\mathrm{d}P}\cdot\frac{P}{Q} \tag{3}$$

例如，已知某一商品的需求函数为 $Q=100-10P$，$P\geqslant 0$，$Q\geqslant 0$，$\frac{\mathrm{d}Q}{\mathrm{d}P}=-10$，代入上述公

式，便可求出任一价格的点弹性系数。

$$E_d = -\frac{dQ}{dP} \cdot \frac{P}{Q} = 10 \times \frac{P}{Q} = \frac{10P}{100 - 10P}$$

若 $P=2$，则 $E_d=0.25$；若 $P=4$，则 $E_d=0.67$；若 $P=5$，则 $E_d=1$；若 $P=8$，则 $E_d=4$。

由此可以看出，一般而言，在同一条需求曲线的不同点上，需求弹性的大小是不同的。

（2）弧弹性是需求曲线上两点之间一段弧的弹性，它等于需求量的相对改变量对价格的相对改变量的比率，即

$$\text{需求弧弹性} = \frac{\text{需求量的相对改变量}}{\text{价格的相对改变量}}$$

弧弹性的计算公式可以写为：

$$E_d = \frac{\Delta Q}{\Delta P} \cdot \frac{P}{Q} = \frac{Q_2 - Q_1}{P_2 - P_1} \cdot \frac{P_1}{Q_1} \tag{4}$$

在上式中，P_1、Q_1 为原来的价格与需求量，P_2、Q_2 为变动后的价格与需求量。

为了消除价格上升与下降时计算的弹性系数值的差别，价格和需求量都取变动前后的平均值，并且，和点弹性一样，为了方便，一般都取绝对值。所以，计算弧弹性的公式一般是：

$$E_d = -\frac{Q_2 - Q_1}{P_2 - P_1} \cdot \frac{(P_1 + P_2)/2}{(Q_1 + Q_2)/2} \tag{5}$$

例如，当价格为 100 美元时，消费者需要 200 只手表，当价格为 120 美元时，消费者需要 160 只手表，求需求弧弹性。

按照公式（5），可计算出需求弧弹性为：

$$E_d = -\frac{Q_2 - Q_1}{P_2 - P_1} \cdot \frac{(P_1 + P_2)/2}{(Q_1 + Q_2)/2} = \frac{160 - 200}{120 - 100} \times \frac{(100 + 120)/2}{(200 + 160)/2} = 1.22$$

在现实中弧弹性运用广泛，一般所说的弹性系数是指弧弹性的弹性系数。特别要注意的是，需求曲线的斜率并不等于弹性系数，在需求曲线的不同两点之间，弹性系数的大小并不一样。

3.1.3 需求价格弹性的分类

价格与需求变动的一般关系是价格上升或下降会引起需求量的减少或增加。但由于人们对不同商品的需求程度不同，因而不同商品的需求量对价格变动的反应程度不同，从而需求的相应变动率也不一样。

根据需求弹性的弹性系数的大小，需求的价格弹性可以分为五类：

第一类：需求完全无弹性。这类商品无论价格怎样变动，其需求量都不会发生变化，即无需求弹性。在这种情况下，需求曲线的斜率为无穷大，需求价格弹性为零，即 $E_d=0$，需求曲线表现为一条与横轴垂直的直线。如图 3－1 所示。

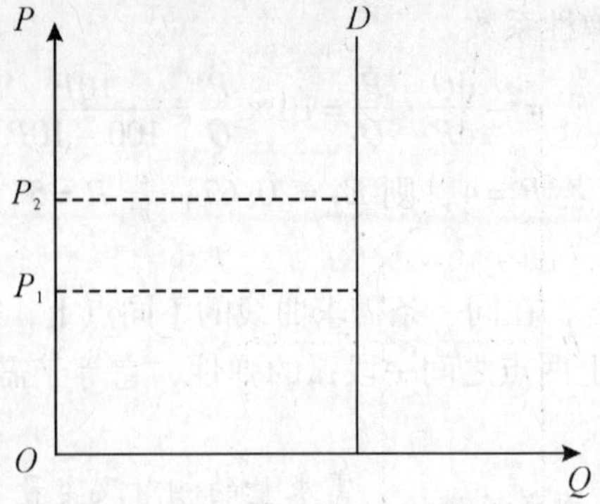

图 3－1

糖尿病人对胰岛素这种药品的需求就是如此。胰岛素是糖尿病人维持生命所必需的，无论价格如何变，需求量也不变，所以，对糖尿病人来说，胰岛素的需求弹性为零。

因为价格对需求量无影响，在这种情况下，价格提高，在图 3－1 中从 P_1 提高到 P_2，厂商总收益会增加；价格降低，在 3－1 中从 P_2 降为 P_1，厂商总收益会减少，两者成同方向变化。

第二类：需求弹性无穷大。这类商品价格的微小变动，需求量会引起无限大的变动。即价格稍有下降，需求量便无穷大；价格稍有上升，则需求量将减少到零。在这种情况下，需求曲线的斜率为零，需求价格弹性为无穷大，即 $E_d \to \infty$，需求曲线表现为一条与横轴平行的直线。如图 3－2 所示。

如政府按照既定价格收购黄金，多多益善，不受数量的限制。这种需求曲线上各段的弧弹性和每一点所表示的点弹性均为无穷大。它与厂商总收益的关系，由于价格既定，厂商总收益是随着需求量的增减而增减，成同方向变化的。如图 3－2 中，需求量从 Q_1 增加到 Q_2，总收益会增加，但从 Q_2 减为 Q_1，总收益也会减少。

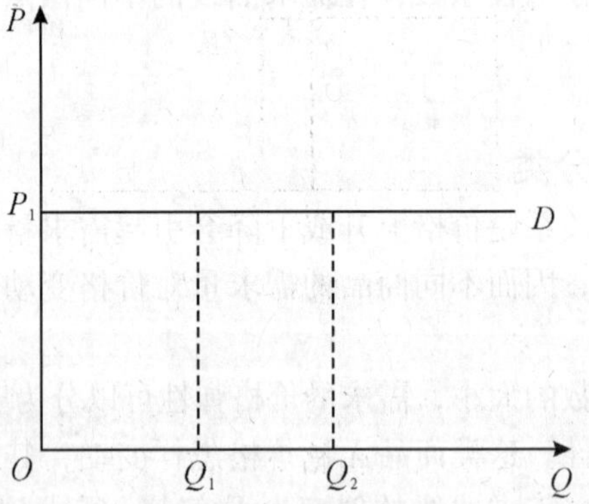

图 3－2

第三类：需求弹性系数等于 1，或称需求单位弹性。对这类商品消费者总是愿意用一定固定数量的货币来购买。因此，每种价格与购买数量组合的结果都是相同的。也就是说，其需求量变动的比率和价格变动的比率始终相等，需求弹性系数等于 1，即 $E_d = 1$，其需求曲线表现为一条正双曲线。如图 3－3 所示。

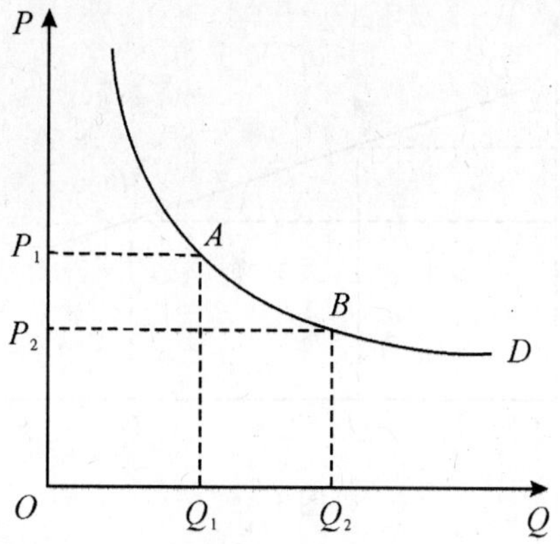

图 3－3

如某君计划每天用 10 美元买糖，不能多也不能少，当价格为 2 美元时，他购买 5 块；当价格降为 1 美元时，他就购买 10 块。在这种情况下，价格变动前 P_1、Q_1 的乘积与价格变动后的 P_2、Q_2 的乘积完全一样，说明在需求弹性等于 1 时，不论价格上升或下跌，厂商总收益都不变。

第四类：需求弹性系数小于 1，或称需求缺乏弹性。生活必需品多属于这类商品。其需求量变动的比率小于价格变动的比率，即 $1 > E_d > 0$ 。在这种情况下，需求曲线表现为一条比较陡峭的曲线。如图 3－4 所示。

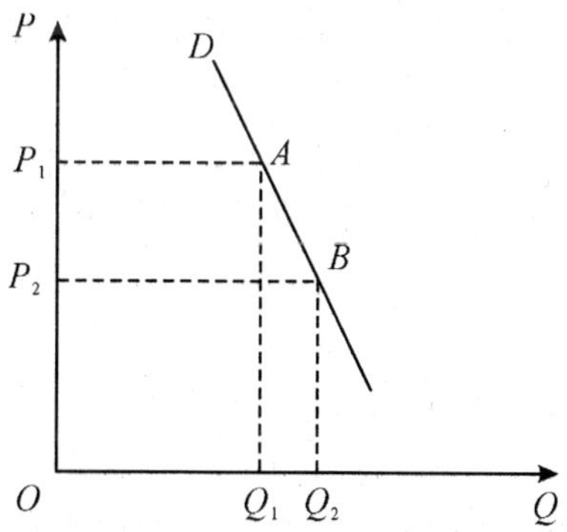

图 3－4

比如生活必需品中的盐，人们不会因为它价廉而吃很多，也不会因为它价贵而不吃。如图 3－4 所示，当价格为 P_1 时需求为 Q_1；价格下跌为 P_2 时需求为 Q_2。价格下跌幅度大于需求量增长幅度，厂商总收益减少。

第五类：需求弹性系数大于 1，或称需求富有弹性。其需求量变动的比率大于价格变动的比率，即$\infty > E_d > 1$。在这种情况下，需求曲线表现为一条比较平坦的曲线。如图 3－5 所示。

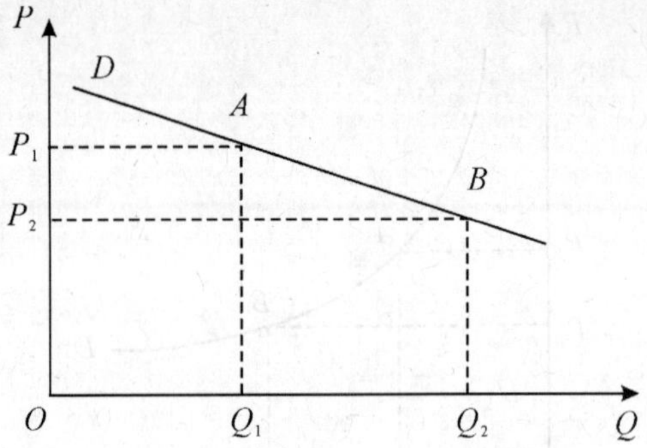

图 3－5

奢侈品、耐用品，如保健品、汽车、豪华住宅、高级家具、珠宝等的需求弹性比较大。这类商品的价格和需求量的变动，对总收益有很大的影响。如图 3－5 所示，当价格为 P_1 时需求为 Q_1；价格下跌为 P_2 时需求为 Q_2。价格下跌幅度小于需求量增长幅度，厂商总收益增加。

3.1.4　影响需求弹性的因素

影响需求价格弹性的因素是很多的，其中主要有以下几个。

第一，商品的可替代性。一般说来，一种商品的可替代品越多，相近程度越高，则该商品的需求价格弹性往往就越大；相反，该商品的需求价格弹性往往就越小。例如，在苹果市场，当国光苹果的价格上升时，消费者就会减少对国光苹果的需求量，增加对替代品如香蕉苹果的购买。这样，国光苹果的需求弹性就比较大。又如，对于食盐来说，没有很好的可替代品，所以，食盐价格的变化所引起的需求量的变化几乎等于零，它的需求价格弹性是极其小的。如美国消费者的航空旅行的需求弹性为 2.4，法律服务的需求弹性为 0.5。

对一种商品所下的定义越明确越狭窄，这种商品的相近的替代品往往就越多，需求价格弹性也就越大。譬如，某种特定商标的豆沙甜馅面包的需求要比一般的甜馅面包的需求更有弹性，甜馅面包的需求又比一般面包的需求更有弹性，而面包的需求的价格弹性比一般的面粉制品的需求价格弹性又要大得多。

第二，商品用途的广泛性。一般说来，一种商品的用途越是广泛，它的需求价格弹性就可能越大；相反，用途越是狭窄，它的需求价格弹性就可能越小。这是因为，如果一种商品具有多种用途，当它的价格较高时，消费者只购买较少的数量用于最重要的用途上。当它的价格逐步下降时，消费者的购买量就会逐渐增加，将商品越来越多地用于其他的各种用途上。例如，在美国，电力的需求弹性是 1.2，小麦的需求弹性仅为 0.08。

第三，商品对消费者生活的重要程度。一般说来，生活必需品的需求价格弹性较小，非必需品的需求价格弹性较大。例如，馒头的需求价格弹性是较小的，电影票的需求价格弹性是较大的。

第四，商品的消费支出在消费者预算总支出中所占的比重。消费者在某商品上的消费支出在预算总支出中所占的比重越大，该商品的需求价格弹性可能越大；反之，则越小。例如，火柴、盐、铅笔、肥皂等商品的需求价格弹性就比较小。因为消费者每月在这些商品上的支出是很小的，消费者往往不太重视这类商品价格的变化。例如，美国香烟的需求弹性为

0.3～0.4，汽车的需求弹性为1.2～1.5。

第五，所考察的消费者调节需求量的时间。一般说来，所考察的调节时间越长，则需求价格弹性就可能越大。因为，当消费者决定减少或停止对价格上升的某种商品的购买之前，他一般需要花费时间去寻找和了解该商品的可替代品。例如，当石油价格上升时，消费者在短期内不会较大幅度地减少需求量。但设想在长期内，消费者可能找到替代品，于是，石油价格上升会导致石油的需求量较大幅度下降。

需要指出，一种商品需求价格弹性的大小是各种影响因素综合作用的结果。所以，在分析一种商品的需求价格弹性的大小时，要根据具体情况进行全面的综合分析。

3.2　供给弹性

在西方微观经济学教科书中，供给弹性也就是供给价格弹性的简称。由于前面已较详细地阐述了需求弹性，这里对供给弹性只作比较简略的说明。

3.2.1　供给价格弹性的含义与计算

供给弹性是指因价格变动的比率而引起的供给量变动的比率，它是用来衡量商品的供给量变动对它的价格变动反应灵敏程度的概念。

供给量变动比率与价格变动比率的比值，就是供给弹性的弹性系数，即

$$\text{供给弹性的弹性系数}=\frac{\text{供给量变动的百分比}}{\text{价格变动的百分比}}$$

如果用 E_s 代表供给弹性，用 $\Delta Q/Q$ 代表供给量的变动率，用 $\Delta P/P$ 代表价格的变动率，供给弹性的计算可用下式表示：

$$E_s=\frac{\Delta Q/Q}{\Delta P/P}=\frac{\Delta Q}{\Delta P}\cdot\frac{P}{Q} \tag{6}$$

如价格从原来的10美元提高到12美元，上升了20%，供给量从原来的100千克增加到140千克，增加了40%，这时，供给弹性系数为2，即

$$E_s=\frac{\Delta Q/Q}{\Delta P/P}=\frac{40\%}{20\%}=2$$

如价格从原来的10美元降低为8美元，下降了20%，供给量还是100千克未变，这时，供给弹性系数为0，即

$$E_s=\frac{\Delta Q/Q}{\Delta P/P}=\frac{0}{-20\%}=0$$

如价格从原来的10美元提高到12美元，上升了20%，供给量从原来的100千克增加到110千克，增加了10%，这时，供给弹性系数为0.5，即

$$E_s=\frac{\Delta Q/Q}{\Delta P/P}=\frac{10\%}{20\%}=0.5$$

上面三种情况，供给弹性大于1时供给弹性较大，供给弹性等于0时供给完全无弹性，供给弹性在大于0小于1之间时供给弹性较小。与需求弹性所不同的是，供给弹性系数皆为正数，因为商品供给量和价格是成同方向变动的。

3.2.2 供给价格弹性的类型

各类商品的供给弹性不同，主要有五种情况：

第一，供给无弹性。无论价格怎样变动，其供给量都不变，$E_s=0$。在这种情况下，供给曲线是一条与横轴垂直的直线（如图 3－6 所示）。

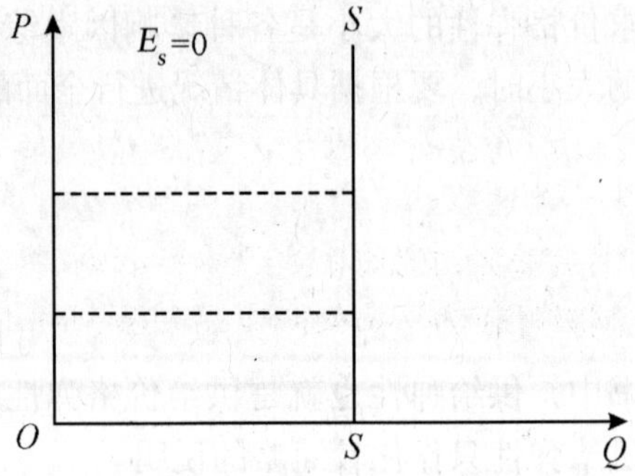

图 3－6

第二，供给弹性无限大。价格稍有变动，就会引起供给量的无限变动，$E_s\to\infty$ 。在这种情况下，供给曲线是一条与横轴平行的直线（如图 3－7 所示）。

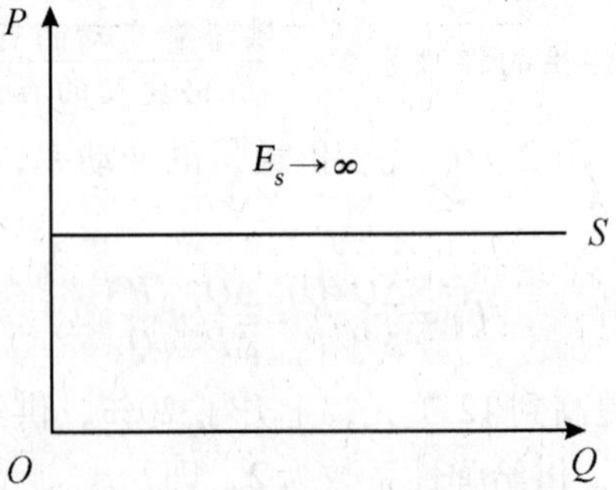

图 3－7

第三，供给弹性系数等于 1，或称供给单位弹性。供给量的变动比率与价格变动比率相同，$E_s=1$ 。在这种情况下，供给曲线是一条与横轴成 45°并向右上方倾斜的直线（如下图 3－8所示）。

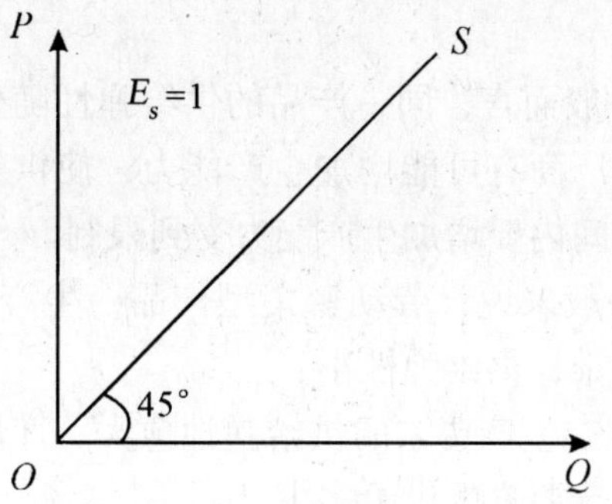

图 3－8

第四，供给富有弹性。供给量变动的比率大于价格变动的比率，即 $E_s > 1$。这种情况下的供给曲线是一条向右上方倾斜且较为平坦的曲线（如图 3－9 所示）。

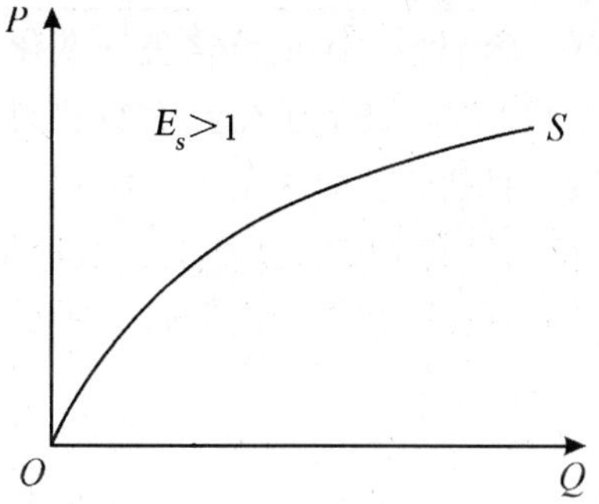

图 3－9

第五，供给缺乏弹性。供给量变动的比率小于价格变动的比率，$E_s < 1$。这种情况下的供给曲线是一条向右上方倾斜但较为陡峭的曲线（如图 3－10 所示）。

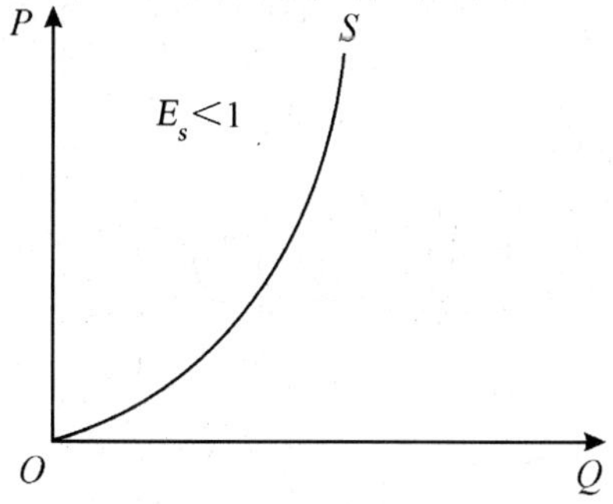

图 3－10

3. 2. 3　影响供给价格弹性的因素

供给弹性的大小，取决于供给的难易程度和供给时间的长短。概括起来，影响供给弹性的因素主要有：

（1）生产时间的长短。一般而言，同一产品的供给弹性随生产时间的长短而变化，生产时间越长供给弹性愈大，因为厂商有可能增加生产能力，使供给量增大；反之，时间越短供给弹性愈小，因为厂商在短时间内要增加生产能力受到限制。

（2）生产的难易程度。一般来说，劳动密集型产品，生产容易扩大，因而供给弹性大；资本密集型产品，扩大生产较难，供给弹性小。

（3）生产要素的供给弹性。生产要素的供给弹性愈大，产品的供给弹性愈大；反之，则小。因为产量的大小取决于生产要素的供给多少。

（4）生产成本的变化。若增加产量所需追加生产要素的成本变化较小，则供给弹性较大；反之，则较小。

除此之外，生产采用的技术类型，对供给弹性也有影响。上述因素综合作用的结果，使手工业部门和轻工产品的供给弹性较大，农产品由于受自然条件限制，生产过程缓慢，供给量不能随时增加或减少，其供给弹性较少。而重工业部门的某些大型或超大型的设备和产品如航空母舰、航天飞机以及古董、珍宝等，无论价格怎样变化对产品的供给几乎都不产生影响。正确了解各类商品的供给弹性，对厂商调节生产有重要意义，使厂商能够依据其分析生产的实际状况，断定哪种生产最为有利，从而决定生产什么、生产多少和如何生产。

3.3 弹性理论的运用

弹性理论对于分析许多实际经济问题是很有用的。下面着重运用弹性理论来说明总收益的变动。

3.3.1 需求价格弹性与总收益的关系

总收益也称为总收入，指厂商出售一定量商品所得到的全部收入，也就是销售量与价格的乘积。总收益包括了成本与利润。以 TR 代表总收益，P 为价格，Q 为销量，则有：

$$TR = P \cdot Q \tag{7}$$

对式（7）两边取微分并整理可得：

$$\begin{aligned} \mathrm{d}TR &= \mathrm{d}P \cdot Q + P \cdot \mathrm{d}Q \\ &= Q \cdot \mathrm{d}P\ (1 + \frac{\mathrm{d}Q}{\mathrm{d}P} \cdot \frac{P}{Q}) \\ &= Q \cdot \mathrm{d}P\ (1 + E_d) \\ &= Q \cdot \mathrm{d}P\ (1 - |E_d|) \end{aligned}$$

则有：

$$\mathrm{d}TR = Q \cdot \mathrm{d}P\ (1 - |E_d|) \tag{8}$$

某种商品的价格变动时，它的需求弹性的大小与出售该商品所能得到的总收益是密切相关的，价格的变动引起需求量的变动。为了简单起见，我们假设需求量也就是销售量。这样，价格的变动也就引起了销售量的变动，不同商品的需求弹性不同，价格变动引起的销售量的变动不同，从而总收益的变动也就不同。下面，我们分析需求富有弹性的商品和需求缺乏弹性的商品的需求弹性与总收益之间的关系。

3.3.2　富有弹性的商品的需求弹性与总收益之间的关系

需求富有弹性，即 $|E_d|>1$。由式（8）可知，若 $dP>0$（价格上升）则 $dTR<0$，而当 $dP<0$（价格下降）时 $dTR>0$。这表明，当需求对价格富有弹性时，商品价格上升会使总收益减少；反之，商品价格下降将使总收益增加。

以电视机为例。假定电视机的需求是富有弹性的，$E_d=2$。当价格为 500 元，即 $P_1=500$ 元，销售量为 100 台，即 $Q_1=100$ 时，总收益 TR_1 为：

$$TR_1=P_1\cdot Q_1=500\text{ 元}\times 100=50\ 000\text{ 元}$$

现在假定电视机的价格下降 10%，即 $P_2=450$ 元，因为 $E_d=2$，所以销售量增加 20%，即 $Q_2=120$，这时总收益 TR_2 为：

$$TR_2=P_2\cdot Q_2=450\text{ 元}\times 120=54\ 000\text{ 元}$$

$$TR_2-TR_1=54\ 000\text{ 元}-50\ 000\text{ 元}=4\ 000\text{ 元}$$

这表明，由于电视机价格下降，总收益增加了。

需求富有弹性的商品价格下降而总收益增加，就是我们一般所说的“薄利多销”的原因所在。“薄利”就是降价，降价能“多销”，“多销”则会增加总收益，所以，能够做到薄利多销的商品是需求富有弹性的商品。

如果某种商品的需求是富有弹性的，那么，当该商品的价格上升时，需求量（从而销售量）减少的幅度大于价格上升的幅度，所以总收益会减少。

仍以电视机为例。假定现在电视机的价格上升了 10%，即 $P_2=550$ 元，因为 $E_d=2$，所以销售量减少 20%，即 $Q_2=80$，这时总收益 TR_2 为：

$$TR_2=P_2\cdot Q_2=550\text{ 元}\times 80=44\ 000\text{ 元}$$

$$TR_2-TR_1=44\ 000\text{ 元}-50\ 000\text{ 元}=-6\ 000\text{ 元}$$

这表明，由于电视机价格上升，总收益减少了。

由此我们可以看出，由于需求对价格富有弹性的商品价格上升时总收益会减少，所以如果调价不当，则会带来损失。例如，1979 年我国农副产品调价，猪肉价格上调 20% 左右，在当时我国人民生活水平较低的情况下，猪肉的需求对价格富有弹性，涨价后猪肉需求量迅速下降，财政损失 20 多亿元；再加上农副产品提价后发放职工生活补贴 20 多亿元，造成财政支出增加 40 多亿元。

根据需求富有弹性的商品涨价与降价所引起的总收益的变化可以得出：如果某种商品的需求是富有弹性的，则价格与总收益成反方向变动，即价格上升，总收益下降；价格下降，总收益增加。可用图 3－11 来说明这一点。

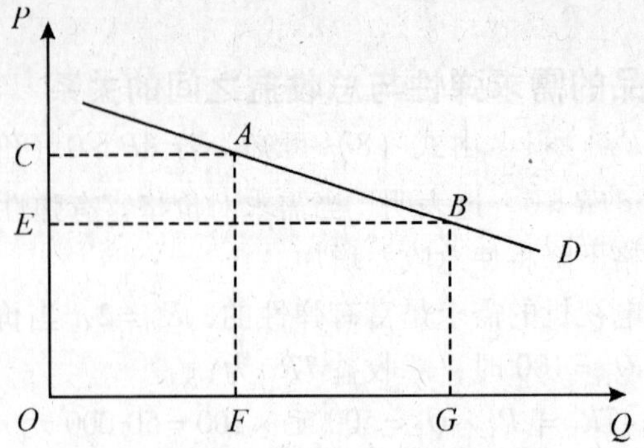

图 3-11

在图 3-11 中，D 是某种需求富有弹性的商品的需求曲线。当价格为 OC 时，销售量为 OF，总收益为 $OFAC$；当价格为 OE 时，销售量为 OG，总收益为 $OGBE$。由图上可以看出，当价格由 OC 降为 OE 时，$OGBE-OFAC>0$，总收益增加；当价格由 OE 上升为 OC 时，$OFAC-OGBE<0$，总收益减少。

3.3.3　需求缺乏弹性的商品的需求弹性与总收益之间的关系

需求缺乏弹性，即 $|E_d|<1$。如果价格上升（即 $dP>0$），则可知这时必有 $dTR>0$；反之，如果价格下降（即 $dP<0$），则必有 $dTR<0$。这表明：当需求对价格缺乏弹性时，商品价格上升会使总收益增加；反之，商品价格下降将使总收益减少。

以面粉为例。假定面粉是需求缺乏弹性的，$E_d=0.5$。当价格为 2 元，即 $P_1=2$ 元，销售量为 100 公斤，即 $Q=100$ 时，总收益 TR_1 为：

$$TR_1=P_1\cdot Q_1=2\text{ 元}\times 100=200\text{ 元}$$

现在假定面粉的价格下降 10%，即 $P_2=1.8$ 元，因为 $E_d=0.5$，所以销售量增加 5%，即 $Q=105$，这时总收益 TR_2 为：

$$TR_2=P_2\cdot Q_2=1.8\text{ 元}\times 105=189\text{ 元}$$

$$TR_2-TR_1=189\text{ 元}-200\text{ 元}=-11\text{ 元}$$

这表明，由于面粉价格下降，总收益减少了。

中国有句古语叫“谷贱伤农”，意思是指丰收了，由于粮价下跌，农民的收入减少了。其原因就在于粮食是生活必需品，需求缺乏弹性。由于丰收而造成的粮价下跌，并不会使需求量同比例增加，从而总收益减少，农民受损失。此外，在资本主义社会，经济危机时期出现过把农产品毁掉的做法，究其根源也在于这些农产品的需求缺乏弹性，降价不会引起需求量的大幅度增加，只会减少总收益，所以将这些农产品毁掉反而会减少损失。

如果某种商品的需求是缺乏弹性的，那么，当该商品的价格上升时，需求量（从而销售量）减少的幅度小于价格上升的幅度，所以总收益增加。

仍以面粉为例。假定现在面粉的价格上升了 10%，即 $P_2=2.2$ 元，因为 $E_d=0.5$，所以销售量减少 5%，即 $Q_2=95$，这时总收益 TR_2 为：

$$TR_2=P_2\cdot Q_2=2.2\text{ 元}\times 95=209\text{ 元}$$

$$TR_2-TR_1=209\text{ 元}-200\text{ 元}=9\text{ 元}$$

这表明，由于面粉价格上升，总收益增加了。

卖者总收益的增加，也就是买者总支出的增加，由此可以看出，粮油、蔬菜、副食、日用品这类生活必需品的涨价一定要谨慎，因为这类商品的需求弹性很小，涨价后人们的购买不会减少很多，这样就会增加人们的生活支出，造成实际收入下降，影响社会安定。

根据缺乏弹性的商品涨价与降价所引起的总收益的变化可以得出：如果某种商品是缺乏弹性的，则价格与总收益成同方向变动，即价格上升，总收益增加；价格下降，总收益减少。可用图 3－12 来说明这一点。

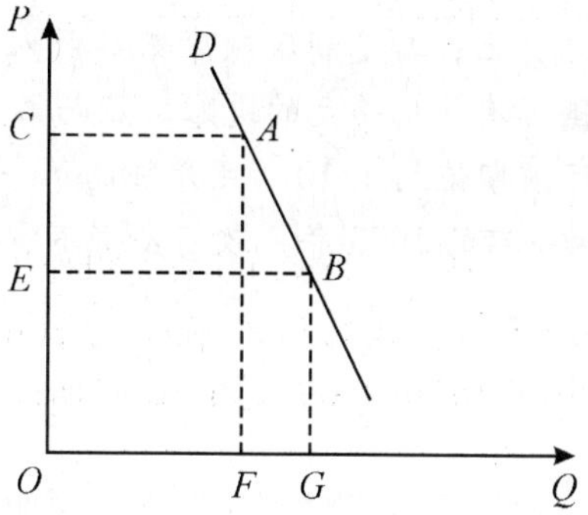

图 3－12

在图 3－12 中，D 是某种需求缺乏弹性的商品的需求曲线。当价格为 OC 时，销售量为 OF，总收益为 $OFAC$；当价格为 OE 时，销售量为 OG，总收益为 $OGBE$。由图中可以看出，当价格由 OC 降为 OE 时，$OGBE - OFAC < 0$，总收益减少；当价格由 OE 上升为 OC 时，$OFAC - OGBE > 0$，总收益增加。

3.4　案例分析

“价格歧视”的机票

美国航空公司的同一航班的机票往往按价格的高低分为好几种，并不统一制定价格，而且规定给了折扣的低价票必须到周六晚上之后才能拿到，以及最后的时刻通常不提供折扣，这是为什么？

因为一般说来乘客可基本分为两大类：一类是商务人员，一类是闲适游客。机票对于他们的价格弹性是不同的。商务人员往往缺乏弹性，闲适人员往往富有弹性。对于美国航空公司来说，弄清乘客的需求弹性相当于每年可带来数十亿美元的收益。理想的情况下，航空公司希望向商务人员提供尽可能高的票价，而向闲适乘客采取“价格歧视”的措施，利用不同价格弹性来增加总收益，追求利润最大化。至于到周六晚上之后才能拿到折扣票可以使急于回家度周末的商务人员望而却步，不得不买高价票回家。而最后的时刻通常不提供折扣是因为许多商务往来事先并未计划，而是为了处理意外的危机，这是一种缺乏弹性的情况。

富有弹性的商品价格上升需求量减少

1990 年，作为削减美国财政赤字一揽子计划的一部分，国会通过了对价格昂贵的游艇、高级轿车、私人飞机等奢侈品征收 10% 的“奢侈品税”。结果，由于奢侈品有很高的需求弹性，到 1991 年初，由于有钱人为逃避税收纷纷转向邻国巴哈马等地购买游艇，导致美东海岸度假胜地南佛罗里达地区的游艇销量急剧下降 90%。包括“奔驰”、“凌志”在内的高级轿车的销量也急剧下降。其结果给经济带来两个不利影响：一是政府原来想让有钱人承担的税务负担最后落到了生产者和销售者身上；二是新税项带来的收入远小于预期数额。美国国会曾预计开征这一新税项可使每年国库有 3 亿美元的进账。然而第一年即 1991 年，富人仅为购置奢侈品纳税 3 000 万美元，只有预期值的 1/10。且开征的第一年，1/3 的美国游艇制造商停止生产，2 万多名工人失业。两年后的 1993 年，政府不得不宣布撤销这一税项。

【本章小结】

弹性是西方经济学中广为应用的重要概念。弹性理论说明价格的变动比率与需求量或供给量的变动比率之间的关系，为厂商和政府的决策提供依据。

需求价格弹性有五种类型：需求完全无弹性、需求弹性无穷大、需求单位弹性、需求缺乏弹性、需求富有弹性。在现实生活中，前三种类型的商品较为少见，而后两种较为常见。

影响需求弹性的因素有：商品的可替代性、商品用途的广泛性、商品对消费者生活的重要程度、商品的消费支出在消费者预算总支出中所占的比重、所考察的消费者调节需求量的时间。

供给价格弹性的类型有：供给无弹性、供给弹性无限大、供给单位弹性、供给富有弹性、供给缺乏弹性。

需求富有弹性的商品，价格下降总收益增加，价格上升总收益减少。需求缺乏弹性的商品，价格下降总收益减少，价格上升总收益增加。运用弹性理论可以解释一些经济现象。

【关键术语和概念】

弹性　需求价格弹性　需求缺乏弹性　需求富有弹性　供给富有弹性　供给缺乏弹性

【练习题】

1. 某种商品的需求弹性系数为 1.5，当它降价 8% 时，需求量会增加多少？
2. 假定汽油的需求价格弹性系数为 0.15，现价格为每升 3 元，试问汽油价格涨多少元才能使其消费量减少 10%？
3. 某种商品在价格由 10 元下降为 6 元时，需求量由 20 单位增加为 40 单位。用中点法计算这种商品的需求弹性，并说明属于哪一种需求弹性。
4. 简要说明需求价格弹性有哪些类型。
5. 影响需求弹性的因素有哪些？
6. 根据需求弹性理论解释“薄利多销”和“谷贱伤农”这两句话的含义。
7. 为什么化妆品可以薄利多销而药品却不行？是不是所有的药品都不能薄利多销？为

什么?

【补充阅读】

1. 蛛网模型（高鸿业．西方经济学．中国人民大学出版社，2001 年版，第 68 页）。

2. 在西方国家里，弹性分析在厂商的价格决策中受到广泛的重视。因为各种商品的需求量对价格变化的反应程度是不一样的，提高价格不一定能增加总收益，降低价格不一定会减少总收益。所以，厂商要正确地制定商品的价格以增加总收益，必须对商品的弹性做出正确的估算。

在西方国家里，厂商在估算价格弹性的时候，有的利用过去的统计数据进行计算，也有的凭借简单的经验进行估计。例如美国贝尔电话系统曾经对通话的价格弹性进行过研究，结果表明：短途电话和长途电话以及这两种电话在一天的不同时刻里其价格弹性是不同的。本地电话的价格弹性为 0.1，芝加哥到纽约的长途电话的价格弹性白天是 0.23，晚上是 0.57。

在厂商对个别商品的价格弹性进行估算的同时，一批经济学家也对各种商品的弹性值进行系统的分析。美国经济学家舒尔茨（H. Schultz）和英国经济学家斯通（R. Stone）曾在这方面做出了突出的贡献。下面摘录了美国经济学的研究成果，它表明美国一部分商品的价格弹性。

美国商品需求的价格弹性

缺乏弹性（ $\lvert E_d \rvert <1$ ）				富有弹性（ $\lvert E_d \rvert >1$ ）	
商品	弹性系数	商品	弹性系数	商品	弹性系数
服装	0.49	水、电、煤气	0.92	金属	1.52
饮料	0.78	化学制品	0.89	家具	1.25
烟草	0.61	书、杂志、报纸	0.34	汽车	1.14
食物	0.58	肉	0.2	运输	1.03

资料来源：斯蒂格利茨．经济学（中译本）．中国人民大学出版社，1997 年版，第 95 页

厂商以弹性分析为依据，常常能做出比较正确的价格决策。例如，在 20 世纪 60 年代美国州际贸易委员会曾要求东部铁路降低客运票价。东部铁路认为降低票价会蒙受损失，拒绝接受贸易委员会的建议。在当时的条件下，客运的需求量实际上是富有价格弹性的，弹性值接近于 2。果然，在东部铁路终于勉强同意降价以后，铁路的总收益不是下降了而是提高了。又如，美国纳西流域电力管理局认为电力的需求是富有弹性的，准备着手降低电力的价格。降低价格以后发现需求量和收益确实在增长，从而证实了美国纳西流域电力管理局的决定是正确的。

第4章 消费者行为理论

⊙本章学习要点

1. 效用与边际效用
2. 边际效用递减规律
3. 消费者剩余
4. 无差异曲线的含义与特征
5. 消费可能线
6. 序数效用分析与消费者均衡

⊙本章学习内容

1. 欲望与效用
2. 边际效用分析与消费者均衡
3. 无差异曲线与消费可能线

⊙案例分析

⊙本章小结

⊙关键术语和概念

⊙练习题

⊙补充阅读

在第二章中我们介绍了供给与需求是如何决定价格的，但并没有说明需求与供给本身是如何决定的。在微观经济学里，需求与供给分别是以消费者行为和生产者行为的分析作为依据的，本章的消费者行为理论将分析需求背后的消费者行为，并以对消费者行为的分析中推导出需求曲线。下一章生产理论将分析供给背后的生产者行为，并以对生产者行为的分析中推导出供给曲线，从而进一步阐明需求与供给。本章与下一章是前面内容的继续与发展。

消费者是指经济中能做出统一的消费决策的单位，它可以是个人，也可以是由若干人组成的家庭，消费者通过向厂商提供生产要素，如劳动、资本等，获得相应的收入并把收入用于消费，消费者进行消费的目的是为了获得幸福，那么幸福是什么呢？美国经济学家萨缪尔森提出“幸福方程式”，即

$$幸福=\frac{效用}{欲望}$$

我们的讨论就从欲望与效用开始。

4.1 欲望与效用

4.1.1 欲望

由幸福方程式可知，如果欲望一定，幸福与效用成正比例关系。效用越大，幸福也就越大；效用越小，幸福也就越小。要研究消费者的行为，我们假设欲望是既定的，在这样的假设之下，幸福就取决于效用的大小，要研究消费者的行为，就要研究效用问题。首先我们来了解一下关于欲望，在微观经济学中，什么是欲望呢？欲望是指人们的需要，是人们不足之感与求足之愿的统一，欲望是一个人的主观心理感觉，欲望具有无限性，这正是推动社会前进的动力。目前最流行的是美国著名的心理学家亚伯拉罕·马斯洛关于人的欲望的解释，他把它分为5个层次。

第一，基本生理需要。包括对衣、食、住、行等基本生存的需要。

第二，安全需要。主要是指对现在与未来生活安全感得到最基本的保障。

第三，归属与爱的需要。这是人作为社会的人的需要，例如与别人建立友谊，希望得到别人的重视，在社会交往中得到感情上的需要等。

第四，尊重的需要。指自己需要受到他人的尊重，个人的能力被别人承认，这种尊重包括自尊与来自别人的尊重。

第五，自我实现的需要。指获得成就的欲望，希望自己的才智潜力能得到最充分的发挥，实现自己的理想与抱负。这是人类最高层次的欲望。

马斯洛认为，人的欲望的5个层次是由低级向高级发展的，当低层次的欲望满足后将向高层次的欲望发展，但人的欲望是无止境的，永远都得不到满足。为什么人的欲望永远得不到满足呢？这是因为任何社会的资源都是有限的，因而能够提供的产品也是有限的，欲望的满足必须依靠他人的劳动来提供，而任何人所能提供的劳动都有限，因而也不能满足无限的欲望。况且人的生命也是有限的，在人的一生当中，不可能人的所有欲望都能得到满足，人们必须在资源产品和时间中加以选择，故产生了研究消费者行为的理论。

4.1.2 效用

效用是指消费者在消费某种物品中所得到的满足程度。物品效用的大小，取决于物品能够在多大程度上满足人们的欲望。例如，食品可以满足人们充饥果腹的欲望；衣物可以满足人们御寒装饰的欲望。商品具有满足人们欲望的能力，称为效用。

效用与欲望一样是消费者对物品的主观心理感觉，效用本身并不包括有关是非的价值判断，效用的大小，取决于物品给消费者带来多大的满足程度，例如，一支香烟对吸烟者来说可以有很大的效用，但对于不吸烟者来说，则可能毫无效用，甚至有负效用。

效用因人、因时、因地而不同，例如，在江河边上，一杯水对于人没有什么效用，而对于沙漠中的旅行者来说，它的效用很大；同一件棉衣，在冬天或寒冷地区给人带来的效用很大，但在夏天或热带地区也许只能带来负效用。

同一物品对偏好不同的两个人而言，效用大小也是不相同的，例如，一个人爱喝功夫茶，一个人不爱喝功夫茶，于是功夫茶对两个人的效用大小就不一样。

同一物品对同一个人而言，效用大小也不一定一直一样，一个人想抽烟，而此时他手上没有烟，这时烟对他的效用很大，如果他有病，医生说不能抽烟，这时烟对他的效用则很小，甚至为负效用。

总之，效用是人的一种主观心理感觉，因人、因时、因地、因情感等而不同，所以消费者行为理论也就偏重于心理分析。

4.1.3 基数效用论与序数效用论

在经济学中，效用的大小是如何来衡量的呢？有的经济学家认为效用是可以用阿拉伯数字1、2、3……来表示的，也有的经济学家认为不能用阿拉伯数字来表示，只能用第一、第二、第三等来表示，由此产生了基数效用论与序数效用论。在消费者行为理论当中，基数效用论采用的是边际效用分析法，序数效用论采用的是无差异曲线分析法。

1. 基数效用论

基数这个术语来源于数学，其基本观点是可以计量并加总求和的，效用的大小可以用基数1、2、3……来表示，基数效用论对效用给出了数量的含义，从而使基数效用具有两个显著特征：一是可以进行数量比较；二是可以加总求和。例如，对一个爱好看电影的消费者来说，一顿丰盛的晚餐的基数效用是20个效用单位，而看一场好的电影的基数效用是40个效用单位，这样，这个消费者就可以依据基数效用的数量差别进行比较来进行消费选择，如果看电影和晚餐可以同时享受，消费者还可以进行加总计量出总效用，即为60效用单位。

2. 序数效用论

序数效用论的基本观点是效用作为一种心理感觉无法计量，也不能加总求和，只能表示出满足程度的高低与顺序，例如，第一、第二、第三等，效用水平的高低只能由消费者选择来表现，消费者选择的基础是偏好。例如：一个爱好看电影的消费者在对一场好看的电影和一顿丰盛的晚餐进行选择时，会首先选择看电影，也就是说看电影对他而言具有第一效用，晚餐次之。

下面我们将介绍边际效用分析法与无差异曲线分析法。

4.2 边际效用分析与消费者均衡

基数效用论者除了提出效用可以用基数衡量以外，还提出了边际效用递减规律的假定，边际效用递减规律贯穿于基数效用理论，是基数效用论者分析消费行为，并进一步推导消费者需求曲线的基础。

4.2.1 总效用和边际效用

在运用边际效用来分析消费者行为时，有必要先了解总效用和边际效用这两个概念。

总效用是指消费者在一定时期内从一定数量的商品消费中所得到的总满足程度（或效用量的总和）。基数效用论认为，总效用与商品消费量之间的关系可以用效用函数来表示。如

果以 TU 表示总效用，以 Q 表示消费量，则效用函数为：

$$TU = f(Q)$$

上式说明总效用是消费量 Q 的函数，它随消费量的变化而变化。

边际效用是指消费者在一定时间内，每增加一单位商品的消费所增加的满足程度（或效用量的增量）。如果用 ΔTU 表示总效用的增量，用 ΔQ 表示商品的增加数量，用 MU 表示边际效用，那么边际效用 $MU = \Delta TU / \Delta Q$。在西方经济学中，边际分析方法是最基本的分析方法之一，“边际”概念是很重要的一个基本概念。边际效用是本书出现的第一个边际概念，边际的含义是增量，指自变量增加所引起的因变量的增加，在边际效用中，自变量是某商品的消费量，而因变量是指消费者对商品的满足程度或效用，消费量变动所引起的效用的变动即为边际效用。抽象的边际量的定义公式为：

$$边际量 = \frac{因变量的变化量}{自变量的变化量} = \frac{\Delta TU}{\Delta Q}$$

下面我们举例说明总效用和边际效用以及两者之间的关系。假设某消费者在一定时间内（例如一天）吃包子的总效用和边际效用如下表所示：

表 4－1　总效用与边际效用

包子数	总效用	边际效用
0	0	0
1	12	12
2	18	6
3	21	3
4	22	1
5	22	0
6	20	－2

根据表 4－1 可以做出表示总效用和边际效用的图 4－1 和图 4－2。

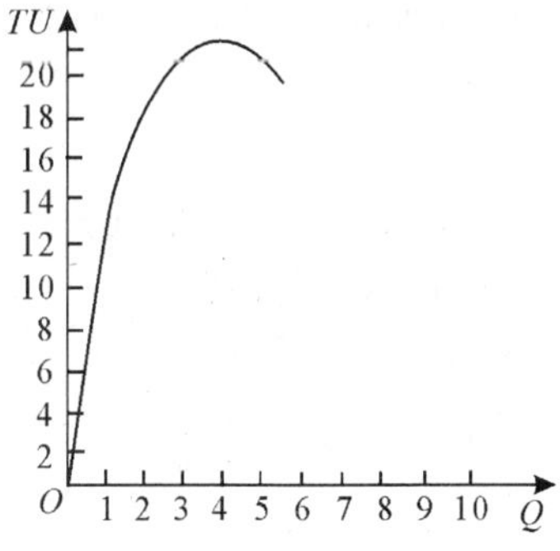

图 4－1　总效用

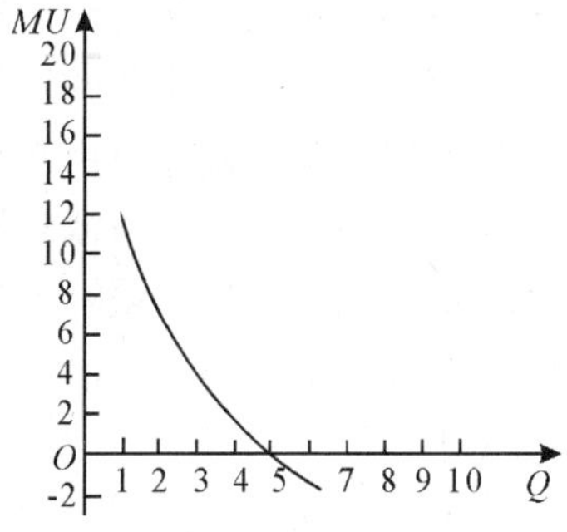

图 4－2　边际效用

在图 4－1 中，横轴 OQ 代表包子的数量，纵轴 OTU 代表总效用，TU 为总效用曲线。图 4－2 中，横轴仍然代表包子的消费量，纵轴 OMU 代表边际效用，MU 为边际效用曲线。

从表 4－1、图 4－1 与图 4－2 中可以看出，当消费者吃第 1 个包子时，总效用为 12 效用单位，边际效用为 12 效用单位；当吃完第 2 个包子时，总效用为 18 效用单位，边际效用为 6

效用单位，以此类推，当吃到第 5 个包子时，总效用为 22 效用单位，边际效用为 0；当吃到第 6 个包子时，总效用减少到 20 效用单位，边际效用此时为 -2 效用单位，总效用不但没有增加，反而减少了。这说明吃第 6 个包子对消费者产生了负效用，不过一般说来，人们并不再强迫自己进行负效用的消费。由此可以看出，当边际效用为正数时，总效用增加；当边际效用为 0 时，总效用达到最大；当边际效用为负数时，总效用减少。

4.2.2 边际效用递减规律

从表 4-1 和图 4-2 中可以看出，随着消费者消费包子数量的增加，总效用是递增的，但是总效用增加的幅度却随着消费包子数量的增加而不断减少，即边际效用递减，这是因为消费每个包子产生的效用不同的缘故。这种现象被西方经济学家称为"边际效用递减规律"：在其他条件不变的情况下，在一定的时间内随着消费者对某种商品消费数量的不断增加，他从该商品连续增加的消费单位中所得到的边际效用是递减的。上述例子说明：在一个人很饥饿的时候，吃第一个包子给他带来的效用是很大的，以后，随着这个人所吃的包子数量的连续增加，虽然总效用是不断增加的，但每一个包子给他带来的效用增量即边际效用是递减的，当他完全吃饱的时候，包子的总效用达到最大值，而边际效用却为零。如果他还继续吃包子，就会感到不舒服，这意味着此时包子的边际效用进一步降为负值，总效用此时开始下降。

边际效用递减规律可以用以下两个理由加以解释：

第一，消费者生理或心理上的原因。随着相同消费品的连续增加，从每一单位消费品中所感受到的满足程度和对重复刺激的反应程度是递减的。也可以说，人的欲望是多种多样的，当消费某种商品时，其欲望获得部分满足，因而对这种商品的欲望降低，同时对其他商品的需求欲望则感到强烈。例如我们连续吃包子时，都会有这种感觉。

第二，商品本身用途的多样性。各种商品都有多种用途。当某种商品数量很少时，人们会根据自己的判断把它用到需要的地方。如果数量增加，人们就会用于其他的用途。消费者总是将第一单位的消费品用在最重要的用途上。第二单位的消费品用在次重要用途上。以此类推。此时，边际效用递减规律也可以解释为什么在沙漠中行走的人绝不会用水洗澡，而在水源充足的地方不仅可以用水洗澡，还可以用水洗衣服、冲刷地板等。这样，消费品的边际效用便随着消费品的用途重要性的下降而递减。

以上分析可以看出，边际效用递减规律有以下特征：

第一，边际效用的大小，与欲望的强弱成正向变动。当一个人非常饿时，吃第 1 个包子的边际效用很高；当他不那么饿时，吃第 1 个包子的边际效用很小，基数为 0。

第二，边际效用的大小，与消费数量的多少成反方向变动。由于欲望强度有限，并随着满足程度的增加而递减。因此，消费数量越多，边际效用越小。

第三，边际效用是特定时间内的效用。由于人的欲望具有再生性，边际效用也具有时间性，时间段不同，效用也有所不同。

第四，边际效用实际上永远是正值。在理论上有负效用，但在现实生活中，当一种产品的边际效用大于 0 时，具有理性的消费者必然会变更用途或变更消费方式，不会花钱买罪受。

第五，边际效用是决定需求价格的主观标准。商品的需求价格，不取决于总效用，而取决于边际效用。消费数量少，边际效用高，需求价格也高；反之，消费数量多，边际效用低，需求价格也低。

4.2.3　消费者均衡

消费者均衡是研究单个消费者如何把有限的货币收入分配在各种商品的购买中以获得最大的效用，也可以说，它是研究消费者在既定收入的情况下，如何实现效用最大化的均衡条件。这里的均衡是指消费者实现最大效用时既不想再增加也不想再减少任何商品购买量的一种相对静止的状态。

在研究消费者均衡时，我们假设：第一，消费者的偏好是既定的，也就是说，消费者对商品的满足程度不发生变化。第二，消费者的收入是既定的，即货币的边际效用不存在递减问题。第三，商品的价格是既定的，消费者均衡正是要说明在这些假设条件之下，消费者如何把有限的收入分配于各种商品的购买与消费上，以获得最大效用。

基数效用论者认为，消费者实现效用最大化的均衡条件是：在消费者收入与市场上商品的价格既定的情况下，消费者应该使自己所购买的各种商品的边际效用与价格之比相等。或者说，消费者应该使自己花费在各种商品购买上的最后一元钱所带来的边际效用相等。

在此，假设消费者的货币收入为 M，消费者购买并消费 X 与 Y 两种商品，X 与 Y 的价格为 P_x 与 P_y，所购买的 X 与 Y 的数量为 Q_x 与 Q_y。X 与 Y 所带来的边际效用为 MU_x 与 MU_y，每一单位货币的边际效用为 MU_m。则消费者均衡的条件用公式表示为：

$$P_x \cdot Q_x + P_y \cdot Q_y = M \tag{1}$$

$$\frac{MU_x}{P_x} = \frac{MU_y}{P_y} = MU_m \tag{2}$$

上面式（1）为消费者均衡的限制条件，说明消费者收入是不变的，购买 X 与 Y 两种商品的支出不能超过该收入，也不能小于该收入，超过该收入是无法实现的愿望，小于该收入消费者不能实现效用的最大化。式（2）是消费者均衡的条件，表示消费者应该选择最优的商品组合，使得自己花费在各种商品上的最后一元钱带来边际效用相等，且等于货币的边际效用。

如果消费者不是购买两种商品，而是多种商品，设各种商品的价格为 P_1、P_2、P_3、…、P_n，购买量为 Q_1、Q_2、Q_3、…、Q_n，各种商品的边际效用为 MU_1、MU_2、MU_3、…、MU_n，则消费者均衡条件可以表示为：

$$P_1 \cdot Q_1 + P_2 \cdot Q_2 + P_3 \cdot Q_3 + \cdots + P_n \cdot Q_n = M \tag{3}$$

$$\frac{MU_1}{P_1} = \frac{MU_2}{P_2} = \frac{MU_3}{P_3} = \cdots = \frac{MU_n}{P_n} = MU_m \tag{4}$$

这种消费者均衡的条件实际上也是对我们日常生活中经验的一种理论概括。例如，你有600元钱，可以买三件相同的衣服，也可以买三件式样、颜色不同的衣服。买三件同样的衣服所给你带来的满足程度（即效用）肯定不如买三件不同的衣服大。一般人都会做出买三件不同衣服的选择。

下面以消费者购买两种商品为例，具体说明消费者实现效用最大化的均衡条件。

假设消费者消费两种商品 X 与 Y，X 的边际效用函数为：$MU_x = 40 - 5x$，Y 的边际效用函数为：$MU_y = 30 - y$，消费者的货币收入 $M = 40$，并且 $P_x = 5$，$P_y = 1$，则根据消费者均衡条件，消费者的最优组合：

$$5 \cdot x + 1 \cdot y = 40$$

$$\frac{40-5x}{5}=\frac{30-y}{1}$$

从两个均衡条件解得消费者的最大消费组合为 $x=3$，$y=25$。

4.2.4　需求曲线的推导

基数效用论者以边际效用递减规律和建立在该规律上的消费者效用最大化的均衡条件为基础来推导需求曲线。

商品的需求价格是指消费者对一定量的某种商品愿意支付它的最高价格，基数效用论者认为，消费者购买各种商品是为了从消费这些商品中获得效用。他愿意付出的价格取决于他以这种价格所获得的商品能为他带来的效用。假设货币的边际效用保持不变，如果消费者从某种商品中获得效用越大，则他愿意付出的价格越高；效用越小，愿意付出的价格就越低，由于边际效用递减规律的作用，随着消费者对某一种商品消费数量的连续增加，该商品的边际效用是递减的。相应地，消费者为购买这种商品所愿意支付的最高价格即需求价格也是越来越低的。故需求量与价格必然成反方向变动关系。

对任何一种商品来说，随着需求量的不断增加，边际效用 MU 是递减的，在货币的边际效用不变的情况下，根据消费者均衡条件，商品的需求价格 P 必然同比例于 MU 的递减而递减。

下面我们用表 4 - 2 来说明这一点：

表 4 - 2

边际效用	某商品数量	价格（元）
20	1	10
15	2	5
10	3	4
5	4	2
1	5	1

在表 4 - 2 中，当某商品量为 1 时，边际效用为 20 效用单位，消费者愿为这 20 效用单位付 10 元；当商品量为 2 时，边际效用为 15 效用单位，消费者只愿为 15 效用单位付 5 元；当商品量增加至 3 时，消费者只愿为 10 效用单位付 4 元，如此等等。随着商品消费数量的增加，消费者愿意付出的价格越来越低。这是因为，随着商品数量的增加，每增加一单位商品所带来的边际效用减少了，而货币的边际效用又不变。这样，为了使每单位货币的支出所获得的边际效用相同，所愿意付出的价格就下降了。

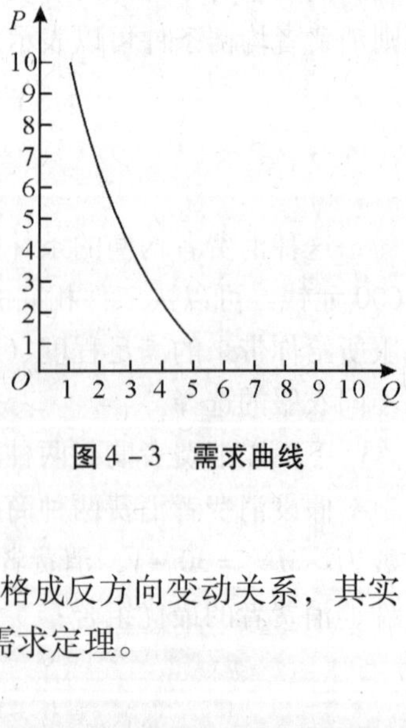

图 4 - 3　需求曲线

根据表 4 - 2，可以得出某种商品的需求曲线，如图 4 - 3 所示。

图 4 - 3 说明：在其他条件不变的情况下，商品的需求量与价格成反方向变动关系，其实就是由于边际效用递减规律所引起的，这就是前面我们所学习的需求定理。

4.2.5 消费者剩余

边际效用递减规律不仅能推导出需求曲线，而且还能解释一个重要的概念：消费者剩余。

在消费者购买商品时，他对每一单位商品所愿意支付的最高价格取决于这一单位商品的边际效用，在前面分析过商品的边际效用是随着消费者消费商品的数量的增加而递减的，故他对商品愿意支付的最高价格也是逐步下降的。但在现实生活中，消费者愿意支付的最高价格与商场上商品的实际价格往往会不一致，有时他愿意支付的价格会高于市场上商品的价格，则此时他将获得消费者剩余；有时会低于市场上商品的价格，则此时他将不能获得消费者剩余。故在消费者愿意支付的最高价格和实际的市场价格之间就产生了一个差额，这个差额便构成了消费者剩余。英国经济学家 A. 马歇尔给消费者剩余下了这样一个定义："他宁愿付出而不愿得不到此物的价格，超过他实际付出的价格的部分，是这种剩余满足的经济衡量。这个部分可称为消费者剩余。"也就是说消费者剩余是指消费者愿意付出的价格与实际付出的价格之间的差额。

可以用表 4－3 来说明消费者剩余：

表 4－3

消费者愿支付的价格（元）	某商品数量	市场价格	消费者剩余
5	1	1	4
4	2	1	3
3	3	1	2
2	4	1	1
1	5	1	0

对某个消费者来说，他愿意付出的价格取决于他对该商品效用的评价，随着消费者消费商品数量从 1 增加到 5，消费者愿意付出的商品价格从 5 元下降为 1 元。但我们知道，市场上商品的价格是由市场供求关系决定的，不以某一消费者的意愿为转移的。市场上商品的价格是固定不变的，在表 4－3 中，此时市场的商品价格为 1 元，当消费者购买第一单位商品时，他愿意支付的最高价格为 5 元，市场价为 1 元，这样消费者从中得到 4 元的消费者剩余。随着消费者消费商品数量的增加，他愿意付出的价格在下降，而市场价格是不变的。这样，他从每单位商品中获得的消费者剩余在逐渐减少。

消费者剩余可以用消费者需求曲线以下市场价格线以上面积来表示，即图 4－4 的阴影部分面积。

在图 4－4 中，横轴 OQ 表示商品数量，纵轴 OP 表示商品价格，D 为需求曲线，假设该商品的市场价格为 P_0（$P_0=1$，图中实线所示），购买第 1 单位某商品时，消费者剩余为 4（图中虚线的格，每格为 1 单位消费者剩余），购买第 2 单位某商品时，消费者剩余为 3，购买第 3 单位某商品时，消费者剩余为 2（即图中阴影部分）。以此类推，购买 5 单位某商品时，没有消费者剩余。

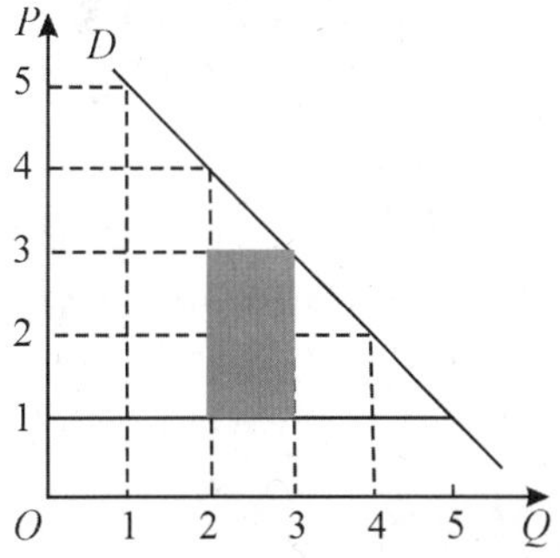

图 4－4　消费者剩余

以上，我们只是利用单个消费者的需求曲线得到了单个消费者的剩余，这一分析可以扩展到整个市场的消费者剩余。市场的消费者剩余可以用市场需求曲线以下市场价格以上的面积来表示和衡量。

在理解消费者剩余时，应注意以下两点：

第一，消费者剩余并不是实际工资收入的增加，只是消费者的一种主观心理感觉。它反映消费者通过购买和消费商品所感觉到的状态的改善（即满足程度），在经济学中，一般采用消费者剩余来衡量和分析社会福利问题。

第二，生活必需品的消费者剩余较大。例如，水、食盐、火柴等。因为消费者对这类商品的效用评价很高，愿付出的价格也高，但商品市场的实际价格又很低。

4.3 无差异曲线与消费可能线

序数效用论者用无差异曲线分析方法来分析消费者的行为。在这一节中我们首先介绍无差异曲线与消费可能线，然后利用无差异曲线与消费可能线来分析消费者均衡的实现。

4.3.1 关于偏好的假定

序数效用论者认为，商品给消费者带来的效用可以用第一、第二、第三等来表示，为此，序数效用论者提出了消费者偏好的概念。什么是偏好呢？它是指消费者对商品的爱好或者喜欢的意思。对于不同的商品，消费者的偏好程度有所不同。序数效用论者提出了关于消费者偏好的三个基本假定：

第一，偏好的完备性。它是指消费者总是可以比较和排列所给出的不同商品组合。例如，对于任何两种商品 A 与 B，消费者可以做出三种判断：A 的偏好大于 B 的偏好、A 的偏好小于 B 的偏好或 A 的偏好等于 B 的偏好。消费者可以根据此时商品的评价做出选择和判断。

第二，偏好的可传递性。它是指对于任何三种商品 A、B、C，如果 A 的偏好大于 B 的偏好，B 的偏好大于 C 的偏好，则可以推出 A 的偏好大于 C 的偏好。

第三，偏好的非饱和性。它是指如果两个商品组合的原则仅在于其中一种商品的数量不相同。那么，消费者总是偏好于含有这种商品数量较多的那个商品组合。这意味着消费者对每一种商品的消费都处于饱和以前的状态，消费者总是认为数量多比数量少好。

4.3.2 无差异曲线

1. 无差异曲线的含义

无差异曲线是指用来表示两种商品的不同数量的组合给消费者所带来的效用完全相同的一条曲线。

为了简化分析，假定消费者只消费两种商品 X 与 Y，他们有 a、b、c、d、e 五种组合方式，这五种组合方式能给消费者带来同样的效用。这样，可做出表 4-4。

表4－4　无差异表

组合方式	X 商品	Y 商品
a	5	25
b	10	18
c	15	13
d	20	9
e	25	7

根据表4－4可以做出图4－5。

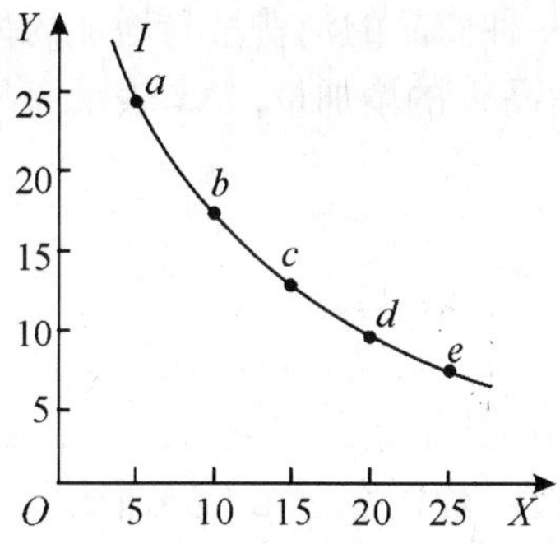

图4－5　无差异曲线

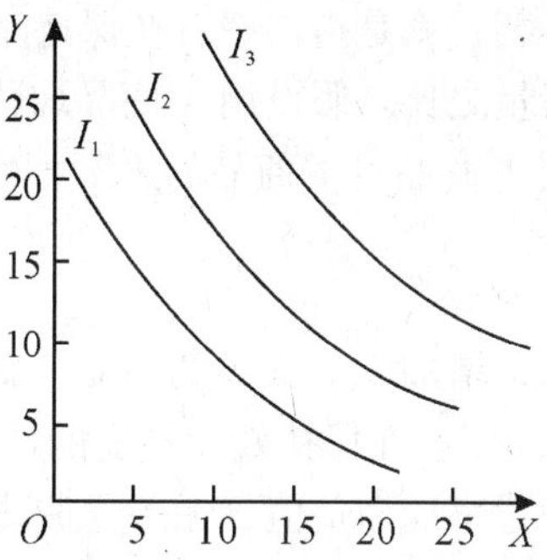

图4－6　无差异曲线组

在图4－5中，横轴 X 表示 X 商品的数量，纵轴 Y 表示 Y 商品的数量，I 为无差异曲线。无差异曲线上任何一点 X 商品与 Y 商品不同数量的组合给消费者所带来的效用是相同的（即满足程度一样）。

同一条无差异曲线表示同一种满足程度。但是，在偏好为1的条件下，消费者从商品 X 与商品 Y 的消费中所得到的满足程度不可能只有一种。例如，在表4　4中，假定商品 X 增加一个单位，商品 Y 的数量不变，那么商品 X 和 Y 的组合代表着更高的满足程度。因此，对于某个消费者来说，无差异曲线可以是无限的，他们构成消费者的无差异曲线图。在无差异曲线图里，离原点越远的无差异曲线代表越高的满足程度，如图4－6所示。

2. 无差异曲线的特征

由于无差异曲线代表消费者的偏好，所以，它们有某些反映这些偏好的特征。无差异曲线具有四个特征：

第一，在同一个平面上可以有无数条无差异曲线。同一条无差异曲线代表相同的效用，不同的无差异曲线代表不同的效用。离原点越远的无差异曲线代表的效用越高；反之，则无差异曲线代表的效用越低。如图4－6所示，$I_3 > I_2 > I_1$。

第二，无差异曲线向右下方倾斜，斜率为负值。无差异曲线的斜率反映消费者愿意用一种商品代替另一种商品的比率，这表明，在收入与价格既定的条件下，消费者为了得到相同的总效用，在增加一种商品的消费时，必须减少对另一种商品的消费，两种商品不能同时增加或减少。这是由商品的边际替代率递减规律所决定的。

第三，在同一平面上，任意两条无差异曲线不能相交。因为在相交点上两条无差异曲线代表了相同的效用，与第一个特征相矛盾。

第四，无差异曲线凸向原点。无差异曲线的斜率是商品的边际替代率——消费者愿意用一种商品替代另一种商品的比率。边际替代率通常取决于消费者目前消费的每一种商品的数量。特别是由于人们愿意放弃他们丰富的商品，而不愿意放弃他们不多的商品。因为边际替代率递减，所以，无差异曲线凸向原点。

4.3.3 边际替代率

在无差异曲线分析中，以边际替代率代替边际效用，以边际替代率递减规律代替边际效用递减规律。

1. 边际替代率

边际替代率是指消费者在保持相同的效用时，减少一种商品的消费量与增加的另一种商品的消费量之比。假设用 X 商品取代 Y 商品，ΔX 表示商品 X 的增加量，ΔY 表示商品 Y 的减少量，则 X 商品对 Y 商品的边际替代率 MRS_{XY} 可表示为：

$$MRS_{XY} = \frac{\Delta Y}{\Delta X}$$

例如，增加 2 单位 X 的商品，就要减少 1 单位 Y 的商品，则以 X 商品代替 Y 商品的边际替代率为 0.5。在保持效用不变的情况下，增加一种商品的数量就要减少另一种商品的数量。故边际替代率应为负值，无差异曲线的斜率就是商品的边际替代率，无差异曲线向右下方倾斜就表明边际替代率为负值。但为了方便起见我们一般用其绝对值来表示。

2. 边际替代率递减规律

在维持效用水平不变的前提下，随着一种商品消费量的连续增加，消费者为了得到每一单位的这种商品所需放弃的另一种商品的消费量是逐渐递减的，称为边际替代率递减规律。

商品的边际替代率递减的原因在于边际效用递减规律的作用：当消费者拥有较多的 Y 商品和较少的 X 商品时，消费者对 Y 商品的偏好较 X 商品低，随着他减少对 Y 商品的消费，增加 X 商品的消费时，则消费者对 X 商品的增多，对 X 的偏好程度下降，对 Y 商品的偏好程度上升。因此为了得到 1 单位 X 商品而放弃的 Y 商品的数量是递减的。即 X 商品代替 Y 商品的边际替代率是递减的。

3. 两个极端的无差异曲线的例子

无差异曲线告诉我们消费者用一种商品交换另一种商品的意愿。当商品很容易相互替代时，无差异曲线不太凸向原点；当商品难以替代时，无差异曲线非常凸向原点。为了说明这种情况的正确性，我们来考虑下面两种极端的情况。

（1）完全替代品。

假设某人向你提供 10 元的硬币和 5 元的硬币组合。你如何对这些不同的组合排序呢？

很可能的情况是，你只关心每种组合的总货币价值。如果是这样的话，你就会根据 10 元硬币数量加 2 倍的 5 元硬币数量来判断一种组合。换句话说，无论组合中的 10 元硬币和 5 元硬币有多少，你总愿意用 1 枚 10 元硬币换 2 枚 5 元的硬币。你在 10 元硬币和 5 元硬币之间的边际替代率是一个不变的常数——2。

我们可以用图 4－7（a）中的无差异曲线表示 10 元硬币和 5 元硬币的偏好。由于边际替代率是不变的，无差异曲线是一条向右下方倾斜的直线。在这种无差异曲线为直线的情况下，我们说这两种商品是完全替代品。

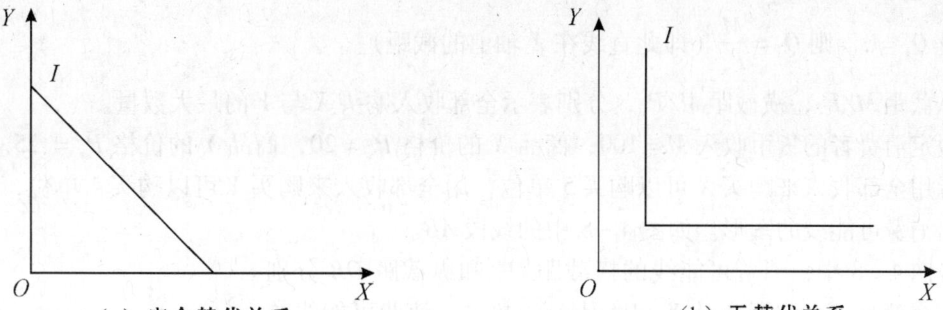

（a）完全替代关系　　　　　　　　（b）无替代关系

图4-7　无差异曲线的特殊情况

（2）完全互补品。

假设某人向你提供了一些鞋的组合。一些鞋适于你的左脚，另一些适于你的右脚。你又如何对这些不同的组合排序呢?

在这种情况下，你只关心鞋的对数。换句话说，你根据你能从这些鞋中配成的对数来判断组合。5只左脚鞋和7只右脚鞋只能配5对。如果不同时给左脚鞋，多给一只右脚鞋是毫无价值的。

我们可以用图4-7（b）中的无差异曲线来代表你对右脚鞋和左脚鞋的偏好。这种情况下，5只左脚鞋和5只右脚鞋与5只左脚鞋和7只右脚鞋的组合是一样的。它也与7只左脚鞋和5只右脚鞋的组合完全相同。因此，无差异曲线是直角形，与横轴平行无差异曲线部分的边际替代率为0，与纵轴平行的无差异部分的边际替代率为无穷大。在这种无差异曲线为直角的情况下，我们说这两种商品是完全互补品。

当然，在现实世界里，大多数商品既不是完全替代品也不是完全互补品。更典型的情况是，无差异曲线凸向原点，但不像直角形那样凸向原点。总之，边际替代率作为无差异曲线的斜率就决定了无差异曲线的形状。

4.3.4　消费可能线

1. 消费可能线的含义

消费可能线又称家庭预算线或等支出线。它是表明在消费者收入与商品价格既定的条件下，消费者所能购买到的两种商品数量的最大组合的线。

以 M 表示消费者的收入，P_x 与 P_y 分别为商品 X 和商品 Y 的价格，Q_x 与 Q_y 分别为两种商品的数量，则预算线方程为：

$$M = P_x \cdot Q_x + P_y \cdot Q_y$$

它表示消费者的全部收入等于他所购买的商品 X 与 Y 的总支出。上式也可以写成：

$$Q_y = \frac{M}{P_y} - \frac{P_x}{P_y}Q_x$$

这是一个直线方程式，其斜率为 $-P_x/P_y$，是两商品的价格之比。

因为 M、P_x、P_y 为既定的常数，所以，给出 Q_x 的值，就可以解出 Q_y，当然给出 Q_y 的值，也可以解出 Q_x。

设 $Q_x=0$，则 $Q_y=\frac{M}{P_y}$（即此直线在 Y 轴上的截距）。

设 $Q_y=0$，则 $Q_x=\dfrac{M}{P_x}$（即此直线在 X 轴上的截距）。

纵截距 M/P_y，横截距 M/P_x，分别表示全部收入购买 X 与 Y 的最大数量。

假定消费者的货币收入 $M=100$，商品 X 的价格 $P_x=20$，商品 Y 的价格 $P_y=25$。那么，消费者用全部收入来购买 X 可以购买 5 单位，用全部收入来购买 Y 可以购买 4 单位，由此可以做出消费可能线的图形。如图 4－8 中的线段 AB。

在图 4－8 中，消费可能线的横截距 OA 和纵截距 OB 分别表示用全部收入来购买商品 X 和商品 Y 的数量。消费可能线的斜率是两商品的价格之比，即 $-P_x/P_y$。图中有两点 C、D，C 点在预算线 AB 的里面，表示消费者用全部收入购买 X 与 Y 两种商品的组合以后还有剩余，也就是说 100 元钱还没有用完，资源还没有得到充分的利用。D 点在预算线 AB 的外面，表示在现有的货币收入下消费者不可能实现的商品购买的组合点，因为所需花的钱超过了他的既定收入 100 元，无法实现。只有在消费可能线 AB 上的任何一点，才是消费者的全部收入刚刚花完所能购买到的商品的组合点。

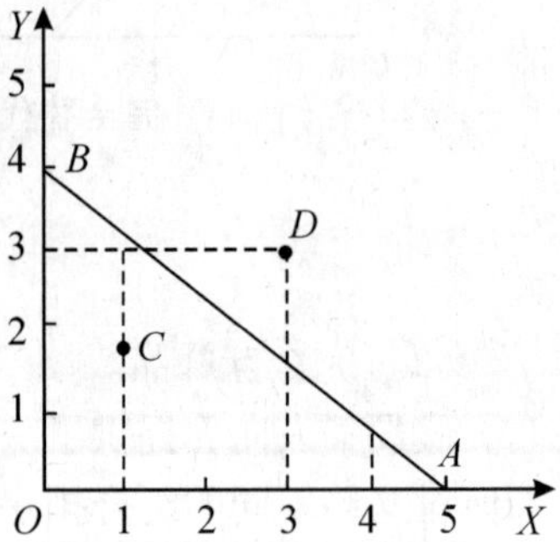

图 4－8 消费可能线

2. **消费可能线的变动**

根据消费可能线方程 $M=P_x\cdot Q_x+P_y\cdot Q_y$ 可以得到 $Q_x=M/P_x-P_y/P_x\cdot Q_y$ 或者是 $Q_y=M/P_y-P_x/P_y\cdot Q_x$。由于消费可能线的斜率由商品的相对价格决定，消费可能线由横截距和纵截距相交的位置决定，从而预算线的变动有以下几种情况，如图 4－9 所示。

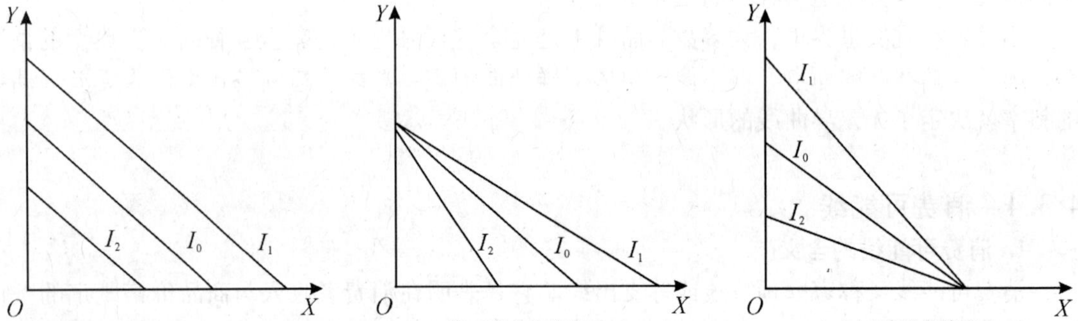

（a）收入变动或两种商品价格同比例变动　（b）X商品价格变动　（c）Y商品价格变动

图 4－9 消费可能线的变动

第一种情况，P_x 和 P_y 不变，M 变动，则消费可能线发生平移。这是因为当商品的价格不变时，消费可能线的斜率 $-P_x/P_y$ 不变，于是收入的变化只能引起消费可能线的截距 M/P_x 和 M/P_y 的变化。收入 M 增加使得消费者购买任何一种商品的数量都会增加，消费可能线由 I_0 向右平移到 I_1；反之，收入 M 减少则使得消费者购买任何一种商品在任何不变的情况下的数量都会减少，消费可能线由 I_0 向左平移到 I_2，见图 4－9（a）。

第二种情况，M 不变，P_x 与 P_y 同比例同方向变动，则消费可能线发生平移。因为 P_x、P_y 同比例同方向变化，而预算线的斜率仍然不发生变化，但是如果价格下降会使得既定收入可以购买更多的商品，价格上升使得既定的收入购买的商品数量减少。因而有：P_x 与 P_y 同比例下降，预算线向右平移；P_x 与 P_y 同比例上升，预算线向左平移。见图 4－9（a）。

第三种情况，M 不变，一种商品的价格不变化，另一种商品的价格发生变化，这将使得消费可能线发生旋转。假定 P_y 和 M 不变，P_x 下降，则在不改变商品 Y 的购买量的同时，可以增加商品 X 的购买量，消费可能线由 I_0 外旋至 I_1；相反当 P_x 上升时，在保持商品 Y 的购买量的同时，商品 X 的购买量会减少，消费可能线由 I_0 内旋至 I_2，见图 4－9（b）。图 4－9（c）表示的是 M 和 P_x 都不变而 P_y 发生变化时的情况，当 P_y 下降时，预算线外旋；P_x 上升时，预算线内旋。

第四种情况，M、P_x 和 P_y 都以同比例同方向变化，则预算线不发生变化，这是因为预算线的斜率 $-P_x/P_y$ 以及预算线的截距 M/P_x 和 M/P_y 都没有发生变化。

4.3.5 消费者均衡

我们的目的是说明消费者如何做出选择。我们已经有了这种分析所需的两个方面：消费可能线和无差异曲线。现在我们把无差异曲线与消费可能线结合在一起来分析消费者均衡。只有既定的预算线与一组无差异曲线中的一条无差异曲线的相切点，才是消费者获得最大效用水平或满足程度的均衡点，即消费者均衡的条件为两种商品的边际替代率等于两种商品的价格之比。下面我们用图 4－10 来说明消费者均衡。

在图 4－10 中，I_1、I_2、I_3 为三条无差异曲线，它们的效用大小为 $I_1 < I_2 < I_3$，AB 为消费可能线，AB 线与 I_2 相切于 E 点，这时就实现了消费者均衡。也就是说，在消费者收入与商品价格一定的情况下，消费者购买 OM 的 X 商品和 ON 的 Y 商品就能获得最大的效用。

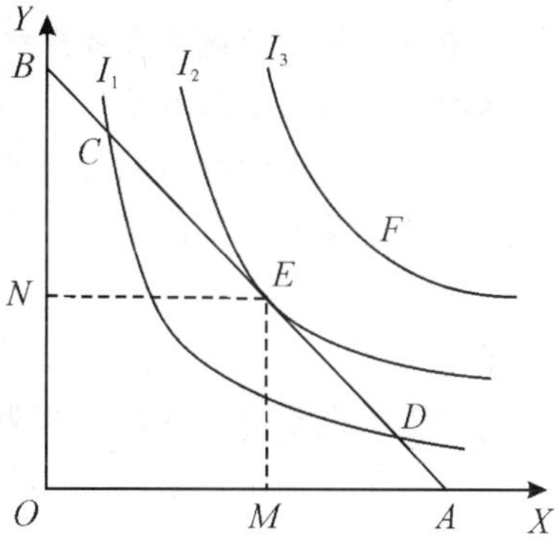

图 4－10 消费者均衡

为什么只有在 E 点时才能实现消费者均衡呢？F 点在 I_3 上，其实消费者会更偏爱 F 点，但他负担不起那一点，因为这一点在他的消费可能线之外。在收入与价格既定的情况下是无法实现的。消费者可以负担得起 C、D 两点，但这两点在较低的无差异曲线 I_1 上，因此给消费者带来的满足程度较低，即消费者并不喜欢这一点。由此看来，只有在 E 点时才能实现消费者均衡。

把握消费者均衡应注意以下几点：①无差异曲线与既定预算线的切点是均衡点；②无差异曲线的斜率＝消费可能线的斜率；③边际替代率等于两种商品的价格变动之比；④消费者愿意用一单位的某种商品去交换另一种商品的数量应该等于该消费者能够在市场中用一单位的这种商品去交换的另一种商品的数量。

4.4 案例分析

新郎的心意

李磊君与宫丽结为伉俪，新郎有心给新娘买一套 3 000 元的时装。但因忙于筹办婚事，一直没有找到合意的款式。

蜜月旅行的一天，他们逛上海市南京路，走进一家不大的时装店，眼前突然一亮：

新娘：这套服装不错，给我买了吧。

新郎（一看价码）：不行，才300元。

新娘：管它多少钱，我喜欢就成。

新郎：那也不行，至少得3 000元。这是我的心意。

经理（听到两个人的争论，立即上前佯称）：非常对不起，售货员将价码少打一个0，这套服装本来就是3 000元。

新郎：那还差不多，买下！

这对伉俪花3 000元买了本来可用300元买下的套装，但回到宾馆一试衣服，都心满意足。

慈禧西行

1900年，八国联军打到北京，慈禧携光绪逃往西安。在京用膳，每餐都享受105道菜肴：有吃的、有尝的、有看的。但逃难途中，别说菜肴，连饭都吃不饱。快到西安时，实在饿得不行，便命李莲英去弄点吃的。李莲英好不容易找来一个玉米面窝窝头，慈禧啃了一口，香味扑鼻，从未这么好吃！

第二年，满清政府签订《辛丑条约》，慈禧回到京城，又是105道菜肴，但她尝来尝去，竟没有一道菜有玉米面窝窝头那么好吃，便命李莲英再去弄点玉米面窝窝头来。李莲英心想：此一时，彼一时也。当年好吃，是饿极了，现在再吃，哪能有味？但圣旨难违，便用栗子粉做了几个小窝窝头呈上。慈禧一啃，连连摇头："还是西安的玉米面窝窝头好吃！"

李莲英是否再次弄来玉米面窝窝头，慈禧再次吃后如何评价，已经无从考证。但栗子粉小窝窝头至今仍是北京的一道点心，则是事实。

利用消费者剩余的概念发小财与发大财的案例

消费者剩余的概念在日常生活中经常被小商人们所利用。比如说，当一个人进入农贸市场的时候，他想买一斤西红柿。当这个人走到摊位面前的时候，看见这一个摊位的西红柿又红又大又新鲜。他情不自禁地说："这个西红柿真好，我今天特别想吃西红柿！"卖西红柿的小贩子心想：这个人看中了我的西红柿，我可以贵一点卖给他。其实，这个买西红柿的顾客表现出很想买的样子，这表明他具有比较多的消费者剩余。所以当这个顾客问："西红柿多少钱一斤？"小贩子回答："两块五一斤。"本来西红柿只卖一块五一斤。由于这个顾客表现出有较多的消费者剩余，所以小贩子故意提高了价格。当价格提高了以后，这个顾客还觉得挺上算，他毫不犹豫地把西红柿买了下来。从这个例子可以看出，当我们到个体摊位去买东西的时候，如果我们想买一件东西，千万不可眼睛直勾勾看着这个东西，应当适当地贬低这个东西。比如说，如果你想买又红又大又新鲜的西红柿，你嘴里应当说："这些西红柿个太大，有没有小西红柿？"卖西红柿的小贩子以为你不太想买，就不敢提高价格。

再比如说，你上服装市场买衣服，在个体摊点有些衣服标价每件120元，但实际上50元就可以买下来。为什么要标价这么高呢？这是因为小贩子想把你的消费者剩余都赚去。这些衣服虽然成本不足50元，而有些人特别喜欢这件衣服，他愿意出100元甚至150元买下来，这里面就存在消费者剩余。因此，当去购买这件衣服的时候，如果这件衣服穿在身上非常合适，颜色也非常满意，这个时候你不要流露出满意的神色，否则你就要花费120元才能买下这件衣服。你嘴里应当说："这件衣服穿在身上还算马马虎虎。"当然，有些顾客没有经验，他会说："这件衣服穿在身上非常合适，颜色也非常漂亮！一件120元一点也不贵！"这个顾客高高兴兴地花120元买下这件衣服。小贩子也高高兴兴地发了一笔小财。

上面说的是利用消费者剩余这个概念发小财的例子。这种例子在现实生活中天天可以看到，那么有没有利用消费者剩余这个概念发大财的例子呢？回答是肯定的。下面我们举一个例子来说明某些生意人如何利用消费者剩余这个概念来发大财。

在我国，奶粉这种产品一直是低价销售。每一袋奶粉大约在10元钱左右。全国的奶粉基本上都是这个价格。随着国门的开放外国商人大量进入中国，这些外国商人学习过"微观经济学"，他们十分了解消费者剩余这个概念。某些外国人就想："每一袋奶粉仅仅卖10元，但是肯定存在某些人对奶粉的需求特别迫切，他们愿意100元买下一袋奶粉。这些是什么人？"这些外国商人终于明白了，有些年轻的中国母亲刚刚生下婴儿的时候，由于缺乏母乳，他们需要质量比较好的婴儿奶粉。于是，外国商人研制出质量略微好一些的奶粉，适合婴儿使用。再加上广告以及宣传的作用，包装上再下工夫，这样一袋奶粉就卖到80元到100元，年轻的中国母亲为了让婴儿健康成长，所以她们愿意花较多的钱去买质量较好的婴儿奶粉。由于中国人口较多，众多的年轻的中国母亲在购买奶粉的时候，消费者剩余都跑到外国商人的口袋里去了。外国商人利用了消费者剩余这一简单的概念确实发了一笔大财。

【本章小结】

消费是为了满足欲望。消费者从自己的偏好出发消费物品，满足欲望而获得效用。效用是一种心理感觉，每个人偏好不同，消费同种物品的效用也不同。

基数效用论采用边际效用分析方法分析消费者行为，认为效用可以计量并加总求和。序数效用论采用无差异曲线分析法来分析消费者行为，认为效用无法计量并加总求和，它是排序的。

总效用是消费一定量某物品而得到的总满足程度。边际效用是某物品的消费量增加一单位所增加的满足程度。消费者的目的是实现效用最大化。在收入与价格既定的情况下，消费者效用最大化的条件是消费者所消费的各种物品的边际效用与价格之比相等。

无差异曲线与消费可能线相切时，消费者消费两种物品的组合实现了效用最大化。

需求曲线向右下方倾斜是因为随着某种物品消费数量增加，边际效用递减，消费者愿意支付的价格也在下降。

【关键术语和概念】

欲望　效用　基数效用论　序数效用论　总效用　边际效用　边际效用递减规律　消费者均衡　消费者剩余　偏好　无差异曲线　消费可能线　边际替代率　边际替代率递减规律

【练习题】

1. 什么是欲望？什么是效用？你是如何理解它们的？
2. 边际效用与总效用有什么关系？
3. 边际效用递减规律的内容是什么？你是如何理解它的？
4. 需求曲线是如何推导出来的？
5. 什么是消费者剩余？你是如何理解它的？
6. 谈谈你对无差异曲线有何看法？
7. 试分析消费可能线变动的情况有哪些？
8. 你是如何理解消费者均衡的？

【补充阅读】

消费者均衡的数学证明

经济学理论都可以用数学方法进行证明。这种证明是重要的，因为例子只是一种个别情况，只有数学证明才能说明这种理论的普遍适用性。许多数学证明并不难，所用的主要工具是微积分方法。

消费者均衡是实现在收入与物品价格既定时的效用最大化。用数学的语言来说，就是求解在某些限制条件之下的极大值。现在就介绍这个原理的数学证明。

消费者之所以按这一原则来进行购买，是因为在收入既定的条件下，多购买 x 物品就要少购买 y 物品。随着 x 物品数量的增加，它的边际效用递减，而随着 y 物品数量的减少，它的边际效用递增，为了使所购买的 x 与 y 物品的总和能带来最大的总效用，消费者就要调整所购买的 x 物品与 y 物品的数量。当他购买的最后 1 单位 x 物品带来的边际效用与价格之比，等于购买的最后 1 单位 y 物品带来的边际效用与价格之比时，总效用达到最大。这时，购买者不再调整购买 x 物品与 y 物品的数量，从而就实现了消费者均衡。

可以用数学方法证明上述道理。这就要把消费者均衡归结为在家庭预算限制条件下求解效用函数的极大值问题。

设效用函数和预算限制分别为：

$$TU = U(x,\ y) \tag{1}$$

$$P_x \times Q_x + P_y \times Q_y = M \tag{2}$$

用拉格朗日乘数来求总效用 TU 的极大值。

将式（2）预算限制改写为：

$$M - P_x \times Q_x - P_y \times Q_y = 0 \tag{3}$$

以不等于零的变量 λ（λ 为拉格朗日乘数）代入上式得：

$$\lambda(M - P_x \times Q_x - P_y \times Q_x) = 0 \tag{4}$$

将式（4）与式（1）效用函数相加，就可以得出拉格朗日函数为：

$$Z = U(x,\ y) + \lambda(M - P_x \times Q_x - P_y \times Q_y) \tag{5}$$

由于 $M - P_x \times Q_x - P_y \times Q_y = 0$，所以，$\lambda(M - P_x \times Q_x - P_y \times Q_y)$ 与原来的效用函数相加，不会引起原来的效用函数的任何变动，也就是说，$TU = U(x,\ y)$ 之极值与 Z 之极大值并无

差异。

从拉格朗日函数可知，Z 是 x、y 与 λ 的函数。Z 的极大值的必要条件是所有一阶偏导数都等于0：

$$Z_x = \frac{\partial Z}{\partial x} = U_x - \lambda P_x = 0 \tag{6}$$

$$Z_y = \frac{\partial Z}{\partial y} = U_y - \lambda P_y = 0 \tag{7}$$

$$Z_\lambda = \frac{\partial Z}{\partial \lambda} = M - P_x Q_x - P_y Q_y = 0 \tag{8}$$

因为 $TU = U(x, y)$ 的两个一阶偏导数分别代表 x 与 y 的边际效用，即

$$U_x \equiv \frac{\partial}{\partial x} U(x, y) \equiv \frac{\partial TU}{\partial x} \equiv MU_x \tag{9}$$

$$U_y \equiv \frac{\partial}{\partial y} U(x, y) \equiv \frac{\partial TU}{\partial y} \equiv MU_y \tag{10}$$

由（7）式和（6）式得：

$$\frac{U_x}{U_y} = \frac{P_x}{P_y} \text{ 或 } \frac{U_x}{P_x} = \frac{U_y}{P_y} \tag{11}$$

即效用函数的总效用达到极大值的必要条件是：

$$\frac{x\text{ 的边际效用 } U_x}{y\text{ 的边际效用 } U_y} = \frac{X\text{ 的价格 } P_x}{Y\text{ 的价格 } P_y} \tag{12}$$

由 $U_x - \lambda P_x = 0$ 和 $U_y - \lambda P_y = 0$ 可得出：

$$\frac{U_x}{P_x} = \frac{U_y}{P_y} = \lambda \tag{13}$$

所以，可以把 λ 作为最优（即总效用达到极大值）购买量条件下每单位货币的边际效用。

第5章　生产理论

◉本章学习要点

1. 边际产量递减规律
2. 总产量、平均产量、边际产量的关系
3. 一种生产要素的最优投入
4. 规模经济与企业最适规模
5. 两种生产要素的最适组合

◉本章学习内容

1. 生产与生产函数
2. 一种生产要素的最适投入
3. 规模经济
4. 生产要素的最适组合

◉案例分析

◉本章小结

◉关键术语和概念

◉练习题

◉补充阅读

在西方经济学中，生产者称为厂商。厂商是指能做出统一生产决策的单位，包括个人企业、合伙企业、有限责任公司和股份制有限责任公司，在法律上都是独立的法人。

生产理论研究的是生产者的行为。我们假定生产者都是具有完全理性的经济人，他们生产的目的是实现利润最大化，即在既定的产量之下实现成本最小，或者在既定的成本下达到产量最大。本章主要是分析生产要素与产量的关系。

5.1 生产与生产函数

5.1.1 生产与生产要素

生产是对各种生产要素进行组合以制成产品的行为。

生产要素是指生产中使用的各种资源。这些资源可分为劳动、资本、土地与企业家才能。其中，劳动是指劳动力所提供的服务，可分为脑力劳动和体力劳动。劳动力是劳动者的能力，由劳动者提供。资本是指生产中所使用的资金。它采取了两种形式：无形的人力资本与有形的物质资本。前者是体现在劳动者身上的身体、文化、技术状态；后者是指厂房、设备、原料等资本品。在生产理论中，我们指的是后一种物质资本。土地是指生产中所使用的各种自然资源，如土地、水、自然状态的矿藏、森林、湖泊、海洋等，这些都是在自然界所存在的。企业家才能指企业家对整个生产过程的组织与管理工作。把劳动、资本、土地组织起来进行生产的正是企业家才能。

生产是这四种生产要素合作的过程，产品则是这四种生产要素共同努力的结果。

5.1.2 生产函数

生产要素的数量与组合和它所能生产出来的产量之间存在着一定的依存关系。生产函数是指一定的技术水平之下，生产要素的数量与某种组合和它所能生产出来的最大产量之间的依存关系的函数。

以 Q 代表总产量，L、K、N、E 分别代表劳动、资本、土地、企业家才能这四种生产要素，则生产函数的一般形式为：

$$Q=f(L, K, N, E)$$

在分析生产要素关系时，一般把土地作为固定的，企业家才能难以估算。因此，生产函数又可以简化为：

$$Q=f(L, K)$$

这一函数表明，在一定技术水平下，生产 Q 的产量，需要一定数量的劳动与资本的组合。同样，生产函数也表明，在劳动与资本的数量与组合为已知时，是可以推算出最大的产量的。

20 世纪 30 年代初，美国经济学家 P. 道格拉斯与 C. 柯布根据美国 1899—1922 年的工业生产统计资料，得出了这一时期美国的“柯布—道格拉斯生产函数”：

$$Q=AL^{\alpha}K^{1-\alpha}$$

这个生产函数为指数函数，其中 A 与 α 为常数，$1>\alpha>0$。

柯布与道格拉斯计算出 A 为 1.01，α 为 0.75，所以柯布—道格拉斯生产函数可以具体化为：

$$Q=1.01L^{0.75}K^{0.25}$$

这说明在生产中，劳动所做出的贡献为全部产量的 3/4，资本为 1/4。根据统计资料的验证，这个估算是符合实际情况的。

5.2 短期中的技术效率：一种生产要素的最适投入

5.2.1 技术效率

技术效率是投入的生产要素与产量的关系，即如何在生产要素既定时使产量最大，或者换句话说，在产量既定时使投入的生产要素最少。经济效率是成本与收益的关系。要使利润最大化，就要使扣除成本后的收益达到最大化。

技术效率和经济效率都是生产效率的问题，但前者是从纯粹生产技术的角度来说明如何使用各种生产要素，而后者则要考虑到生产要素的价格，如何使用生产要素才能使生产成本最低，以实现利润最大化。

技术效率是基础，技术上有效率的不一定就是经济上有效率的，只有在技术效率的基础上同时实现经济效率，才是目的。

在分析企业技术效率时，有短期与长期之分。短期是企业不能全部调整所有生产要素投入的时期。在短期内，企业的生产要素投入分为固定投入与可变投入。固定投入在短期内不能改变，企业所能改变的只是可变投入。长期是一切生产要素可以调整的时期。

短期与长期的区别：

第一，两者的区别不是表示时间的长短，而是生产要素能否完全调整。

第二，对于不同行业的企业来说，短期与长期的时间不一样。

5.2.2 总产量、平均产量、边际产量的关系

为了用边际收益递减规律说明一种生产要素的合理投入，我们要进一步分析一种生产要素增加所引起的总产量、平均产量与边际产量变动的关系。

总产量（*TP*）是指一定量的某种生产要素所生产出来的全部产量。

平均产量（*AP*）是指平均每单位某种生产要素所生产出来的产量。

边际产量（*MP*）是指某种生产要素增加一单位所增加的产量。

以 Q 代表某种生产要素的量，ΔQ 代表某种生产要素的增加量，则这三种产量可以分别表示为：

$$TP = AP \cdot Q$$

$$AP = \frac{TP}{Q}$$

$$MP = \frac{\Delta TP}{\Delta Q}$$

假定生产某种产品时所用的生产要素是资本与劳动，其中资本量不变，劳动是可变的，根据上述关系可列出表 5－1。

表 5-1　总产量、平均产量和边际产量

资本投入量（*K*） (1)	劳动投入量（*L*） (2)	总产量（*TP*） (3)	平均产量（*AP*） (4) = (3) / (2)	边际产量（*MP*） $MP = TP_i - TP_{i-1}$ (5)
10	0	0	0	0
10	1	8	8	8
10	2	20	10	12
10	3	36	12	16
10	4	48	12	12
10	5	55	11	7
10	6	60	10	5
10	7	60	8.6	0
10	8	56	7	-4

根据表 5-1 的数据做出图 5-1。

在图 5-1 中，横轴代表劳动投入量 *L*，纵轴代表总产量 *TP*、平均产量 *AP* 和边际产量 *MP*。*TP* 为总产量曲线，*AP* 为平均产量曲线，*MP* 为边际产量曲线，分别表示随劳动量变动总产量、平均产量和边际产量变动的趋势。根据图 5-1 可以分析三种产量之间关系的特点：

第一，在其他生产要素不变的情况下，随着一种生产要素的增加，总产量曲线、平均产量曲线和边际产量曲线都是先上升而后下降。这反映了边际产量的递减规律。

第二，边际产量曲线与平均产量曲线相交于平均产量曲线的最高点。在相交前，平均产量是递增的，边际产量大于平均产量（$MP > AP$）；在相交后，平均产量是递减的，边际产量小于平均产量（$MP < AP$）；在相交时，平均产量达到最大，边际产量等于平均产量（$MP = AP$）。

第三，当边际产量为零时，总产量达到最大；当边际产量为负数时，总产量就会绝对减少。

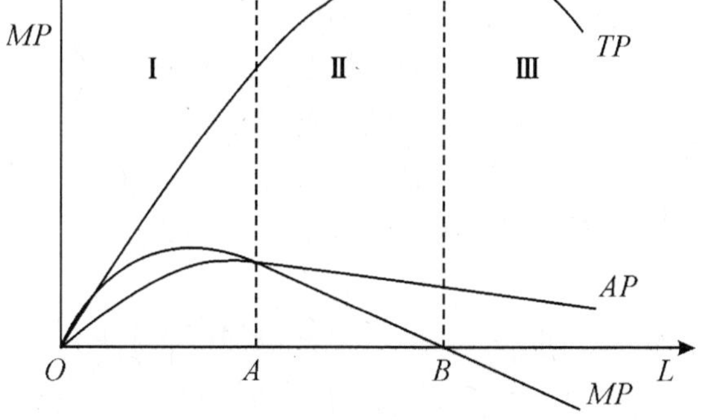

图 5-1　总产量、平均产量和边际产量的关系

5.2.3 一种生产要素的最适投入

根据图5-1说明一种生产要素的最适投入。

假定生产某种产品时所用的生产要素是资本与劳动。其中资本是固定的，劳动是可变的，横轴 *OL* 代表劳动量，纵轴 *TP*、*AP*、*MP* 代表总产量、平均产量与边际产量。根据总产量、平均产量与边际产量的关系，可以把总产量曲线、平均产量曲线与边际产量曲线图（见图5-1）分为三个区域。Ⅰ区域是劳动量从0增加到 *A* 这一阶段，这时平均产量一直在增加，边际产量大于平均产量。在这一阶段，相对于不变的资本量而言，劳动量的增加可以使资本得到充分利用，从而产量递增，因此劳动量最少要增加到 *A* 点为止，否则资本无法得到充分利用。Ⅱ区域是劳动量从 *A* 增加到 *B* 这一阶段，这时平均产量开始下降，边际产量递减。由于边际产量仍然大于0，总产量仍在增加。在劳动量增加到 *B* 时，总产量可以达到最大。Ⅲ区域是劳动量增加到 *B* 点以后，这时边际产量为负数，总产量绝对减少。由此看来，劳动量的增加超过 *B* 之后是不利的。

劳动量的增加应在Ⅱ区域（*B*-*A*）为宜。但在Ⅱ区域的哪一点上，就还要考虑到其他因素。首先要考虑企业的目标，如果企业的目标是使平均产量达到最大，那么，劳动量增加到 *A* 点就可以了；如果企业的目标是使总产量达到最大，那么，劳动量就可以增加到 *B* 点。另外，如果企业以利润最大化为目标，那就必须结合成本与产品价格来分析。

5.2.4 边际产量递减规律

边际产量递减规律：在技术水平不变的情况下，当把一种可变的生产要素投入到一种或几种不变的生产要素中时，最初这种生产要素的增加会使产量增加，但当它的增加超过一定限度时，增加的产量将要递减，最终还会使产量绝对减少。

在理解这个规律时，要注意：

第一，这一规律发生作用的前提是技术水平不变。

技术水平不变是指生产中所使用的技术没有发生重大变革。现在，技术进步的速度很快，但并不是每时都有重大技术突破，技术进步总是间歇式进行的，只有经过一定时期的准备以后，才会有重大的进展。短期中无论在农业还是工业中，一种技术一旦形成，总会有一个相对的稳定时期，这一时期就可以称为技术水平不变。

第二，这一规律所指的是生产中使用的生产要素分为可变的与不变的两类。

边际产量递减规律研究的是把不断增加的一种可变生产要素，增加到其他不变的生产要素上时对产量所产生的影响。这种情况也是普遍存在的。在农业中，当土地等生产要素不变时，增加施肥量；或者在工业中，当厂房、设备等生产要素不变时，增加劳动力都属于这种情况。

第三，在其他生产要素不变时，一种生产要素增加所引起的产量或收益的变动可以分为三个阶段：

最初是产量递增（图5-1的Ⅰ区）。这时因为开始的时候不变的生产要素没有得到充分的利用，增加可变的生产要素可以使不变的生产要素得到充分利用。

其次是边际产量递减（图5-1的Ⅱ区）。继续增加可变的生产要素虽然会使总产量增加，但增加的比率，即增加的每一单位生产要素的边际产量是递减的。这是因为当不变的生产要素接近充分利用时，可变生产要素已不像最初阶段那样使产量迅速增加。

最后是产量绝对减少（图 5－1 的Ⅲ区）。当不变生产要素得到充分利用时，再增加可变生产要素不但不会增加总产量，反而会降低生产效率，减少总产量。

生产要素的边际产量递减规律，同边际效用递减规律和需求规律一样，是经济分析中的一条重要规律。

5.3 长期中的技术效率：规模经济

5.3.1 规模经济

规模经济是指产量变动的比率与企业规模扩大的比率之间的关系。当企业生产规模扩大时，产量的增加会大于、小于或等于生产规模的变动。如果产量增加的比率大于生产规模扩大的比率，这就是规模收益递增；如果产量增加的比率小于生产规模扩大的比率，这就是规模收益递减；如果产量增加的比率与生产规模扩大的比率相同，这就是规模收益不变。规模经济可以用内在经济和内在不经济来解释。

内在经济是指一个企业在生产规模扩大时由自身内部所引起的产量增加。引起内在经济的原因主要有：

第一，可以使用更加先进的机器设备。机器设备这类生产要素有其不可分割性。当生产规模小时，无法购置先进的大型设备，即使购买了也无法充分发挥效用。只有在大规模的生产中，大型的先进设备才能充分发挥其作用，使产量更大幅度地增加。

第二，可以实行专业化生产。在大规模的生产中，专业可以分得很细，分工也会更细，这样就会提高工人的技术水平，提高生产效率。

第三，可以提高管理效率。各种规模的生产都需配备必要的管理人员。在规模小时，这些管理人员无法得到充分利用；而生产规模扩大，可以在不增加管理人员的情况下，增加生产，从而提高了管理效率。

第四，可以对副产品进行综合利用。在小规模生产中，许多副产品数量很少，再进行加工成为产品成本高，往往作为废物处理；而在大规模生产中，这些副产品的数量相对多，就可以降低再加工的成本，将废物变成产品。

第五，在生产要素的购买与产品的销售方面也会更加有利。大规模生产中，所需的生产要素多，产品也多，在市场上具有垄断地位，从而可以压低生产要素的收购价格和提高产品的销售价格，从中获得好处。

第六，技术创新能力的提高。大企业有雄厚的人力与财力，也能承担更大的风险。所以，技术创新能力更强。技术创新是提高企业生产效率的关键。

但是，生产规模也并不是越大越好。有些行业规模小可以适于需求复杂的条件，经营就会更有利。盲目的追求大规模生产会造成内在不经济。

内在不经济是指一个企业由于本身生产规模过大而引起产量或收益减少。引起内在不经济的原因主要是：

第一，管理效率的降低。生产规模过大则会使管理机构庞大而不灵活，管理上也会出现各种漏洞，从而使产量或收益减少。

第二，生产要素价格与销售费用增加。生产要素的供给并不是无限的，生产规模过大必然大幅增加对生产要素的需求，使生产要素的价格上升。同时，生产规模过大，产量大量增加，也增加了销售难度，需要增设更多的销售机构与人员，增加了销售费用。因此，生产规模并不是越大越好。

5.3.2 适度规模

生产规模过小，使得各种生产要素不能充分发挥作用，生产规模过大，也会引起不利的影响。在长期中企业调整各种生产要素时，要实现适度规模。

适度规模就是使两种生产要素的增加适度，即生产规模的扩大正好使收益递增达到最大。当收益递增达到最大时就不再增加生产要素，并使这一生产规模维持下去。

对于不同行业的企业来说，适度规模的大小是不同的，并没有一个统一的标准。一些重要行业的适度规模，在国际上有通行的标准。例如，钢铁厂为年产 1 000 万吨，彩色显像管厂年产 200 万套，电冰箱厂双班能力为年产 50 ~ 80 万台。当然，我们国家并不一定套用这些标准。但我国不少企业远远没有达到规模经济，如冰箱厂平均年产量仅 5. 96 万台。即使不套用国际标准，我国的冰箱厂双班能力也应达到年产 40 万台。

随着技术的进步，规模经济的标准也在变化。例如，在 20 世纪 50 年代时，汽车厂的规模经济为年产 30 万辆，但到 1977 年这一规模经济已达年产 200 万辆。重工业行业中普遍存在这种规模经济不断扩大的趋势。这是因为这些行业的设备日益大型化、复杂化和自动化，投资越来越多，从而只有在产量达到相当大数量时，才能实现规模经济。

在确定适度规模时应该考虑到的因素主要有：

第一，本行业的技术特点。一般来说，需要的投资量大，所用的设备复杂先进的行业，适度规模也就大，生产规模越大经济效益越高。例如冶金、机械、汽车制造、造船、化工等重工业企业，生产规模越大经济效益越高。相反，需要投资少，所用的设备比较简单的行业，适度规模也小。例如服装、服务这类行业，生产规模小能灵活地适应市场需求的变动，对生产更有利，所以适度规模也就小。

第二，市场条件。一般来说，生产市场需求量大，而且标准化程度高的产品的企业，适度规模也应该大。这也是重工业企业适度规模大的原因。相反，生产市场需求小，而且标准化程度低的产品的企业，适度规模也应该小。所以，服装行业的企业适度规模就要小一些。

当然，在确定适度规模时要考虑的因素还很多。例如，原材料的来源（特别是采矿企业的矿藏资源的大小）、当地的交通条件、能源供给、政府政策等，都是在确定适度规模时要考虑的因素。

5.3.3 范围经济

企业规模的扩大除了增加同一种产品的生产，实现规模经济以外，还可以进行多元化经营，实现范围经济。

范围经济就是扩大经营范围所带来的好处。

范围经济的好处包括：

第一，使企业规模可以无限扩大。一种产品的增加总要受技术或市场条件的限制。生产多种产品就可以打破这种限制。

第二，可以更有效地利用企业的人力与物力资源。

第三，各种不同行业产品可以互相承担风险，增强企业的抗风险能力。

第四，有利于企业的产品结构调整，便于从以一个行业为主转向以另一个行业为主。

正是因为范围经济有这些好处，现在许多大型企业、跨国公司都是跨行业经营。但正如规模经济有限度一样，范围经济并不是跨的行业越多越好。企业盲目扩大，同时进军若干行业往往会面临灭顶之灾。

5.4　生产要素的最适组合

生产要素的最适组合，是研究生产者如何把既定的成本（即生产资源）分配于两种生产要素的购买与生产上，以达到利润最大化。这与消费者均衡十分相似，消费者均衡分析消费者把既定的收入分配于两种物品的购买与消费上，以取得效用最大化。两者的研究方法也极为相似，消费者均衡采用边际效用分析法和无差异曲线分析法，两种可变生产要素的最适组合采用边际分析法和等产量线分析法。

5.4.1　生产要素最适组合的边际分析

厂商为了实现生产要素的最适组合，一定要考虑购买各种生产要素所能获得的边际产量与所付出的价格。这样，生产要素最适组合的原则是：在成本与生产要素价格既定的条件下，应该使所购买的各种生产要素的边际产量与价格的比例相等，即要使每一单位货币无论购买何种生产要素都能得到相等的边际产量。

假定所购买的生产要素是资本与劳动。我们用 K 代表资本，MP_K 代表资本的边际产量，P_K 代表资本的价格，Q_K 代表购买的资本量；用 L 代表劳动，MP_L 代表劳动的边际产量，P_L 代表劳动的价格，Q_L 代表购买劳动的劳动量；M 代表成本，MP_m 代表货币的边际产量，则生产要素最适组合条件可表示为：

$$P_K \cdot Q_K + P_L \cdot Q_L = M \qquad (1)$$

$$\frac{MP_K}{P_K} = \frac{MP_L}{P_L} = MP_m \qquad (2)$$

上述式（1）是限制条件，说明企业所拥有的货币量是既定的，购买资本与劳动的支出不能超过这一货币量，也不能小于这一货币量。超过这一货币量的购买是无法实现的，而小于这一货币量也达不到既定资源时的产量最大化。式（2）是生产要素最适组合的条件，即所购买的生产要素的边际产量与其价格之比相等，也就是说每一单位货币不论用于购买资本，还是购买劳动，所得到的边际产量都相等。生产要素的最适组合也可称为生产者均衡。

5.4.2　生产要素最适组合的等产量线分析

1. 等产量线

等产量线是指在技术水平不变的情况下，两种生产要素的不同数量的组合可以带来相等产量的一条曲线，或者说是表示某一固定数量的产品，可以用所需要的两种生产要素的不同数量的组合生产出来的一条曲线。

例如，用资本和劳动两种生产要素生产某种产品，生产 60 单位产量的可能组合有四种，见表5－2。

表5－2　两种生产要素的组合

组合方式	资本（K）	劳动（L）	产量（Q）
A	6	1	60
B	3	2	60
C	2	3	60
D	1	4	60

根据表5－2的数据，可做出图5－2。

在图5－2中，横轴表示劳动量L，纵轴表示资本量K，Q为等产量曲线，即在曲线上任何一点虽然对应不同的资本量与劳动量的组合，但都能生产出相同的产量。

等产量曲线类似于消费者行为理论中的无差异曲线，但不同的是，无差异曲线表示消费者对两种商品效用大小的主观评价，等产量曲线表示生产要素投入量与产量之间的关系。

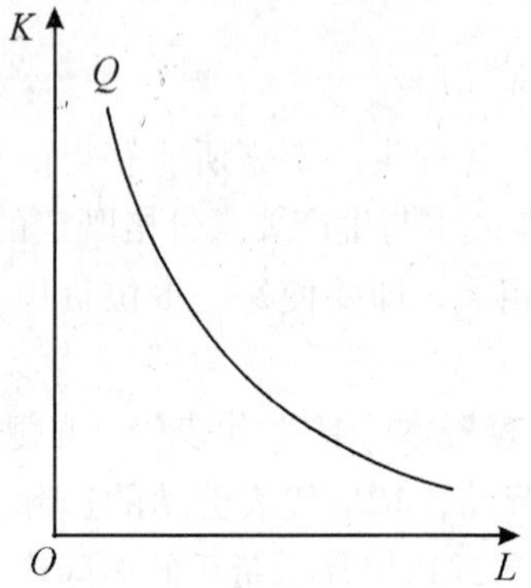

图5－2　等产量曲线

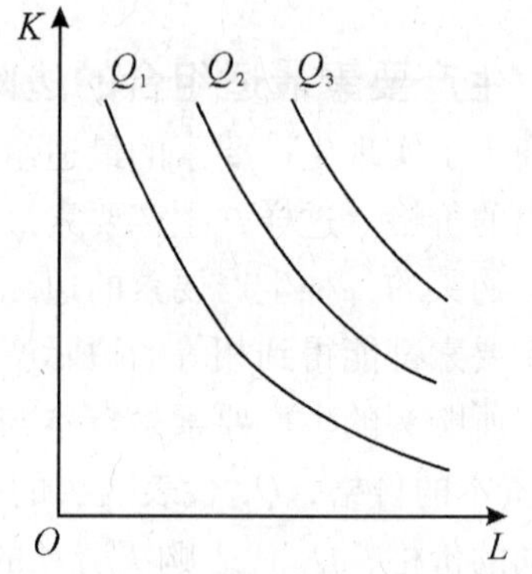

图5－3　等产量曲线组

等产量线具有如下四个特征。

第一，等产量线是一条向右下方倾斜的线，其斜率为负值。这就表明，在生产者的资源与生产要素价格既定的条件下，为了达到相同的产量，在增加一种生产要素时，必须减少另一种生产要素。两种生产要素的同时增加，是资源既定时无法实现的；两种生产要素的同时减少，不能保持相等的产量水平。

第二，在同一平面图上，可以有无数条等产量线。同一条等产量线代表相同的产量，不同的等产量线代表不同的产量水平。离原点越远的等产量线所代表的产量水平越高，离原点越近的等产量线所代表的产量水平越低。如图5－3所示，从左至右，$Q_1 < Q_2 < Q_3$。

第三，在同一平面图上，任意两条等产量线不能相交。因为在交点上两条等产量线代表了相同的产量水平，与第二个特征相矛盾。

第四，等产量线是一条凸向原点的线。这是由边际替代率递减所决定的。

2. 等成本线

等成本线又称企业预算线，它是一条表明在生产者的成本与生产要素价格既定的条件下，生产者所能购买到的两种生产要素数量的最大组合的曲线。

生产者的等成本线和消费者的预算线非常相似。等成本线就是企业生产的限制条件，即它所购买的生产要素所花的钱不能大于或小于其所拥有的货币成本。大于货币成本实现不了，小于货币成本又不能实现最大产量。假定既定成本为 C，劳动和资本的价格分别为 P_L 和 P_K，又假定生产要素市场是完全竞争的，故 P_L 和 P_K 也是既定的，购买劳动和资本的数量分别为 Q_L 和 Q_K，则等成本线就是一条直线，它的方程式为：

$$C = P_K \times Q_K + P_L \times Q_L$$

可以改写成：

$$Q_K = \frac{C}{P_K} - \frac{P_L}{P_K} \times Q_L$$

根据上式做出图 5－4，$\frac{C}{P_K}$为等成本线在纵轴上的截距，表示既定的全部成本购买资本时的数量；$\frac{C}{P_L}$为等成本线在横轴上的截距，表示既定的全部成本都购买劳动时的数量。等成本线上的每一点，都是在货币成本与生产要素的价格既定条件下，能购买到的劳动和资本的最大组合。A 点在等成本线以内，所购买的劳动和资本的组合是可以实现的，但不是最大组合，即既定的总成本没有用完；B 点在等成本线以外，表示既定的总成本达不到购买该点的劳动和资本的数量组合。$-\frac{P_L}{P_K}$为等成本线的斜率，为负值，其绝对值是劳动的价格与资本的价格之比。

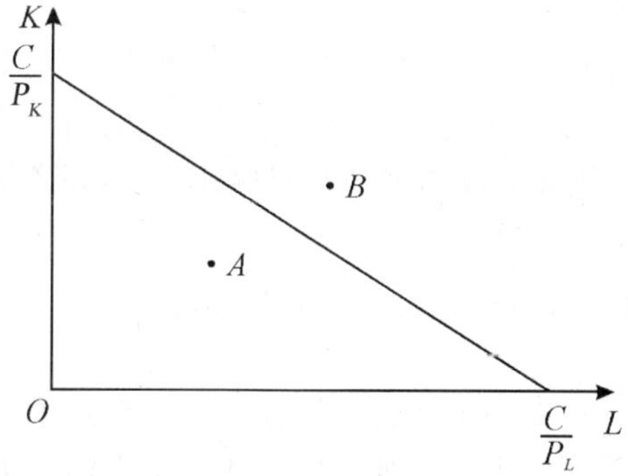

图 5－4　等成本线

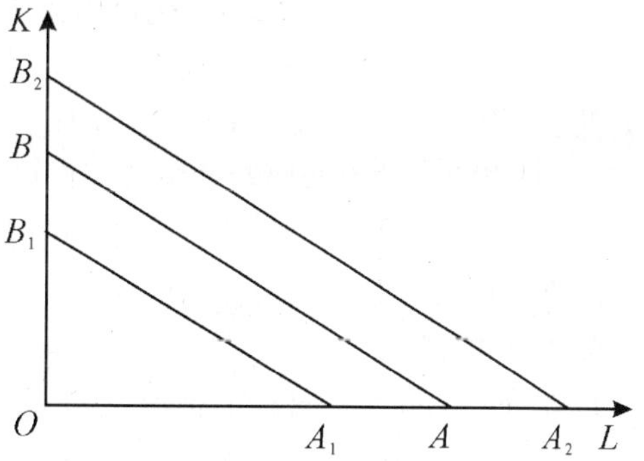

图 5－5　等成本线的移动

如果生产者的货币成本变动，则等成本线会平行移动。货币成本增加，等成本线向右上方平行移动；货币成本减少，等成本线向左下方平行移动，其中距离原点越远的等成本线代表成本水平越高。

如图 5－5 所示，AB 为原来的等成本线。当总成本增加，等成本线平行右移到 A_2B_2；当总成本减少，等成本线平行左移到 A_1B_1。

3. 用等产量分析法分析生产要素的最适组合

等产量线是表示两种生产要素的不同数量的组合可以带来相等产量的一条曲线，或者说是表示某一固定数量的产品，可以用所需要的两种生产要素的不同数量的组合生产出来的一条曲线。等成本线又称企业预算线，它是一条表明在生产者的成本与生产要素价格既定的条件下，生产者所能购买到的两种生产要素数量的最大组合的曲线。现在我们把等产量线与等成本线结合起来分析生产要素的最适组合。

（1）成本既定条件下最大产量的生产要素最适组合。

如果把等产量线与等成本线合在一个图上（见图 5-6），那么，成本既定的一条等成本线（图中的 AB）必定与无数条等产量线（Q_1、Q_2、Q_3）中的一条相切于一点（图中的 E 点）。其中，Q_3 代表的产量水平最高，但既定的总成本太低，无法生产 Q_3 代表的产量水平。等成本线与 Q_1 有两个交点 C 和 D，但等产量线 Q_1 代表的产量较低，不是既定成本下最大的产量。AB 与 Q_2 有一个切点 E，这说明 C、D、E 三点都符合既定的成本支出，由于 E 点所代表的产量水平大于 C、D 点所代表的产量水平，即 $Q_2 > Q_1$，在这个切点 E 上，就实现了生产要素最适组合。

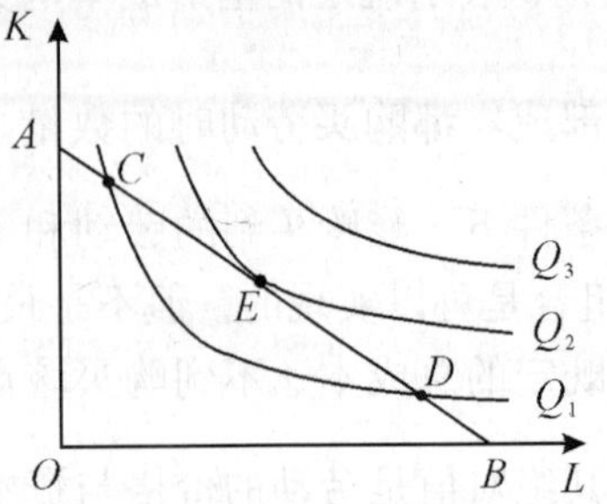

图 5-6　成本既定的生产要素最适组合

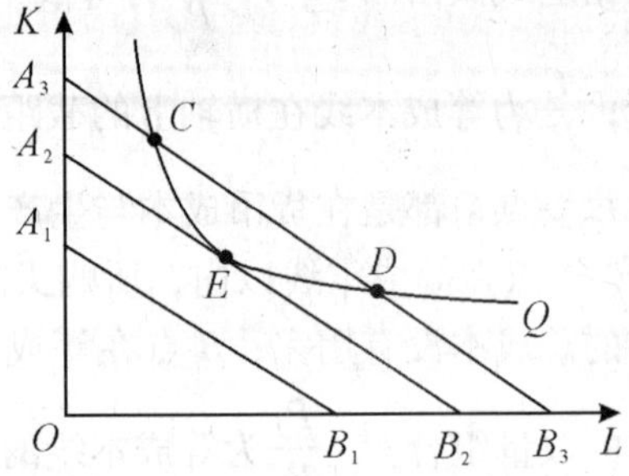

图 5-7　产量既定的生产要素最适组合

（2）产量既定条件下成本最小的生产要素最适组合。

产量既定表明只有一条等产量线 Q。在图 5-7 中，三条等成本线，其中 A_1B_1 的成本水平太低，不能达到产量水平 Q。生产同样的数量，厂商可以选择 A_3B_3 与等产量线的两个交点 C、D 所对应的两种生产要素的组合，也可选择 A_2B_2 代表的成本水平，使得 A_2B_2 与等产量线 Q 相切于 E 点所对应的两种生产要素的组合。很明显，生产同样的产量，只有 E 点所代表的成本最低，E 点所对应的两种生产要素组合是用最小成本生产出既定产量的最适组合。

4. 生产扩张线

现在分析不同生产规模的情况。如果两种生产要素价格不变，当厂商扩大生产规模增加产量时，等产量线会向右上方移动。如果厂商的货币成本增加，则等成本线也会向右上方移动。每一条等产量线对应着一条与之相切的等成本线，形成一系列不同的生产要素最适组合点，将这些等产量线与等成本线相切的点连接起来形成的曲线就是生产扩张线。在生产扩张线上，每一点都是生产要素的最适组合。厂商沿着生产扩张线扩大生产规模是最有利的方向。

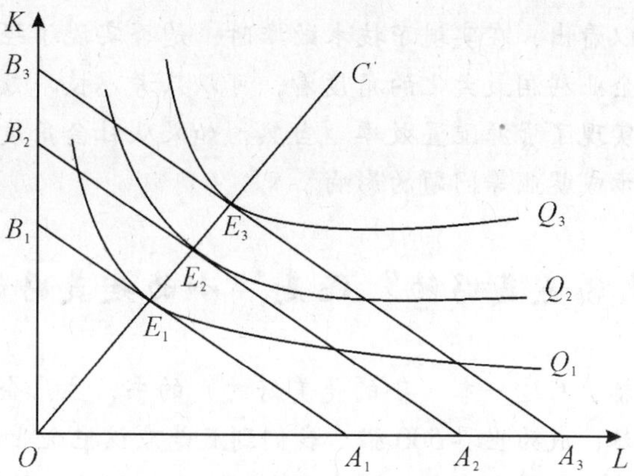

图 5－8　生产扩张线

在图 5－8 中，A_1B_1、A_2B_2、A_3B_3 分别代表厂商的三条等成本曲线，Q_1、Q_2、Q_3 分别代表三条不同生产水平的等产量曲线，A_1B_1、A_2B_2、A_3B_3 分别与 Q_1、Q_2、Q_3 相切于点 E_1、E_2、E_3。把经过 E_1、E_2、E_3 与原点 O 连接起来的 OC 就是扩张线。

5.5　案例分析

引进自动分拣机是好事还是坏事

技术效率是指投入与产出之间的关系。当投入既定实现了产出最大，或者说当产出既定实现了投入最少时就实现了技术效率。经济效率是指成本与收益之间的经济关系。当成本既定而收益最大，或者说当收益既定实现了成本最小时就实现了经济效率。

技术效率并不等于经济效率。即实现了技术效率并不一定就实现了经济效率。因为经济效率涉及投入与产出的价格。例如，用 100 单位劳动和 50 单位资本或者用 50 单位劳动和 100 单位资本都可以生产出 100 吨小麦，如果劳动的价格低而资本的价格高，用后一种方法的成本就高于前一种方法，从而实现了技术效率而没有实现经济效率。

区分技术效率和经济效率对企业决策是十分重要的。近年来中国邮政行业实行信件分拣自动化，引进自动分拣机代替人工分拣信件，从纯经济学的角度，即从技术效率和经济效率的同时实现来看，这是一件好事还是坏事呢？假设某邮局引进一台自动分拣机，只需一人管理，每日可以处理 10 万封信件。如果用人工分拣，处理 10 万封信件需要 50 个工人。在这两种情况下都实现了技术效率。但是否实现了经济效率还涉及价格。处理 10 万封信件，无论用什么方法，收益是相同的，但成本如何则取决于机器与人工的价格。假设一台分拣机为 400 万元，使用寿命为 10 年，每年折旧费为 40 万元，再假设利率为每年 10%，每年利息为 40 万元，再加分拣机每年维修费与人工费 5 万元。这样使用分拣机的成本为 85 万元。假设每个工人每年工资 1.4 万元，50 个工人共 70 万元，使用人工分拣成本为 70 万元。在这种情况下，使用自动分拣机实现了技术效率，但没有实现经济效率，而使用人工分拣既实现了技术效率，又实现了经济效率。

从上面的例子中可以看出，在实现了技术效率时，是否实现了经济效率就取决于生产要素的价格。如果仅仅从企业利润最大化的角度看，可以只考虑技术效率和经济效率。这两种效率的同时实现也就是实现了资源配置效率。当然，如果从社会角度看，使用哪种方法还要考虑每种方法对技术进步或就业等问题的影响。

“大的是美好的”还是“小的是美好的”

德国经济学家舒马赫曾写过一本《小的是美好的》的书，主张企业不要过大。同时，现实中许多大企业成绩显赫，成为世界500强。我们到底是应该把企业做大，还是做小呢？

其实正如我们分析的，企业大有大的好处，小也有小的好处，关键要具体情况具体分析。从客观条件来说，要分析本行业的生产技术特点和市场需求特点，一些行业越大越好，但有些行业规模小可以适于需求复杂的条件，经营就会更有利。要根据具体条件，要分析自己的资金与人员实力。有些企业的确是越大越好，跨行业越多越有利，但如果企业筹集资金的能力有限，或管理能力不够，做得越大反而越困难。

我国经济中该大的没做大，该小的没做小，这种错误没少犯。过去强调各地区的独立发展，许多地方不顾实际情况上钢铁厂、化工厂、汽车厂（所谓五小企业），结果规模都不大，效益差。一些该分散、灵活的企业，如商业服务业等反而做得很大。在市场化的今天，仍然有一些人不顾条件想把企业做大，包括人为强迫企业合并，或者不顾条件限制进行多元化经营。其实企业大小也是市场竞争的结果，人为干预只会违背经济规律。

【本章小结】

生产函数表示生产要素的数量与某种组合和产量之间的关系。

在短期中当其他要素不变时，一种生产要素增加过多会引起边际产量递减。企业要根据总产量、平均产量和边际产量之间的关系来确定一种生产要素的合理投入。一种生产要素在这个合理投入区间可达到平均产量最大，或总产量最大。

在长期中企业要确定生产规模的大小，以实现规模效益递增到最大时的适度规模。不同的行业适度规模的大小是不同的。

运用等产量线分析法时，生产要素的最适组合是等产量线与等成本线的相切之点。

【关键术语和概念】

生产　生产要素　生产函数　技术效率　经济效率　短期　长期　总产量　平均产量　边际产量递减规律　规模经济　内在经济　内在不经济　适度规模　边际产量　等成本线　等产量曲线

【练习题】

1. 总产量、边际产量与平均产量之间的关系是什么？如何根据这种关系确定一种要素的合理投入区域？

2. 在分析企业时，1 年算不算是短期？为什么？

3. 什么是边际产量递减规律？这一规律发生作用的条件是什么？

4. 生产的三个阶段是如何划分的？哪一个阶段的投入是合理的？

5. 生产要素的最佳组合条件是什么？

6. 等产量线的特征是什么？

7. 我国现在有 100 多家汽车生产厂家，年产汽车 100 多万辆，这种状况是否正常？为什么？

8. 企业是不是越大越好？为什么？

9. 为什么有些企业在多元化经营的扩张中失败了？

10. 比较消费者均衡与生产者均衡的相同与不同之处。

11. 假设某企业有资金 100 万元，资本价格为每单位（例如一台机器）10 万元，劳动价格每单位（每小时劳动）10 元。画出该企业的等成本线。

①企业资金增加到 200 万元，其他条件不变，画出新的等成本线。

②资本价格下降为每单位 5 万元，其他条件不变，画出新的等成本线。

③劳动价格上升为每单位 30 元，其他条件不变，画出新的等成本线。

12. 为什么只有在等产量线与等成本线相切时才能实现生产者均衡？

【补充阅读】

现代企业的实质：委托—代理关系

现代市场经济中最重要的企业形式是股份制公司。这种公司是现代的企业。它的数量并不多，但在经济中起到了至关重要的作用。股份制公司是由投资者（股东）共同所有，并由职业经理人经营的企业，股东是公司的共同所有者。每个人拥有的产权表现为拥有股份的多少。股份的多少决定了每个股东在公司中的责权利。决定公司大事的股东大会上，股东实行一股一票。股东也按股分红。每个公司内部并不是每个股东股份相同，而是有大股东和小股东之分。一般而言，公司的股份是多元化的，但又相对集中，大股东组成董事会，实际控制公司。

在现代公司中，董事会是所有者的代表，拥有公司财产的所有权与支配权，有权把公司委托给其他人经营管理，称为委托人。包括总经理在内的职业经营者和职工接受董事会委托，代行经营管理权力或从事具体工作，都是代理人。它们之间的关系称为委托—代理关系，是现代公司中人与人关系的本质。但公司中并不是只有这一种委托—代理关系。往上追溯，董事会仅仅是所有者的代表，并不是全部所有者。真正的所有者是全体股东，股东是委托人，董事会是股东的代理人。股东与董事会之间也是委托—代理关系。往下看，总经理并不是事必躬亲，也要把他从董事会得到的权力委托出去，如财务权交给财务经理等，这样，总经理又成了委托人，而部门经理成了代理人，他们之间的关系也是一种委托—代理关系。当部门经理把具体工作交给下面职工时，部门经理与职工之间也是一种委托—代理关系。所以，现代公司就是一系列委托—代理关系的总和。

所有者（委托人）与经营者职工（代理人）之间的关系是用合约固定下来的。合约规定了委托人和代理人的责权利，是规范委托—代理关系的基础。但在信息不完全的情况下，合约不可能是完全合约，即不能对委托—代理关系做出完全有效的规定。在许多情况下，代理人的努力程度难以衡量，要在合约之外再实行有效的监督成本过大，也无法实现。这就使合约成为一种不完全合约。

如果公司内部各个经济主体之间的目标完全一致，都是为了企业的利润最大化，那么，不完全的委托—代理合约也并不重要。但在现实中，委托人的利益和目标要通过代理人来实现，而委托人的目标与代理人的目标并不完全一致。董事会作为委托人追求利润最大化，但代理人作为经济人同样也有自己的目标。比如，总经理可能要追求企业规模扩大，以便为自己的事业创造一个更大的平台，也可能追求自己的收入与声誉最大化，部门经理可能追求自己本部门职工利益的最大化。职工可能追求工资收入最大化，或者工资既定时闲暇的最大化。

在这种情况下，有可能带来两个问题。一是企业管理效率下降，美国经济学家莱宾斯坦把这种不是由于资源配置所引起的效率损失称为 *X*——非效率。二是各级代理人就可以在不违背合约的情况下，以违背委托人的利益为代价来实现自己的目标和利益。代理人的这种行为被称为机会主义行为。以董事会与总经理之间的委托—代理关系下的机会主义行为来说明这一点。当董事会与总经理之间签订合约时，董事会不可能掌握有关总经理的一切信息，合约不可能规范总经理的一切行为。例如，董事会不会了解总经理的社交关系，所以合约中不可能规定总经理在什么情况下可以举行宴会，或者规定宴会须经董事会批准。这样，爱好广交朋友的总经理就可以以工作需要为借口用公司的钱举行各种宴会。这些宴会有些是公司业务所需，有些则不是，董事会无权规定总经理举行宴会的次数。总经理这种以工作需要为借口举行宴会的做法称为“工作中消费”（以工作需要为借口的消费），并没有违背合约，但宴会费用由公司支付，增加了成本，减少了公司利润，损害了委托人的利益，这就是机会主义行为。

解决公司内部委托—代理关系所引起的机会主义不能单纯依靠监督，可从企业外部规范竞争和内部强化约束机制上采取一些措施。从根本上解决这一问题应该设计对代理人的科学激励机制。如企业所有者对经理可采取根据企业赢利情况发放奖金或者让经理参加固定的利润分享，都能有效地调动经理为实现企业利润最大化的积极性。

第 6 章　成本与收益

◉本章学习要点

1. 机会成本与会计成本的不同
2. 短期成本分类
3. 各种短期成本变动规律
4. 短期中平均成本与边际成本的关系
5. 利润最大化原则

◉本章学习内容

1. 成本的性质
2. 短期成本分析
3. 长期成本分析
4. 收益与利润最大化

◉案例分析

◉本章小结

◉关键术语和概念

◉练习题

◉补充阅读

生产者为了实现利润最大化，不仅要考虑物质技术关系，而且还要考虑成本与收益之间的经济关系，实现经济效率。

6.1　成本的性质

成本是一个非常重要又较为复杂的概念。成本又称为生产费用，是企业进行生产与经营的各种支出。经济学最基本的含义就是要把成本降至最低。在分析成本函数时，必须明确经济学中的成本概念与会计学中的成本概念的差异。

6.1.1 显性成本和隐性成本

在经济分析中，厂商的成本包括显性成本和隐性成本，两者之和称为经济成本。

显性成本是指企业会计账目上作为成本项目记入账上的各种支出费用。这些成本在账目上一目了然，所以称为显性成本。显性成本包括工人的工资、借入资本的利息、租用土地的地租、购买原材料、燃料、动力以及运输等方面的支出。

隐性成本是指企业使用自有资源所应该支付的费用。这些费用没有在会计成本账目上表现出来，所以称为隐性成本。隐性成本包括两部分：一是企业使用自有生产要素应得的报酬，如自有资金的利息、所有者自身管理企业应得到的薪金；二是固定设备折旧费。从会计的计算方法看，前一项被作为正常利润。从经济学分析来看，应该是成本，即企业由于提供了自有生产要素和劳务应得的正常报酬。从长期看，这笔报酬是使企业继续留在该行业的必要条件。否则，如果产品的卖价仅能补偿显性成本，企业将把它的生产要素转移到别的能够获利的地方去，因此，“正常利润”是经济成本中的一项。正是在这种意义上说，收支相抵，即收益与成本相当，已经把正常利润作为成本包括在内了。

显性成本和隐性成本之间的区别说明了经济学家与会计分析师经营活动之间的主要不同。经济学家关心研究企业如何做出生产和定价决策，因此，当他们衡量成本时就包括了隐性成本。而会计师的工作是记录流入和流出企业的货币，结果，他们只衡量显性成本，忽略了隐性成本。

6.1.2 会计成本与机会成本的概念

1. 会计成本的概念

企业生产与经营中的各种实际支出称为会计成本，因为这些支出一笔一笔地记在会计账簿中，所以，称为会计成本。同时，因为这些支出是过去的支出，所以也称为历史成本；这种成本在企业中是显而易见的，称为显性成本。

2. 机会成本的概念

机会成本，又称替换成本，是指生产者为了生产一定数量的产品所放弃的使用相同的生产要素在其他生产用途中所能得到的最高收入。例如，某人拥有100万元资金，他可以把这100万元资金用于三种不同的用途：开商店获利20万元，开饭店获利25万元，投资房地产业获利30万元。所以他决定把这100万元投资房地产业，在所放弃的用途中，最好的用途是开饭店获利25万元，这就是他选择投资房地产业的机会成本。

在理解机会成本时应该注意以下几个问题。

第一，机会成本不是做出某项选择时实际支付的费用或损失，而是一种观念上的成本或损失。

第二，机会成本是做出一种选择时所放弃的其他若干种可能的选择中最好的一种，而不是其他。

第三，机会成本并不全是由个人选择所引起的，其他人的选择会给你带来机会成本，你的选择也会给其他人带来机会成本。

3. 机会成本与会计成本的不同

第一，会计成本是企业的实际支出，机会成本不是企业的实际支出。

第二，会计成本能够在会计账目上反映出来，又称为显性成本；机会成本在会计账目上反映不出来，又称为隐性成本。

6.1.3 总成本、平均成本和边际成本

总成本（TC）即上述的经济成本，是指企业的所有显性成本和隐性成本之和。

平均成本（AC）是指生产每一单位产品平均所需要的成本。

边际成本（MC）是指每增加一单位产量所增加的总成本。

设 Q 为产量，它们三者的关系为：

$$TC = AC \times Q$$

$$AC = \frac{TC}{Q}$$

$$MC = \frac{\Delta TC}{\Delta Q}$$

6.2 短期成本分析

6.2.1 短期成本分类

1. 短期总成本

短期总成本（STC）是短期内生产一定量产品所需要的成本总和。短期总成本分为固定成本与可变成本。

固定成本（FC）是指企业在短期内必须支付的不能调整的生产要素的费用。例如，厂房和机器设备的折旧、利息财产税、管理人员的工资等，这些费用即使在停产的情况下，也必须支付。因为固定成本与产量无关，所以 FC 线表现为一条与横轴平行的直线，如图6－1所示。

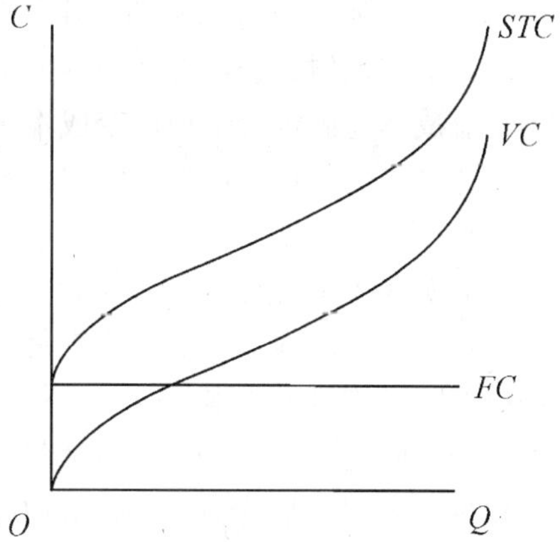

图 6－1

可变成本（VC）是指企业在短期内必须支付的可以调整的生产要素的费用。可变成本随产量的变动而变动，是可变的，其中包括原材料、燃料和动力支出，生产工人的工资等。可变成本 VC 线表现为一条自左下方向右上方上升的曲线，如图 6－1 所示。

用公式来表述，则有：

$$STC = FC + VC$$

2. 短期平均成本

短期平均成本（SAC）是短期内生产每一单位产品平均所需要的成本。短期平均成本分为平均固定成本与平均可变成本。

平均固定成本（AFC）是平均每单位产品所消耗的固定成本。

平均可变成本（AVC）是平均每单位产品所消耗的可变成本。

如果以 Q 代表产量则有：

$$\frac{STC}{Q}=\frac{FC}{Q}+\frac{VC}{Q}$$

$$SAC=AFC+AVC$$

3. **短期边际成本**

短期边际成本（*SMC*）是指在短期内企业每增加一单位产量所增加的总成本量。

以 ΔQ 代表增加的产量，则有：

$$SMC=\frac{\Delta STC}{\Delta Q}$$

由于在短期中，固定成本并不随产量变动而变动，所以，总成本的变动只是由可变成本的变动引起的，上式就可以写为：

$$SMC=\frac{\Delta STC}{\Delta Q}=\frac{\Delta VC}{Q}$$

6.2.2　各种短期成本变动的规律

1. **短期总成本**

短期总成本是短期内生产一定量产品所需要的成本总和。短期总成本分为固定成本与可变成本。

固定成本在短期中是固定不变的，不随产量的变动而变动，因此固定成本曲线就是一条与横轴平行的线。

可变成本要随产量的变动而变动。它变动的规律是：最初在产量开始增加时可变成本的增加率要大于产量的增加率。以后随着产量的增加，可变成本的增加率小于产量的增加率。最后由于边际产量递减规律，可变成本的增加率又大于产量增加率。可变成本曲线从原点出发向右上方倾斜，表示随产量的变动而同方向变动。

总成本是固定成本与可变成本之和。短期总成本曲线从固定成本出发，向右上方倾斜表明了总成本随产量的增加而增加，其形状与可变成本曲线相同，说明总成本与可变成本变动规律相同。

2. **短期平均成本**

短期平均成本是短期内生产每一单位产品平均所需要的成本。短期平均成本分为平均固定成本与平均可变成本。

平均固定成本变动的规律是起初减少的幅度很大，以后减少的幅度越来越小。因此平均固定成本曲线起先比较陡峭，说明在产量开始增加时，它下降的幅度很大，以后越来越平坦，说明随着产量的增加，它下降的幅度越来越小。

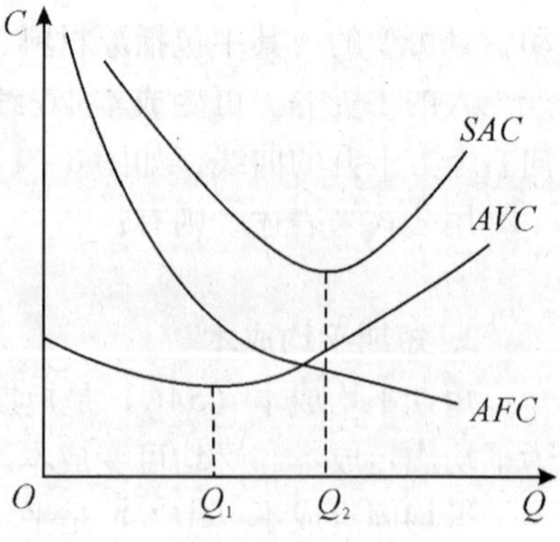

图 6－2

平均可变成本变动的规律是：起初随着产量的增加，平均可变成本减少；但产量增加到一定程度（图 6－2 的 Q_1）后，平均可变成本由于边际产量递减规律而增加。因此平均可变成本曲线是一条先下降而后上升的“U”形曲线，表明随着产量增加先下降而后上升的变动规律。

短期平均成本的变动规律是由平均固定成本与平均可

变成本决定的。当产量增加时，平均固定成本迅速下降，加之平均可变成本也在下降，因此短期平均成本迅速下降。以后，随着平均固定成本越来越小，它在平均成本中也越来越不重要，这时平均成本随产量的增加而下降，产量增加到一定程度之后（图6－2的 Q_2），又随着产量的增加而增加。短期平均成本曲线也是一条先下降而后上升的"U"形曲线。表明随着产量增加先下降而后上升的变动规律。

3. 短期边际成本

短期边际成本的变动规律是：开始时，边际成本随产量的增加而减少，当产量增加到一定程度时，就随产量的增加而增加。短期边际成本曲线是一条先下降而后上升的"U"形曲线。

4. 短期中平均成本与边际成本的关系

短期边际成本曲线与短期平均成本曲线相交于短期平均成本曲线的最低点 N（这一点称为收支相抵点，见图6－3）。在这一点上，价格为平均成本，平均成本等于边际成本（$P = AC = MC$），厂商的成本（包括正常利润）与收益相等，这时不存在经济利润只获得正常利润。在这一点之左，短期边际成本小于平均成本。在这一点之右，短期边际成本大于平均成本。

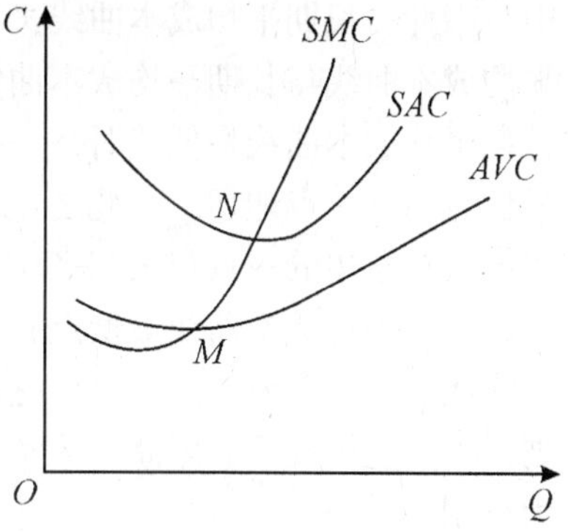

图6－3

短期边际成本曲线与短期平均可变成本曲线相交于短期平均可变成本曲线的最低点 M（这一点称为停止营业点，见图6－3）。在此点上的价格只能弥补平均可变成本，厂商的收益与可变成本相等，损失的是不生产也要支付的固定成本。如果价格比这一点还要低，不能弥补可变成本，无论如何也不能生产了。

6.3　长期成本分析

在长期成本中，一切投入都是可变的。所以，没有固定成本与可变成本之分。我们分析长期成本时分析总成本、平均可变成本和边际成本。

6.3.1　长期总成本

长期总成本（LTC）是长期中生产一定量产品所需要的成本总和。如图6－4所示，横轴表示产量 Q，纵轴表示成本 C，长期总成本随着产量的变动而变动。在开始生产时，要投入大量生产要素，当产量没有达到一定规模时（产量在 $0 \sim Q_1$ 之间），这些生产要素无法得到充分利用，因此，成本增加的比率大于产量增加的比率。当产量增加到一定程度后（产量在 $Q_1 \sim Q_2$ 之间），生产要素开始得到充分利用，这时成本增加的比率小于产量增加的比率，这也是规模经济的效益。最后，产量

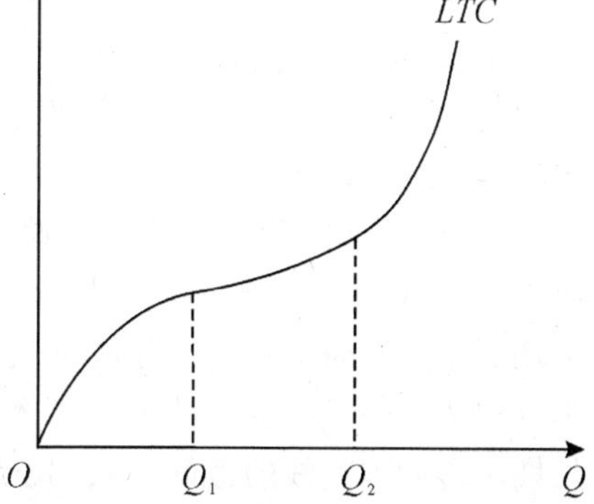

图6－4

在 Q_2 以后，由于规模收益递减，成本的增加比率又大于产量增加的比率。

长期总成本最小可以为0，但短期总成本是大于0的（最小为固定成本）。

6.3.2 长期平均成本

长期平均成本（LAC）是长期中平均每单位产品的成本。其公式为：

$$LAC = \frac{LTC}{Q}$$

1. **长期平均成本曲线的构成**

长期平均成本曲线把各条短期平均成本曲线包在其中，因此，长期平均成本曲线又称包络曲线。各条短期平均成本曲线与长期平均成本曲线都各有一个切点，在长期平均成本曲线最低点时，一条短期平均成本曲线的最低点与这一点相切。在此之左，各条短期平均成本曲线最低点左边的一点与长期平均成本曲线相切，在此之右，短期平均成本曲线最低点右边一点与长期平均成本曲线相切。在长期中，生产者按这条曲线做出生产计划，确定生产规模，因此，这条长期平均成本曲线又称为计划曲线。

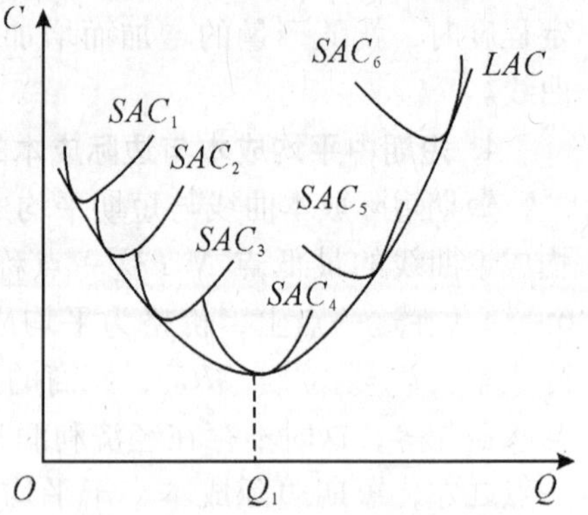

图 6-5 长期平均成本曲线

2. **长期平均成本曲线的特征**

长期平均成本曲线和短期平均成本曲线都是先下降而后上升的“U”形曲线。但两者的区别在于长期平均成本曲线无论在下降时还是上升时都比较平坦，这说明在长期中平均成本无论是减少还是增加都变动较慢，这是由于在长期中全部生产要素可以随时调整，从规模收益递增到规模收益递减有一个较长的规模收益不变阶段，而在短期中，规模收益不变阶段很短，甚至没有，其“U”形曲线变化原因是边际产量递减规律决定的。

6.3.3 长期边际成本

长期边际成本（LMC）是长期中增加一单位产品所增加的成本。长期边际成本也是随着产量的增加先减少而后增加的，因此，长期边际成本曲线也是一条先下降而后上升的“U”形曲线。

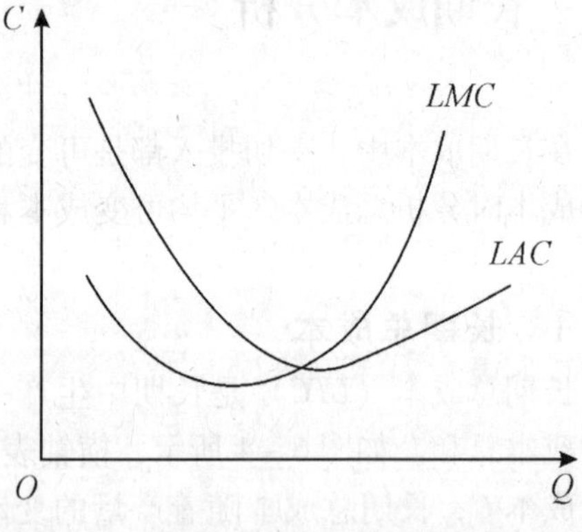

图 6-6 长期边际成本与长期可变成本关系图

长期边际成本与长期平均成本的关系同短期边际成本与短期平均成本曲线的关系一样。如图6-6所示，在长期平均成本下降时，长期边际成本小于长期平均成本（$LMC < LAC$），在长期平均成本上升时，长期边际成本大于长期平均成本（$LMC > LAC$），在长期平均成本的最低点（长期边际成本曲线与长期平均成本曲线相交于长期平均成本曲线的最低点），长期边际成本等于长期平均成本（$LMC = LAC$）。

6.4 收益与利润最大化

6.4.1 总收益、平均收益与边际收益

1. **总收益、平均收益与边际收益的定义**

收益是指企业出售产品和劳务所获得的货币收入。收益包括总收益、平均收益和边际收益。

总收益（TR）是企业销售一定量产品所得到的全部收入。

平均收益（AR）是企业销售每一单位产品平均所得到的收入。

边际收益（MR）是指企业每增加销售一单位产品所增加的收入。

2. **总收益、平均收益与边际收益三者之间的关系**

以 Q 代表销售量，则有：

$$TR = P \cdot Q = AR \cdot Q$$

$$AR = \frac{TR}{Q}$$

$$MR = \frac{\Delta TR}{\Delta Q}$$

3. **利润**

利润一般指经济利润，也称超额利润、纯利润，是指企业总收益减去总成本的差额。收益是出售产品所得到的钱，利润是收益与成本的差额。

企业有无经济利润，以及经济利润的多少，是其进行生产经营活动决策的主要依据，是企业对生产资源进行配置和重新配置的一项重要指标。

经济利润与会计利润的不同：

（1）会计利润 = 总收益 - 会计成本。

（2）经济利润 = 总收益 - 会计成本 - 机会成本。

（3）在正常情况下，机会成本大于 0，所以，会计利润大于经济利润。企业的利润最大化不是会计利润最大化，而是经济利润最大化。

6.4.2 利润最大化的假设

消费者行为理论是假设一个理性的消费者以效用最大化为目标，在分析厂商行为时，微观经济学假设厂商是以利润最大化为目标的。

显然，利润最大化是一个合理的、基本接近于现实的假设。经济学家做出这样的假设，并不意味着企业在任何情况下（特别是在短期）都总是力图使利润最大化，而是指厂商在长期中使折算为现值的利润达到最大限度。对所有权和经营权合一的古典式企业制度来说，企业的目标毫无疑问是追求利润最大化。在现代公司制企业中，所有权与经营权分离，出现了大公司的控制权从企业的所有者转移到经理手中的现象，经理为了追求个人效用最大化目标，有可能背离利润最大化原则。另外，现代企业也并非将利润作为唯一的追求目标，如树立良好的企业形象、增加或保持市场占有率等，同样也可以作为企业追求的目标。但是从长期讲，这些都是追求利润的一种手段，利润最大化仍然可以看做是符合现实的假设。

6.4.3 利润最大化的原则

在经济分析中，利润最大化的原则是边际收益等于边际成本。可以用反证法来说明这个原则。

当边际收益大于边际成本时，这表明企业每多生产一单位的产品所增加的收益大于生产这一单位产品所增加的成本。这样对企业来说还有潜在的利润没有得到，增加产量对企业来说是有利的，即企业没有达到利润最大化。

当边际收益小于边际成本时，这表明企业每多生产一单位的产品所增加的收益小于生产这一单位产品所增加的成本。这时会造成亏损，也就谈不上利润最大化。因此，企业只有通过减少产量才能减少亏损。

无论是边际收益大于边际成本还是小于边际成本，企业都要调整其产量，说明这两种情况下都没有实现利润最大化。只有在边际收益等于边际成本时，企业才不会调整产量，表明已把该赚的利润都赚到了，即实现了利润最大化。企业对利润的追求要受到市场条件的限制，不可能实现无限大的利润。这样，利润最大化的条件就是边际收益等于边际成本。企业要根据这一原则来确定自己的产量。

6.5 案例分析

门庭冷落的保龄球场为什么不停业

在现实中，我们经常会看到一些保龄球场门庭冷落，但仍然在营业。这时打保龄球的价格相当低，甚至低于成本，他们为什么这样做呢？对企业短期成本的分析有助于解释这一现象，同时也可以说明短期成本分析对企业短期经营决策的意义。

在短期中，保龄球场经营的成本包括固定成本与可变成本。保龄球场的场地、设备、管理人员是短期中无法改变的固定投入，用于场地租金、设备折旧和管理人员工资的支出是固定成本。固定成本已经支出无法收回，也称为沉没成本。保龄球场营业所支出的各种费用是可变成本，如电费、服务人员的工资等。如果不营业，这种可变成本就不存在，营业量增加，这种成本增加。由于固定成本已经支出，无法收回，所以，保龄球场在决定短期是否营业时，考虑的是可变成本。

假设每场保龄球的平均成本为20元，其中固定成本为15元，可变成本为5元。当每场保龄球价格为20元以上时，收益大于平均成本，经营当然有利。当价格为20元时，收益等于成本，这时称为收支相抵点，仍然可以经营。当价格低于20元时，收益低于成本。乍一看，保龄球场应该停止营业。但当我们知道短期中的成本有不可收回的固定成本和可变成本时，决策就不同了。

假设现在每场保龄球价格为10元，是否应该营业呢？可变成本为5元，当价格为10元时，在弥补可变成本5元之后，仍可剩下5元，这5元可用于弥补固定成本。固定成本15元是无论营业与否都要支出的，能弥补5元，当然比一点也弥补不了好。因此，这时仍然要坚持营业。这时企业考虑的不是利润最大化，而是损失最小化——能弥补多少固定成本算多少。

当价格下降到与可变成本相等的5元时，保龄球场营业与不营业是一样的。营业正好弥补可变成本，不营业这笔可变成本不用支出。因此，价格等于平均可变成本之点称为停止营业点，意思是在这一点时，营业与不营业是一样的。在这一点之上，只要价格高于平均可变成本就要营业；在这一点之下，价格低于平均可变成本，无论如何不能经营。

门庭冷落的保龄球场仍在营业，说明这时价格仍高于平均可变成本。这就是保龄球场不停业的原因。

有许多行业是固定成本高而可变成本低，例如，旅游、饭店、游乐场所等。所以，在现实中这些行业的价格可以降到相当低。但这种低价格实际上仍高于平均可变成本，因此，营业仍然比不营业有利——至少可以弥补部分固定成本，实现损失最小化。

王永庆与台塑的成功

长期平均成本曲线表明了长期中平均成本随着产量变动的规律。从这条“U”形曲线我们可以看出，只有产量增加到一定量才能实现平均成本最低，平均成本最低才能使企业实现经济效率。因此，企业平均成本最低时的产量就是企业的适度规模。企业只有根据这一原则确定产量才能成功。中国台湾企业家王永庆经营台塑成功的经验就说明了这一点。

台塑是王永庆成功地经营的第一个大企业，这个企业生产聚氯乙烯（PVC）塑胶粉。开始时，该企业规模仅为月产量100吨，尽管产量低，仍供大于求，台湾省内的需求仅为每月20吨。产量低，平均成本无法实现最低，价格降不下来，台湾仅有的20吨市场需求也被日本产品占领。扩大产量，产品销路又成问题。王永庆处于两难处境。这时台塑的股东纷纷要求退股，王永庆毅然卖掉自己的大部分企业，买断了台塑的产权，独自经营。

王永庆知道，企业困难的关键在于产量上不去，平均成本降不下来。如果只考虑需求，减少产量，平均成本更高，更缺乏市场竞争力。因此，扩大产量使平均成本降到最低是转败为胜的关键。于是，他决定把产量扩大到平均成本最低的月产1 200吨。这时平均成本达到最低。而且由于当时台湾是世界烧碱的主要生产基地之一，生产烧碱中被弃之不用的氯气可用于生产PVC。这样，在实现了最低成本时，其货币成本还低于世界其他国家。有了这种优势就可以打入世界市场。结果王永庆成功了。

王永庆的成功说明，在确定企业规模时一定要达到平均成本最低的产量，即实现规模经济。其实我国汽车等行业的产品之所以价格高，就在于企业规模小，没有实现平均成本最低的产量。世界汽车制造公司的最低规模在400万辆以上，说明在这个规模时，平均成本才能最低。但我国最大的上海汽车厂（桑塔纳厂）产量也不过20多万辆，这就难以实现规模经济，别说走向世界了，能保住国内市场也不易。

【本章小结】

经济效率涉及成本与收益的关系。当成本既定，收益最大；或收益既定，成本最小时，就实现了经济效率。

成本分为会计成本与机会成本，会计成本与机会成本之和称为经济成本。总收益减去会计成本是会计利润。总收益减去经济成本是经济利润。利润最大化是指经济利润最大化。

短期成本中包括固定成本和可变成本。总成本为固定成本和可变成本之和。平均成本为平均固定成本与可变成本之和。

短期中平均成本与边际成本之间的关系是：当平均成本大于边际成本时，平均成本递减；当平均成本小于边际成本时，平均成本递增；当平均成本等于边际成本时，平均成本最低。

短期中企业的停止营业点是平均可变成本曲线与边际成本曲线相交之点。在这一点之上，只要平均可变成本小于价格，企业就可以经营；在这一点之下，平均可变成本大于价格，企业只能停业。

长期中一切成本都是可变的。成本分为总成本、平均成本和边际成本。

长期中，平均成本先随产量增加而递减，当平均成本达到最低后又随产量增加而递增。平均成本最低时的产量是企业的适度规模。

收益包括总收益、平均收益和边际收益。当企业的产量实现了边际收益等于边际成本时，就实现了利润最大化。

【关键术语和概念】

会计成本　经济成本　会计利润　经济利润　短期成本　长期成本　短期总成本　机会成本　固定成本　可变成本　短期平均成本　平均固定成本　平均可变成本　短期边际成本　停止营业点　长期总成本　长期平均成本　总收益　平均收益　边际收益

【练习题】

1. 短期成本曲线包括哪些？试分析各种短期成本曲线的形状特点。

2. 长期成本曲线包括哪些？试分析各种长期成本曲线的形状特点。

3. 下面是一个企业的成本，指出哪一项是会计成本，哪一项是机会成本，并说明为什么？

（1）企业支付的原材料费用共15万元。

（2）企业使用自己拥有的厂房，如果这个厂房出租可获得租金20万元。

（3）企业投资100万元，其中向银行借贷60万元，自筹资金40万元，利率为5%。

（4）企业自主开发一项新技术。企业为这项技术开发支出50万元。如果委托科研机构开发须支付100万元。

（5）企业支付税金10万元。

（6）企业所有者兼总经理，他自己并不开支。如果他交给别人管理，自己外出工作，可每年获工资8万元。

4. 试用图形说明短期边际成本曲线 *SMC* 和短期平均成本曲线 *SAC*、短期平均可变成本曲线 *AVC* 的关系。

5. 试用图形说明短期平均成本曲线 *SAC* 和长期平均成本曲线 *LAC* 的关系。

6. “企业的产量越多，利润越多，越能实现利润最大化。”这句话对吗？为什么？

7. 下面是某企业产量、边际成本、边际收益的情况：

边际成本（元）	产　量	边际收益（元）
2	2	10
4	4	8
6	6	6
8	8	4
10	10	2

这个企业的利润最大化的产量是多少？为什么？

8. 用长期平均成本曲线解释规模经济的原因。

【补充阅读】

利润最大化原则的数学推导

经济学原理可以用数学工具来证明。这里我们用高等数学来证明利润最大化的原则。

假设以 π 表示利润，则 $\pi=$ 总收益 - 总成本 $=TR-TC$，由于它们都是产量 Q 的函数，都依存于 Q 的变化。因此，$\pi(Q)=TR(Q)-TC(Q)$。利润 π 的极大的必要条件是 π 对 Q 的一阶导数为0。

$$\frac{d\pi(Q)}{dQ}=\frac{dTR(Q)}{dQ}-\frac{dTC(Q)}{d(Q)}=0$$

或

$$\frac{dTR(Q)}{dQ}=\frac{dTC(Q)}{d(Q)}$$

而

$$\frac{dTR(Q)}{dQ}=MR,\quad \frac{dTC(Q)}{dQ}=MC$$

所以 $MR=MC$（即边际收益等于边际成本）为利润最大化的必要条件。利润最大化的充分条件是 π 的二阶导数小于0，即是负数。

$$\frac{d^2\pi}{dQ^2}=\frac{d^2TR(Q)}{dQ^2}-\frac{d^2TC(Q)}{dQ^2}<0$$

即

$$\frac{d^2TR(Q)}{dQ^2}<\frac{d^2TC(Q)}{dQ^2}$$

或者

$$\frac{dMR}{Q}<\frac{dMC}{Q}$$

这一充分条件表明：必须是 MC 曲线的斜率大于 MR 曲线的斜率。由于 MR 曲线在完全竞争市场上是一条水平线，其斜率为0，所以 MC 曲线的斜率必须大于0，即为正。也就是 MC 曲线的递增段与 MR 曲线相交的点。

第 7 章　厂商均衡理论

◉本章学习要点

1. 四种市场结构的特征
2. 完全竞争市场的短期与长期均衡
3. 垄断市场上的歧视价格
4. 垄断竞争市场、完全垄断市场厂商长短期均衡条件

◉本章学习内容

1. 完全竞争市场的厂商均衡
2. 完全垄断市场的厂商均衡
3. 垄断竞争市场的厂商均衡
4. 寡头垄断市场的厂商均衡

◉案例分析

◉本章小结

◉关键术语和概念

◉练习题

◉补充阅读

每一个企业都面临着不同的市场。在不同市场条件下，企业所面临的需求状况是有差异的，但无论在什么市场上，都要决定应该如何确定自己的产量与价格，以便实现利润最大化。这就是企业的竞争策略。

市场结构是指市场的垄断与竞争程度。各个市场的竞争与垄断程度不同形成了不同的市场结构，市场结构可根据以下三个标准来划分。

第一，行业的市场集中程度。市场集中程度指大企业在市场上的控制程度，用市场占有率来表示。一般用四家集中率、赫芬达尔—赫希曼指数（英文简称为 HHI）两个标准来判断一个市场的集中程度。

第二，行业的进入限制。进入限制来自自然原因和立法原因。自然原因指资源控制与规模经济。如果某个企业控制了某个行业的关键资源，其他企业得不到这种资源，就无法进入该行业。立法原因是法律限制进入某些行业。这种立法限制主要采取三种形式：一是特许经

营，二是许可证制度，三是专利制。

第三，产品差别。产品差别是同一种产品在质量、品牌、形式、包装等方面的差别。产品差别引起垄断，产品差别越大，垄断程度越高。

根据以上三个标准，市场可分为完全竞争、完全垄断、垄断竞争和寡头垄断四种类型的市场。完全竞争市场和完全垄断市场是两个极端，垄断竞争市场和寡头垄断市场是介于这两个极端之间的状态，是竞争和垄断不同程度的结合。本章就不同市场条件下厂商的均衡进行研究。

7.1 完全竞争市场的厂商均衡

7.1.1 完全竞争市场的特征

1. 完全竞争市场的含义

完全竞争市场是一种竞争不受任何阻碍和干扰的市场结构。形成这种市场的条件是企业数量多，而且每家企业规模都小。价格由整个市场的供求决定，每家企业不能通过改变自己的产量而影响市场价格。

2. 完全竞争市场的特征

完全竞争市场必须符合下列特征，缺一不可。

第一，市场上有很多的生产者（厂商）和消费者。这是完全竞争市场最重要的一个标志。由于市场上生产者和消费者的数量多、规模小，任何一个购买或销售行为对市场的影响都是微不足道的。整个市场的供求关系决定了市场的价格，生产者和消费者都是市场价格的接受者。

第二，市场上的产品都是同质的。同种产品在质量、性能、样式、销售条件、包装上都是完全相同的，厂商都按照标准化生产，这些产品之间具有完全的替代性。

第三，生产要素具有完全流动性。劳动力、原材料等生产要素可以自由地从一个行业转到另一个行业，每个厂商都可以根据自己的意愿自由进入或退出某个行业。

第四，市场信息是畅通的。生产者与消费者都可以获得完整而迅速的市场信息，不存在供求以外的因素对价格决定和市场竞争的影响。

以上四个特征中，缺少任何一个就不是完全竞争，而是不完全竞争。

完全竞争市场是一个理想的市场条件，现实中是不存在的，只有农贸市场接近于完全竞争市场条件。生产者——农民很多，消费者更多，农产品属无差异产品。在现代市场经济中，生产要素可以自由流入或流出农业。通过期货市场的交易或政府服务，信息畅通。因此，一般把农业产品市场作为完全竞争市场。

7.1.2 完全竞争市场的价格、需求曲线、平均收益与边际收益

1. 价格与需求曲线

在完全竞争市场上，整个行业和一家企业面临着不同的需求曲线。

价格由整个市场的供求决定。对整个行业来说，需求曲线 D 是一条向右下方倾斜的曲线〔见图 7－1（a）〕，供给曲线 S 是一条向右上方倾斜的曲线。整个行业产品的价格 P_0 就由这

种需求与供给决定。任何一个厂商增加销售量，固然不会影响市场的价格，但如果所有的厂商都增加销售量，就会使市场的供给增加，从而改变整个市场的价格水平由 P_0 改为 P_0'。

但对个别企业来说，价格为市场既定的 P_0，无论它如何增加产量都不能影响市场价格。市场对个别企业产品的需求曲线是一条由既定市场价格出发的平行线 D〔见图 7－1（b)〕。

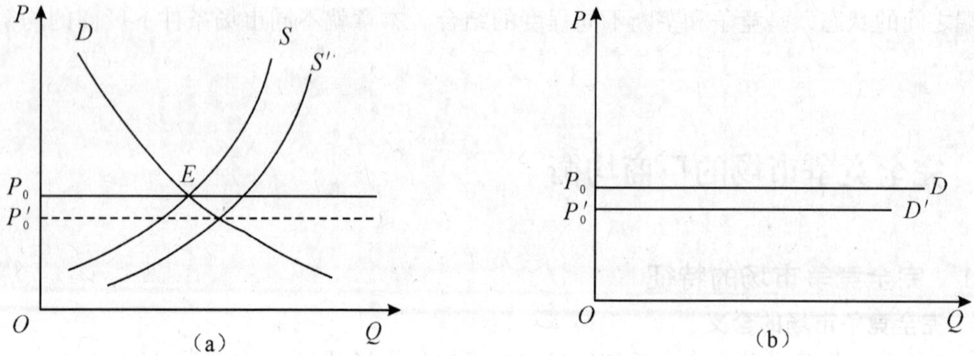

图 7－1

2. **平均收益与边际收益**

在完全竞争市场上，个别厂商销售量的变动不会影响市场价格 P 的变动，因此：

$$TR = P \times Q$$

$$AR = \frac{TR}{Q} = \frac{P \times Q}{Q} = P$$

$$MR = \frac{\Delta TR}{\Delta Q} = \frac{P \times \Delta Q}{\Delta Q} = P$$

在各种类型的市场上，平均收益与价格都是相等的，因为每单位产品的售价就是其平均收益。但只有在完全竞争市场上，对个别企业来说，平均收益、边际收益与价格才相等，这是完全竞争市场的一个重要特征。因为只有在这种情况下，个别企业销售量的增加才不影响价格。

7.1.3　完全竞争市场的短期均衡

在短期内，企业不能根据市场需求来调整全部生产要素，因此，从整个行业来看，有可能出现供给小于需求或供给大于需求的情况。

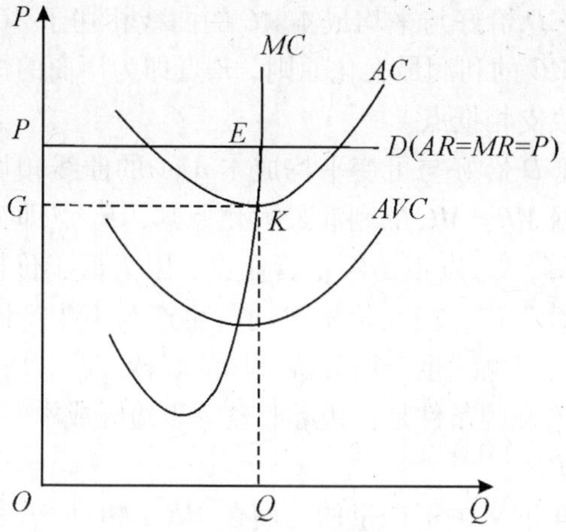

图7－2　完全竞争市场的短期均衡（供＜求）

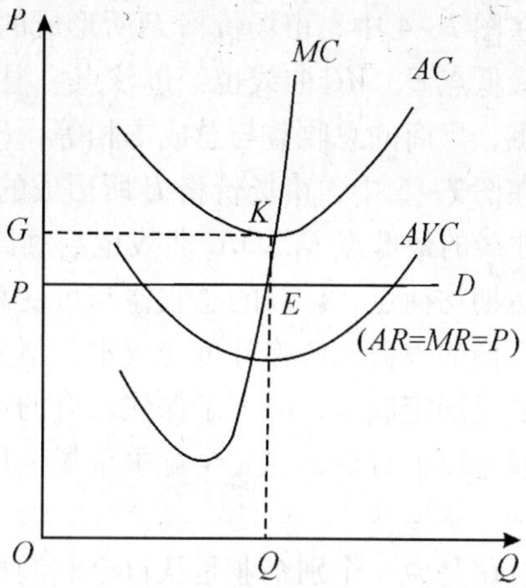

图7－3　完全竞争市场的短期均衡（供＞求）

如果供给小于需求，则价格高，存在超额利润。在图7－2中，市场价格较高为OP，需求曲线D是从P引出的一条与横坐标平行的直线。根据$MR=MC$的利润最大化原则，MR和MC相交于E点，此时厂商的产量为Q。在此产量下，厂商的平均收益为$EQ=OP$，平均成本为$KQ=OG$，总收益为$TR=AR\times Q=OP\times OQ$，即图中$POQE$的面积，总成本为$TC=AC\times Q=OG\times OQ$，即图中$GOQK$的面积。从图中可以看出$TR>TC$，所以存在超额利润$=TR-TC$，为图中$PGKE$的面积。

如果供给大于需求，则价格低，存在亏损。在图7－3中，市场价格较低为P，相应的厂商所面临的需求曲线为D，依据利润最大化原则，MR和MC的交点E所决定的产量为Q，在此产量下平均收益为$EQ=OP$，平均成本为$KQ=OG$，总收益为$TR=AR\times Q=OP\times OQ$，即图中$POQE$的面积，总成本为$TC=AC\times Q=OG\times OQ$，即图中$GOQK$的面积。从图中可以看出$TR<TC$，此时，厂商虽然亏损（即图中$PEKG$的面积），但仍继续生产。因为，只有这样，厂商才能在用全部收益弥补全部可变成本后，还能弥补在短期内部分固定成本的一部分，所以生产比停产好。

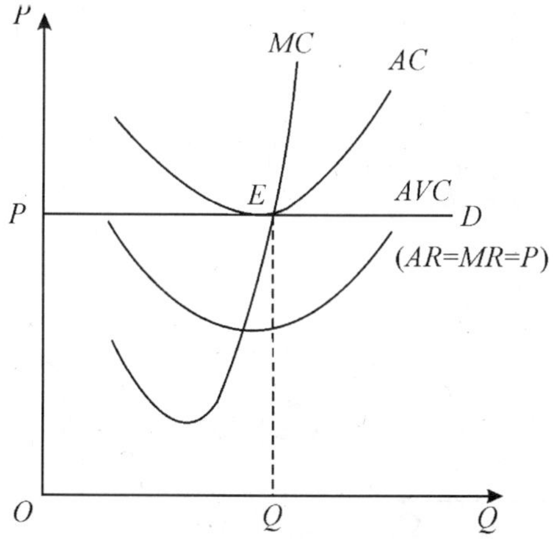

图7－4　完全竞争市场的短期内厂商收支相抵

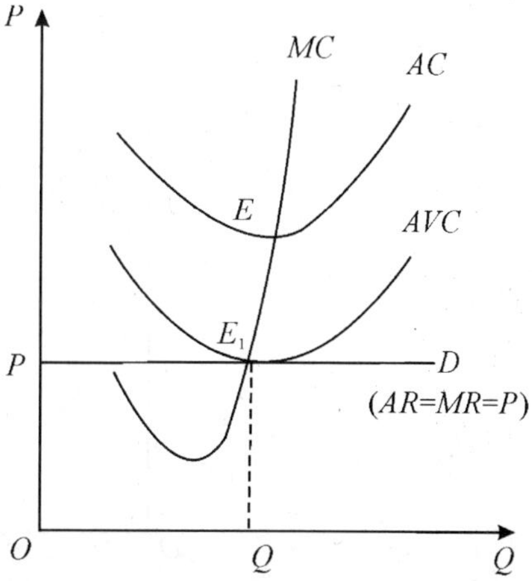

图7－5　完全竞争市场的短期内厂商停止营业点

在图7－4中，市场价格P所形成的需求曲线D恰好与平均成本AC的曲线相切于AC曲线的最低点E，MC曲线也经过该点。根据$MR=MC$的利润最大化原则，E点即为厂商的短期均衡点，厂商的总收益与总成本相等，E点正是收支相抵点。

在图7－5中，市场价格P所形成的需求曲线D恰好与可变平均成本AVC的曲线相切于AVC曲线的最低点E_1，MC曲线也经过该点。根据$MR=MC$的利润最大化原则，E_1点即为厂商的短期均衡点，厂商的总收益与可变总成本相等，E_1点正是停止营业点。因为低于价格P时，厂商的收益无法弥补可变成本，不能维持连续生产。当在价格P时，生产与不生产同样亏损的是固定成本，但为了保住已有的市场份额可以继续生产以等待市场的好转。

通过以上分析，在完全竞争市场上厂商短期均衡的条件是：边际收益等于边际成本，即

$$MR=MC$$

这就是说，个别企业是从自己利润最大化的角度来决定产量的，而在$MR=MC$时就实现了这一原则。

7.1.4 完全竞争市场的长期均衡

在长期中，各个企业都可以根据市场价格来充分调整其全部生产要素和产量，也可以自由进入或退出该行业。企业在长期中要做出两个决策：生产多少，以及退出还是进入这一行业。各个企业的这种决策会影响整个行业的供给，从而影响市场价格。具体来说（如图7－6所示），厂商利润最大化的原则是$MR=MC$，当市场价格为P时，产量为Q，这时厂商的$AR=LAC$，即$TR=TC$，正好可以获得正常利润，即收支相抵。当整个行业供给小于需求时，价格水平高，各企业会扩大生产，其他企业也会涌入该行业，从而整个行业供给增加，价格水平下降，个别厂商需求曲线D_1向下移动。当整个供给大于需求时由于价格低会引起各企业减少生产，有些企业会退出该行业，从而整个行业供给减少，价格水平上升，个别企业需求曲线D_2向上移动。调整的结果使需求曲线最终移动到D，价格水平会达到使各个企业既无超额利润又无亏损的状态。这时，整个行业的供求均衡，各个企业的产量也不再调整，于是就实现了长期均衡。所以在完全竞争市场，厂商长期均衡的条件是：

$$MR=AR=LMC=LAC$$

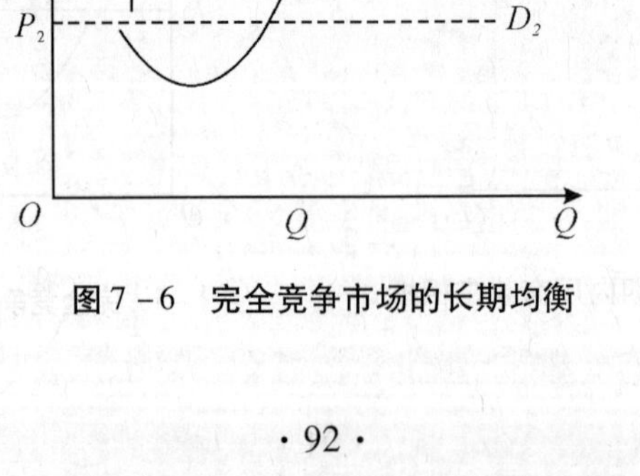

图7－6 完全竞争市场的长期均衡

以上的分析可以得出，在完全竞争市场上，从长期看，厂商的产量将达到生产效率的最高点，即平均成本的最低点。它的意义在于，完全竞争条件下的市场机制能够使社会的生产资源实现最有效的配置，因而任何政府干预都只能导致非效率。

7.1.5 经济学家对完全竞争市场的评论

经济学家们根据对完全竞争市场企业均衡的分析提出，在这种完全竞争条件下，价格可以充分发挥其“看不见的手”的作用，调节整个经济的运行。通过这种调节实现了：第一，社会的供给与需求相等，从而资源得到了最优配置，生产者的生产不会有不足或过剩，消费者的需求也得到了满足。第二，在长期均衡时所达到的平均成本处于最低点，这说明通过完全竞争与资源的自由流动，使生产要素的效率得到了最有效的发挥。第三，平均成本最低决定了产品的价格也是最低的，这对消费者是有利的。从以上内容来看，完全竞争市场是最理想的。

但是，也有许多经济学家指出，完全竞争市场也有其缺点，这就在于：第一，产品无差别，这样，消费者的多种需求无法得到满足。第二，完全竞争市场上生产者的规模都很小，这样，他们就没有能力去实现重大的科学技术突破，从而不利于技术发展。第三，在实际中完全竞争的情况是很少的，而且，一般来说，竞争最终也必然引起垄断。

7.2 完全垄断市场的厂商均衡

垄断是只有一家企业控制整个市场的供给，一个企业就是一个市场、一个行业。因此，垄断市场的行业均衡与单个企业均衡相同。

7.2.1 完全垄断市场的特征

1. 完全垄断市场的含义

完全垄断市场是指整个行业的市场完全处于一家厂商所控制的状态，即一家企业控制了某种产品市场的供给。

2. 完全垄断市场的特征

完全垄断市场具有如下特征：

第一，市场上只有唯一的一个厂商生产和销售某种产品。

第二，该厂商生产和销售的商品没有任何相近的替代品。因此，它不受任何竞争者的威胁。

第三，其他任何厂商进入该行业都极为困难或不可能，这样垄断厂商就可以独自操纵市场价格。

第四，实行差别价格。完全垄断厂商可以根据销售条件实行不同的差别价格，以获取最大的经济利润。

3. 完全垄断形成的原因

第一，独家厂商控制了生产某种商品的全部资源或者基本资源的供给。

第二，独家厂商拥有生产某种商品的专利权。

第三，政府的特许。政府往往在某些行业实行垄断的政策，如铁路运输部门、邮电部门、供水供电部门等。

第四，规模经济。由于存在规模经济，竞争必然走向垄断。垄断厂商资本雄厚，采用先进设备，生产成本较低，往往能够提供整个产业的全部或绝大部分产量，其他厂商难以进入。

第五，自然垄断。有些行业的生产具有这样的特点：生产的规模效益需要在一个很大的产量范围和相应的巨大的资本设备的生产运行水平上才能得到充分的体现，以至于只有在整个行业的产量都由一个厂商来生产时才有可能达到这样的生产规模。而且只要发挥这一企业在这一生产规模上的生产能力，就可能满足整个市场对产品的需求。在这类产品的生产中，行业内总会有某个厂商凭着雄厚的经济实力和其他优势，最先达到这一生产规模，从而垄断了整个行业的生产和销售。例如铁路运输、电力、自来水、邮电等行业，如果两家以上厂商经营，不仅造成浪费，也容易引起混乱。

形成垄断的关键条件是进入限制，这种限制可以来自自然原因，也可以来自立法。此外，垄断的另一个条件是没有相近的替代品，如果有替代品，则有替代品与之竞争。

7.2.2 完全垄断厂商的需求曲线和收益曲线

1. 需求曲线

在完全垄断市场上，一家企业就是整个行业。因此，垄断厂商面临的需求曲线也就是整个行业的需求曲线，是一条向右下方倾斜的直线 D。如图 7－7 所示。

2. 收益曲线

垄断厂商商品的价格是产量的函数，即

$$P = P(Q)$$

$$TR = P \times Q = P(Q) \times Q$$

$$AR = \frac{TR}{Q} = \frac{P(Q) \times Q}{Q} = P(Q)$$

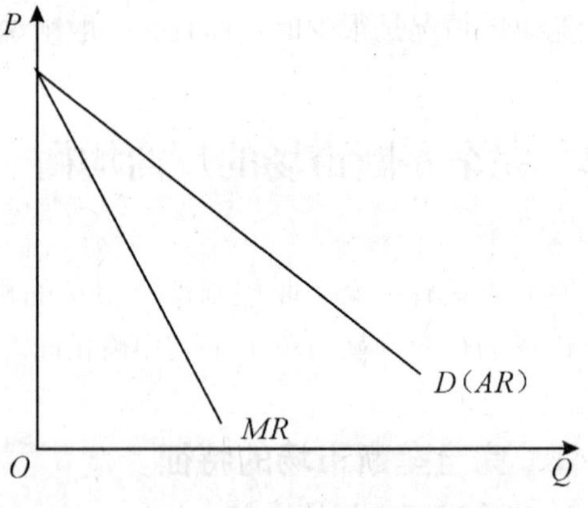

图 7－7　垄断市场的需求曲线、边际需求曲线

所以平均收益曲线与厂商的需求曲线重合（见图 7－7）。这说明在完全垄断市场上，价格等于平均收益。

但是，在垄断市场上，当销售量增加时，产品的价格会下降，从而边际收益减少，这样，平均收益就不会等于边际收益，而是平均收益大于边际收益。如前所述，收益变动规律与产量变动规律相同。根据平均产量与边际产量的关系，当平均产量或平均收益下降时，边际产量或边际收益小于平均产量或平均收益。所以，边际收益曲线 MR 是平均收益曲线之下的另一条右下方倾斜曲线，如图 7－7 所示。

7.2.3 完全垄断市场的短期均衡

在垄断市场上，企业可以通过对产量和价格的控制来实现利润最大化。企业仍然根据边际收益与边际成本相等的原则来决定产量，这种产量决定后，短期中难以完全适应市场需求进行调整。这样，也可能出现供大于求或供小于求的状况，当然也可能是供求相等。

在供小于求的情况下（图 7－8a），根据厂商利润最大化原则，MR 和 MC 的交点 E 决定

了 OQ_1，从 Q_1 点向上的垂线就是产量为 Q_1 时的供给曲线，它与需求曲线相交于 G，决定了价格水平为 OP_1。在 Q_1 产量下的平均收益 $AR = GQ_1 = OP_1$，平均成本 $AC = FQ_1 = OK$，总收益 $TR = AR \times Q = OP_1 \times OQ_1$，即为图中四边形 P_1OQ_1G 的面积。总成本 $TC = AC \times Q = OK \times OQ_1$，即为图中四边形 KOQ_1F 的面积。从图中可看出 $TR > TC$，四边形 $KFGP_1$ 为超额利润。

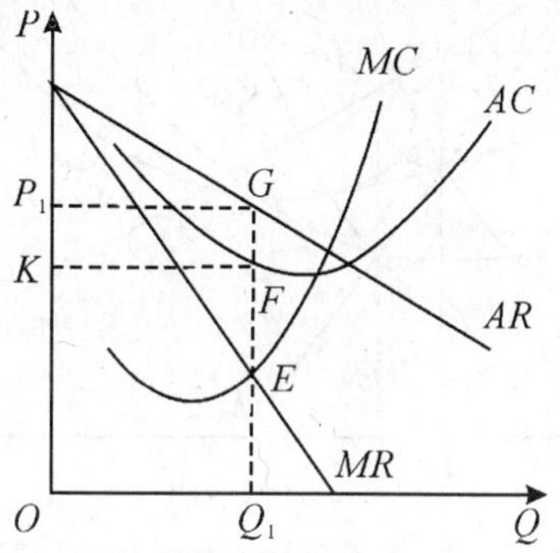

图 7－8a　有超额利润

供求相等时（图 7－8b），总收益与总成本相等，都为 OQ_1GP_1，所以收支相抵，只有正常利润。

在供大于求的情况下（图 7－8c），总成本 OQ_1FK 大于总收益 OQ_1GP_1，亏损为 P_1GFK。这时只有如图所示，平均可变成本曲线 AVC 与 G 点相切，即总成本可以弥补可变成本，才可维持 OQ_1 产量。所以，G 点为停止营业点，如果价格再低，就无法生产了。

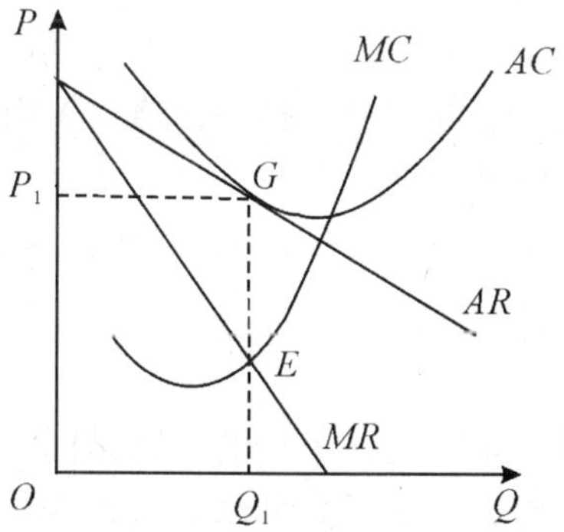

图 7－8b　收支相抵

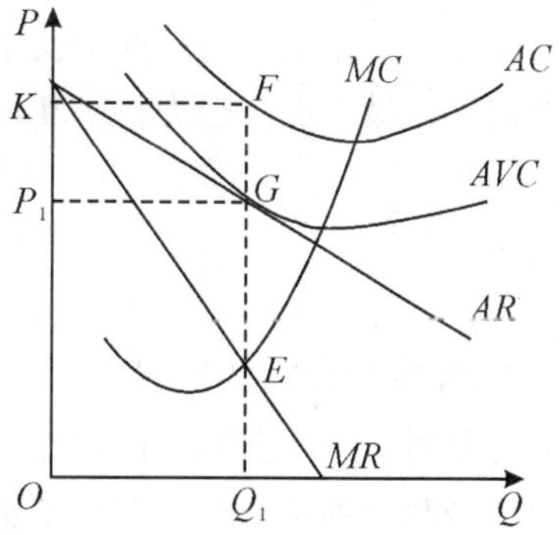

图 7－8c　有亏损

所以，在完全垄断市场上短期均衡的条件是：

$$MR = MC$$

7.2.4　完全垄断市场的长期均衡

在长期中，垄断企业可以通过调节产量与价格来实现利润最大化。这时企业均衡的条件是边际收益与长期边际成本和短期边际成本都相等，即

$$MR = LMC = SMC$$

可用图 7－9 来说明这一点：

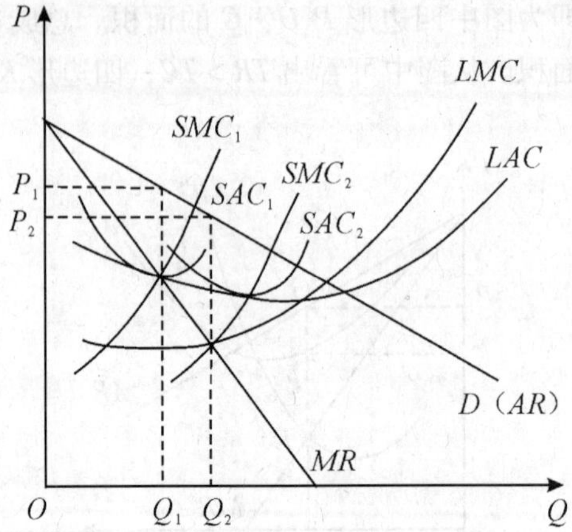

图 7－9　完全垄断市场的长期均衡

在图 7－9 中，在短期平均成本曲线 SAC_1 时，产量为 SMC_1 与 MR 相交所决定的 OQ_1，价格为 P_1。在产量为 OQ_1 时 $MR \neq LMC$，即边际收益不等于长期成本，所以，只是短期均衡，而不是长期均衡。在长期内，企业要通过调整产量，实现 $MR = LMC$。假设企业把生产规模调整为短期平均成本曲线 SAC_2，这时短期边际成本曲线 SMC_2 与边际收益曲线 MR 相交决定了产量 Q_2，价格为 P_2，这时 $MR = LMC = SMC_2$，就实现了长期均衡。

在短期中，垄断厂商无法调整全部生产要素，因此不一定能实现利润最大化。但在长期中，厂商可以调整全部生产要素，因此可以实现利润最大化。这时就存在垄断利润。从图 7－9中可以发现，完全垄断厂商的长期均衡产量不是处于长期平均成本曲线的最低点，因而不是生产效率的最高点。因为，垄断厂商总是通过限定一定的产量来提高价格，从而获得最大的经济利润。所以完全垄断厂商与完全竞争相比，在达到长期均衡时，完全垄断市场产量水平低于完全竞争市场产量水平，而完全垄断市场价格水平高于完全竞争市场价格水平。

7.2.5　垄断企业的定价策略

以上的分析是假定垄断厂商根据市场需求来调整其产量，这时市场的价格是同一的。事实上，完全垄断市场是一家厂商垄断整个市场的全部供给，垄断厂商可以通过改变产量来决定价格，实行单一定价策略，或高价少销，或低价多销。而为追求更大的垄断利润，又可以实行价格歧视策略，即在同一时间对同一种产品向不同的客户采取不同的定价。

1. 单一定价策略

垄断企业对卖给不同的消费者的同样产品确定了相同的价格，这种定价策略称为单一定价。

垄断者如果将价格抬得过高，消费者可以拒绝购买。一般来说，当某种产品需求缺乏弹性时，价格上升幅度大而需求量减少的幅度小，高价不会减少多少需求量，从而总收益增加，利润增加，垄断企业可以采用高价少销的定价策略。例如得比尔斯公司对钻石就采取高价少销的方法。消费者对钻石缺乏弹性。钻石为高收入者消费，等他们要结婚时，因为对钻石缺乏弹性，即使高价也要购买。

当某种产品需求富有弹性时，垄断企业采用低价多销的定价策略。这时可以实现薄利多销。例如，一些补品，在有专利权时是垄断的，但对这些补品的潜在需求大，有其他替代品，需求富有弹性。如果降价则可以大大增加销售量，实现薄利多销。

2. 歧视定价策略

歧视定价就是同样的商品向不同的消费者收取不同的价格。实行价格歧视是为了获得超额利润，要使价格歧视得以实行，一般要具备三个条件：

第一，市场存在不完善性。当市场不存在竞争，信息不畅通，或者由于种种原因被分割时，垄断者就可以利用这一点实行价格歧视。

第二，各个市场对同种产品的需求弹性不同。这时垄断者就可以对需求弹性小的市场实行高价格，以获得垄断利润。

第三，有效地把不同市场之间或市场的各部分之间分开。例如，电力行业中只有把工业电网与民用电网分开才能实行不同的价格。

在完全垄断市场上就具备这些条件，可以实行价格歧视。

歧视定价可以实现更大的利润，其基本原则是对需求富有弹性的消费者收取低价，而对需求缺乏弹性的消费者收取高价。这样，需求富有弹性的消费者在低价时会增加需求量，总收益增加；需求缺乏弹性的消费者在高价时不会明显减少需求量，总收益也增加。例如，在电力的例子中，工业用户对电的需求极为缺乏弹性，价格高也无法减少用电量，但居民用户对电的需求富有弹性（可以用煤气等替代品），价格低可以增加用电量，利润也就更多了。

一般根据价格差别的程度把价格歧视分为三种类型：

第一，一级价格歧视，又称完全价格歧视，即每一单位产品都有不同的价格。例如，一个医术高超的医生对每个患者征收不同的医疗费就是这种情况。在这种情况下，消费者剩余就全部转变为垄断者获得的超额利润。

第二，二级价格歧视，即垄断企业根据不同购买量确定不同的价格。例如，电力部门对一定量的电力（比如说1~100度）实行一种价格，对再增加的电力（比如说101~200度）实行另一种价格。在这种情况下，垄断企业可以把部分消费者剩余转变为超额利润。

第三，三级价格歧视，即垄断企业对不同市场的不同消费者实行不同的价格。例如，电力部门对工业用电与民用电实行不同的价格。在这种情况下，就可以在实行高价格的市场上获得超额利润，即把这个市场上的消费者剩余变为超额利润。

7.2.6 经济学家对垄断市场的评价

许多经济学家认为垄断对经济是不利的，原因如下：

第一，生产资源的浪费。这表现为，与完全竞争相比，平均成本和价格高，而产量低。可用图7-10来说明这一点。

图7-10综合了完全竞争市场与垄断市场的长期均衡状况。通过这个图上对两个市场长期均衡的比较可以看出，在完全竞争市场上，产量为OQ_1，价格为OP_1，而且当产量为OQ_1时，长期平均成本为最低点；在垄断市场上，产量为OQ_2，价格为OP_2，而且当产量为OQ_2时，长期平均成本并不是最低点。$OQ_1 > OQ_2$，$OP_1 < OP_2$，说明在垄断市场上，产量低于完全竞争市场，而价格高于完全竞争市场，而且长期平均成本无法达到最低水平。所以，垄断市场中，资源浪费，经济效率低于完全竞争市场。

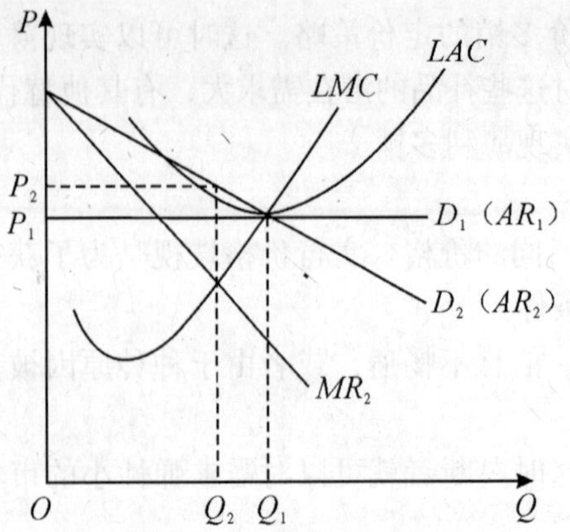

图 7－10　垄断与完全竞争的比较

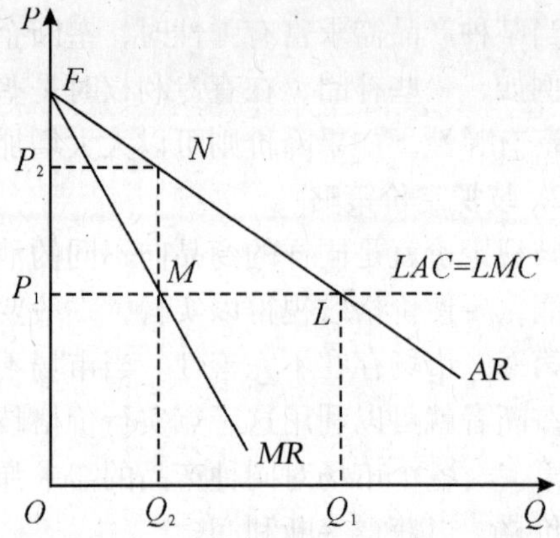

图 7－11　垄断市场的社会福利损失

第二，社会福利的损失。垄断企业实行价格歧视，消费者所付出的价格高，也就是消费者剩余减少。这种减少则是社会福利的损失。可用图 7－11 来说明。

在图 7－11 中，完全竞争市场上，价格为 OP_1，产量为 OQ_1，这时消费者得到的消费者剩余为 P_1LF 这个三角形。在垄断市场上，价格为 OP_2，产量为 OQ_2，消费者剩余是 P_2NF 这个小三角形。在 P_1LF 这个大三角形中，$P_1MN P_2$ 这个四边形所代表的消费者剩余转变为垄断企业的超额利润，而 MLN 这个三角形所代表的是由于垄断存在所引起的纯社会福利的损失。这一部分消费者没有得到，垄断企业也没有得到，是由于资源浪费而形成的纯社会福利的损失。

但是，也有的经济学家认为，垄断也有其有利的一面。首先，在一些行业可以实现规模经济。例如，自来水行业只有一家企业时才能实现平均成本最低。这种情况属于规模经济引起的自然垄断。其次，垄断企业可以以自己雄厚的资金与人才实力实现重大的技术突破，有利于技术进步。例如，AT&T（美国电话电报公司）曾长期垄断美国电信行业。这当然有效率损失，但 AT&T 以自己的资金创办了贝尔实验室。这个实验室自成立以后一共获得了 1 万余项专利、11 次诺贝尔奖、9 次美国国家科学奖章。它在半导体、通信、电视、超导等方面的突破性贡献深深影响着人们的生活。最后，尽管在国内是垄断的，有效率损失，但在国际上有竞争力，有利于一个国家世界竞争力的提高。美国政府批准波音公司与麦道公司合并正出于这种考虑。这两家公司合并为波音公司后，在美国商用大型客机市场是垄断者，但这种合并有利于美国波音与欧洲空中客车公司的竞争。

垄断的是是非非一直是经济学家争论的话题，现实中既有打破垄断（20 世纪 80 年代 AT&T 的解体，电力由垄断走向竞争等），又有加强垄断（波音与麦道的合并，以及其他大企业的合并）。看来，在哪个行业垄断利大于弊，在哪个行业弊大于利，还要进行具体分析。

7.3　垄断竞争市场的厂商均衡

7.3.1　垄断竞争市场的特征

1. 什么是垄断竞争市场

垄断竞争市场是既有垄断又有竞争、垄断与竞争相结合的市场。这种市场与完全竞争市场的相同之处是市场集中率低，而且无进入限制。但关键差别是完全竞争产品无差别，而垄断竞争产品有差别。企业规模小和进入无限制也保证了这个市场上竞争的存在。

2. 垄断竞争市场的特征

垄断竞争市场具有如下特征：

第一，市场上有较多的厂商。他们对市场可以施加有限的影响，是市场价格的影响者，但不能相互勾结，控制市场价格。由于某个厂商的决策对其他厂商影响不大，不易被人察觉，它可以不考虑其他厂商的对抗行动，也就是说，这些厂商自以为可以彼此独立行动，互不依存，并且厂商进、出行业没有多大障碍。

第二，厂商的产品不是同质的，而是存在差别的。这种产品差别主要是指产品在质量、商标、式样、性能方面，以及销售条件等的不同。但是，在这些不同质且存在差别的产品之间又存在着很强的可替代性。这样，产品的差别造成了一定垄断因素的存在，而产品相互之间的可替代性，又造成了竞争因素的存在。

7.3.2　垄断竞争市场的短期均衡

在短期中每一个垄断竞争的企业都是一个垄断者。它以自己的产品差别在一部分消费者中形成垄断地位。而且，短期中其他企业生产不出与之竞争的有差别产品。这样垄断竞争企业就可以像一个垄断者那样行事，高价少销、低价多销或歧视定价，以获得利润最大化。

短期内，垄断竞争厂商仍然依据 $MR = MC$ 的原则决定产量和价格。如果需求形势好，即需求曲线位于平均成本之上，则生产者可以得到超额利润，即 $CGFP_1$ 的面积。如图 7－12 所示。

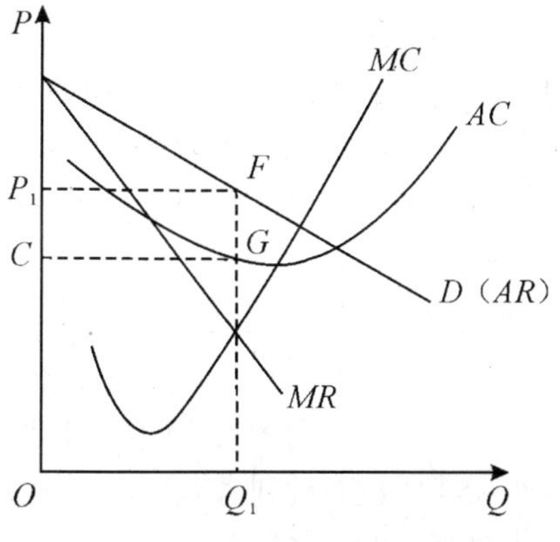

图 7－12　垄断竞争市场的短期均衡

因此，在短期中企业短期均衡的条件与垄断市场一样是：

$$MR = MC$$

7.3.3 垄断竞争市场的长期均衡

在长期中，垄断竞争市场上也存在着激烈的竞争。各个企业可以仿制别人有特色的产品，可以创造自己更有特色的产品，也可以通过广告来创造消费者的需求，形成自己产品的垄断地位。

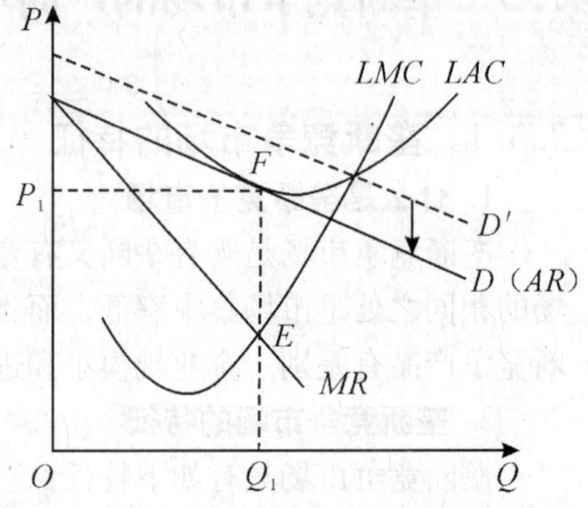

图 7-13 垄断竞争市场的长期均衡

在图 7-13 中，虚线 D' 是一家企业在不考虑其他企业价格变动时的需求曲线。在长期中，由于各企业竞争激烈，这家企业产品价格下降，需求曲线向下移动为 D，与 LAC 曲线相切于 F 点。这时，企业仍然依据 $MR = MC$ 的原则决定产量和价格。因此，长期边际成本曲线 LMC 与边际收益曲线 MR 的交点 E 决定了产量为 OQ_1。由 Q_1 点作一条垂线，即产量为 OQ_1 的供给曲线。这条供给曲线与需求曲线 D 相交于 F 点，决定了价格水平为 OP_1。这时，总收益与总成本相等，为 OQ_1FP_1，实现了长期均衡。在实现了长期均衡时，边际收益等于边际成本，平均收益等于平均成本。所以，在垄断竞争市场长期均衡的条件仍然是：

$$MR = MC, \quad AR = AC$$

7.3.4 垄断竞争市场和完全竞争市场长期均衡的对比

许多经济学家认为，垄断竞争与完全竞争相比较存在以下区别：

第一，需求曲线、平均收益曲线、边际收益曲线不同。在完全竞争下，这三条线重合为一条与横轴平行的线。在垄断竞争下，需求曲线与平均收益曲线重合，但向右下方倾斜，边际收益曲线则为平均收益曲线下向右下方倾斜的一条线。

第二，在长期均衡时，长期平均成本的状况不同。在完全竞争下实现了长期均衡时，产量决定的长期平均成本处于最低点；而在垄断竞争下实现了长期均衡时，产量决定的长期平均成本并不是处于最低点，这说明此时存在着资源浪费。

第三，价格不同。在完全竞争下的价格低于垄断竞争下的价格。在垄断竞争条件下，向右下方倾斜的平均收益曲线是在平均成本曲线的下降部分与之相切的。切点所对应的价格，高于完全竞争条件下呈水平线的平均收益曲线在成本曲线最低点与之相切点所表示的价格。

第四，产量不同。在完全竞争下的产量大于垄断竞争下的产量。垄断竞争厂商的产量在没有达到最低的平均成本之前就形成了均衡，因而均衡产量低于完全竞争条件下厂商的均衡产量。

第五，销售成本较高。垄断竞争厂商相互之间由于存在着非价格竞争，造成了各种形式的浪费，如过多的广告费等。

垄断竞争市场并不能实现经济资源的充分利用和达到生产效率的最高点。但有利于鼓励进行创新，过多的广告费对生产和消费也有促进作用。所以从整体上看，垄断竞争利大于弊。在现实中，垄断竞争也是一种普遍存在的市场结构。

7.4 寡头垄断市场的厂商均衡

7.4.1 寡头垄断市场形成的原因

1. 什么是寡头垄断市场

寡头垄断市场是指少数几家厂商垄断了某一行业的市场，控制了这一行业的供给。在此市场上，大企业集中程度高，对市场控制力强，可以通过变动产量影响价格。而且，由于几家企业规模大，其他企业就难以进入。由于不是一家垄断，所以在几家寡头之间仍存在激烈竞争。

2. 寡头垄断市场形成的原因

寡头又分为纯粹寡头（生产完全相同的产品，如石油、钢铁等）和差别寡头（生产有差别的产品，如汽车、造船等）。寡头垄断市场在经济中占十分重要的地位，在美国、日本、欧洲的发达国家尤其如此，寡头垄断市场的一个共同特点是只有在大规模生产时才能获得好的经济效益，即规模经济效益。这就决定了在一个行业中只需要少数几家厂商就可以满足市场的需要。寡头垄断市场的形成首先是某些产品的生产和技术的特殊要求，其次是行业中几家厂商对生产资源供给的控制，政府的扶持也促进了寡头市场的形成。

7.4.2 寡头垄断市场的特征

寡头垄断市场是几家大企业控制的市场。形成寡头垄断市场的关键原因是规模经济的存在。寡头垄断市场的特征主要表现在：

第一，寡头之间相互依存。这是寡头垄断市场具有其他市场结构所没有的一个重要特征。每家企业在做出价格与产量的决策时，不仅要考虑到本身的成本与收益情况，而且还要考虑到这一决策对市场的影响，以及其他企业可能做出的反应。

第二，寡头垄断市场上，企业数量很少，每家企业都占有举足轻重的地位。它们各自在价格或产量方面决策的变化都会影响整个市场和其他竞争者的行为。

第三，厂商进出不易。其他厂商进入相当困难，甚至极其困难。因为不仅在规模、集资、信誉、市场、原料、专利等方面，其他厂商难以与原厂商匹敌，而且由于原厂商之间相互依存，休戚相关，其他厂商难以进入，原厂商也难以退出。

7.4.3 产量的决定

各寡头之间存在勾结和不勾结两种情况，这对产量的决定是不同的。

当各寡头之间存在勾结时，产量是由各寡头协商确定的，结果对谁更有利，则取决于各寡头实力的大小。这种协商可能是对产量的限定（例如，石油输出国组织对各产油国规定限产数额），也可能是对销售市场的瓜分，即不规定具体产量的限制，而是规定各寡头的市场范围。当然，这种勾结往往是暂时的，当各寡头的实力发生变化之后，就会要求重新确定产量或瓜分市场，从而引起激烈的竞争。

在不存在勾结的情况下，各寡头是根据其他寡头的产量决策来调整自己的产量，以达到利润最大化的目的。这要根据不同的假设条件进行分析。经济学家曾做了许多不同的假设，并得出了不同的答案，如古诺模型、斯坦克贝模型、张伯伦模型、贝尔特兰模型、埃奇沃思模型、霍特林模型等。

7.4.4 价格的决定

传统寡头理论对价格决定分析认为，寡头垄断市场上价格决定采用了三种形式：价格领先制、成本加成法与勾结定价。

1. 价格领先制

价格领先制又称价格领袖制，指一个行业的价格通常由某一寡头率先制定，其余寡头追随其后确定各自的价格。如果产品是无差别的，价格变动可能相同，即价格变动幅度相同。如果产品是有差别的，价格变动可能相同，也可能有差别。

作为价格领袖的寡头厂商有以下三种情况：

第一，支配型价格领袖。领先确定价格的厂商是本行业中最大的、具有支配地位的厂商。他在市场上占有份额最大，因此对价格的决定举足轻重。他根据自己利润最大化的原则确定产品的价格及其变动，其余规模小的寡头则根据这种价格来确定自己的价格及产量。

第二，效率型价格领袖。领先确定价格的厂商是本行业中成本最低，从而效率最高的厂商。他对价格的确定也使其他厂商不得不随之变动。

第三，晴雨表型价格领袖。这种厂商在掌握市场行情变化或信息方面明显优于其他厂商，其价格在行业中具有晴雨表的作用，其他厂商会参照他的价格变动而变动自己的价格。

2. 成本加成法

成本加成法是寡头垄断市场上一种最常用的方法，即在估算的平均成本的基础上加一个固定百分率的利润。例如，某产品的平均成本为 100 元，利润率为 10%，则此产品的价格就可以定为 110 元。平均成本可以根据长期中成本变动的情况确定，而所加的利润比率则要参照全行业的利润率情况确定。这种定价方法可以避免各寡头之间的价格竞争，使价格相对稳定，从而避免在降价竞争中两败俱伤。从长期来看，这种方法能接近于实现最大利润，是有利的。

3. 勾结定价

勾结定价是各寡头勾结起来共同协商定价，各寡头之间进行公开的勾结，组成卡特尔。卡特尔是寡头的价格联盟，共同协商确定价格。例如，石油输出国组织就是这样一个国际石油卡特尔。卡特尔共同制定统一的价格，为了维持这一价格还必须对产量实行限制。但是，由于卡特尔各成员之间的矛盾，有时达成的协议也很难兑现，或引起卡特尔解体。在不存在勾结的情况下，各寡头还能通过暗中的勾结（又称默契）来确定价格。

7.5 案例分析

德比尔斯公司为什么做广告

我们根据三条标准把市场结构分为四种类型。正如我们所指出的，这仅仅是基本市场结构类型。在现实中，有的市场介于两种市场结构之间，有的市场即使属于某种市场结构，也有相当大的差异。企业在根据市场结构决定自己的竞争战略时特别要注意这种特殊性。我们用德比尔斯公司的例子来说明这一点。

德比尔斯控制了全世界钻石矿的80%以上（其他不足20%，分散于斯里兰卡和俄罗斯，形不成规模），凭借这种资源优势，该公司成为世界市场的垄断者。我们知道，垄断者成功的关键在于寻找一种正确的定价原则。由于该市场上只有唯一的企业，不用做广告，即不用通过广告来介绍和创造自己的产品特色。但德比尔斯公司每年都要花巨资在各国做广告，它的广告词“钻石恒久远，一颗永流传”已经家喻户晓。作为垄断者的德比尔斯公司为什么还要做广告呢？

我们说过，形成垄断的条件是进入限制，即一是其他企业无法进入该行业，二是没有相近替代品。如果没有第一个条件就不能成为垄断，但没有第二个条件，垄断只是一种无保障的垄断——垄断地位随时可以被替代品打破，钻石的替代品是宝石，作为装饰品钻石与宝石有相当大的替代性。如果宝石可以替代钻石，德比尔斯公司的垄断地位就被打破了。

那么，宝石能否代替钻石呢？这就取决于消费者的偏好。如果消费者认为，钻石和宝石作为装饰品是相同的，钻石和宝石可以相互代替，这时，德比尔斯公司的垄断地位就不存在了。在装饰品市场上，德比尔斯公司只是一个寡头，要与其他经营宝石的公司进行竞争。如果消费者认为，钻石和宝石不能相互替代，德比尔斯公司就可以保持其垄断地位，无保障的垄断就能成为有保障的垄断。

影响消费者偏好的重要因素正是广告。消费者容易受广告的影响而成为自己的偏好。无论广告说的是对还是错，狂轰滥炸、持之以恒的广告还是能左右消费者的偏好的。德比尔斯公司做广告的目的正是让消费者认识到，宝石不能代替钻石——因为只有钻石才有“永恒”的含义，人们都追求婚姻的完满，始终只有送钻戒才吉祥。如果消费者接受了这种宣传，宝石不能替代钻石，德比尔斯公司的垄断就有保障了。

从现实情况看，德比尔斯公司的这个广告是成功的，因为它在展销会上对自己的钻石实行一口价，不许讨价还价。这显然是垄断者的做派。

空调行业价格战的意义

空调行业中规模经济十分重要，应该是一个寡头市场。在这种市场上，无论企业的主观愿望如何，价格战，即激烈的价格竞争，既是不可避免的，也是有积极意义的。

寡头市场是规模经济至关重要的行业，只有当这个市场仅有几家大企业，每家企业都规模十分大时，这个行业才有效率。但这种寡头并不是一开始就形成的，而是在竞争中形成的。这个行业的特点是最早存在暴利，暴利吸引了企业进入，大大小小的企业在这个行业中都可以生存下来。但由于企业大量进入，供给增加，企业之间必然爆发价格战，用降价来占领市场。谁的规模大、成本低，谁就能在价格战中生存下来。在这种价格战中，规模不够大，从而成本降不下来的中小企业被淘汰或被兼并，最后生存下来的企业只能是大企业，这是一个行业结构优化的过程，最后的结果是形成几家控制市场的大企业，成为寡头市场。

我国的空调行业正在经历这一过程。空调的普及是近几年的事情。在开始时，由于需求迅速增加，空调行业利润高。据报道，目前空调行业平均毛利润至少有25%～30%，高的甚至高达50%。这种高利润，吸引企业进入，现在全国空调企业已达300多家，其中70%以上是近一两年中新建的厂。这么多的企业出现使空调的供给大幅度增加，而需求的增加并没有这么快。许多企业争夺有限的市场，价格战就是不可避免的。这也是“树欲静而风不止”。可以预见，这种竞争的结果一定是大量空调企业破产或被兼并，全国形成几家大空调企业。

在寡头市场上，每家企业都要尽量扩大自己的产量，以加强实力降低成本，这样，从整个市场来看就会形成供大于求的格局。这是许多寡头市场的共同特点。例如，在汽车这个世界性寡头市场上，生产能力高达8 000万辆，而需求仅为6 000万辆。在这种供大于求的格局之下竞争就是难免的。这种价格战的结局是寡头市场成为一个微利企业。世界汽车市场的利润率仅为3%～6%，正是这种价格竞争的结果。所以，即使在寡头市场形成之后，价格战也会发生，有时还会相当激烈。中国的空调行业在实现寡头市场之后也必然是这种情况。

当然，价格战并不是空调市场上唯一的竞争手段，各个空调企业生产有自己特色的产品，进行广告宣传，从事非价格竞争也是重要的。但价格竞争可以促进企业提高效率，降低成本，又可以使消费者享用更好、更便宜的空调，并不是一件坏事。

【本章小结】

完全竞争市场是一种竞争不受任何阻碍和干扰的市场结构，在长期中竞争的结果是经济利润为0。厂商面临的价格曲线P和需求曲线D、平均收益曲线AR及边际收益曲线MR四线重合，并与横轴平行，厂商短期均衡条件是$MR = MC$，长期均衡条件是$MR = AR = LMC = LAC$。

完全垄断市场是指整个市场只有一家厂商的市场结构，在长期中可以凭借垄断地位而获得经济利润。垄断企业可以运用单一定价和歧视定价实现经济利润最大化。厂商的需求曲线D与平均收益曲线AR重合，是一条向右下方倾斜的直线，而边际收益曲线MR不再与它们重合，在平均收益曲线AR的下面，也是向右下方倾斜的。完全垄断市场的短期均衡条件是$MR = MC$，长期均衡条件是$MR = LMC = SMC$。

垄断竞争市场是指许多厂商生产和销售有差别的同类产品，市场上既有竞争又有垄断的市场结构。垄断竞争企业实现经济利润的方法是不断创造产品差别。垄断竞争市场厂商短期均衡条件是$MR = MC$，长期均衡条件是$MR = LMC$和$AR = LAC$。

寡头垄断市场是指少数几家厂商控制整个市场的生产和销售的市场结构。由于几家寡头之间的相互依赖性，无论是价格还是产量，寡头们都可以采取勾结和不勾结的方式来决定。

【关键术语和概念】

完全竞争　完全垄断　垄断竞争　寡头垄断　产品差别　单一定价　歧视定价

【练习题】

1. 简述完全竞争市场厂商的短期均衡和长期均衡。
2. 简述完全垄断市场厂商的短期均衡和长期均衡。
3. 产品差别为什么既会形成垄断又会形成竞争？
4. 完全竞争市场上一个行业与一个企业的需求曲线与价格有什么不同点或相同点？用图形说明这一点。
5. 垄断竞争企业在短期中与垄断者一样，也可以获得经济利润。在长期中没有经济利润，与完全竞争企业一样吗？为什么？

6. 养鸡场和服装业都是小企业，为什么养鸡场是完全竞争的，服装业是垄断竞争的？

7. 完全竞争市场的条件是什么？有人认为，完全竞争难以在现实中存在，因此没有实际意义。对此你是怎样认为的？

8. 完全竞争市场中厂商短期均衡有几种？各种情况下厂商的利润有什么不同？

9. 完全垄断形成的原因是什么？

10. 为什么在完全竞争市场上平均收益等于边际收益，而在垄断市场上却是平均收益大于边际收益？

11. 寡头垄断市场的特征是什么？

12. 寡头垄断市场上的产量与价格是如何决定的？

13. 假设你是一个服装厂的老板，你应该如何创造自己的产品差别？你能永远立于不败之地吗？应该如何做？

14. 钻石行业是垄断市场，在实行单一定价时，是应该高价少销，还是低价多销？为什么？能否采用歧视定价？为什么？

15. 每辆汽车的平均成本是 8 万元，汽车行业的平均利润率为 8%，如果根据成本加成法定价，每辆汽车的价格为多少？如果平均成本降低为每辆 5 万元，其价格为多少？

【补充阅读】

垄断竞争理论的形成与意义

在 20 世纪 30 年代之前，新古典经济学在分析市场时假设市场是完全竞争的，但这并不完全符合现实。经济中存在垄断是英国经济学家亚当・斯密早就认识到的。19 世纪法国经济学家古诺分析了寡头垄断市场，主要是最简单的双头市场。英国经济学家马歇尔也注意到了 19 世纪末和 20 世纪初在经济中出现的垄断现象。

但放弃完全竞争假说，不把垄断作为经济生活中的一种特殊情况，而作为一种市场结构，最早是由英国经济学家斯拉伐提出的。1926 年，斯拉伐在《经济学杂志》上发表了“竞争条件下的报酬规律”一文，这被认为是垄断竞争理论的开始。1929 年英国经济学家霍特林发表了《竞争中的稳定》一文，提出“现实情况存在于完全竞争理论和完全垄断理论之间”的观点，他主要分析少数企业竞争的寡头理论。1930 年英国经济学家佐申出版了《垄断问题与经济战》一书。同年美国经济学家张伯伦出版了《垄断竞争理论》一书。这两本书，尤其是后一本书的出版被认为是垄断竞争理论建立的标志。

垄断竞争理论就是我们所分析的厂商均衡理论。这种理论不是把完全竞争作为普遍状况，垄断作为特例，而是把市场作为竞争与垄断不同程度的结合。在现实中，完全竞争和完全垄断都是特例，这两种状态的结合才是正常状态，并根据垄断与竞争程度的不同把市场分为四种结构。尤其是张伯伦提出了产品差别的概念，把产品差别作为引起垄断的原因之一，用产品差别来解释垄断竞争市场，是一个重要的贡献。

在传统新古典经济学中，分析的前提是完全竞争，当经济分析适用于各种市场结构时，对企业决策的分析才算完善。这种理论的建立也使微观经济学更能运用于实际。现代市场营销理论、市场竞争理论、企业竞争战略等实用经济学分支都是在此基础之上形成的。正因为如此，垄断竞争理论的建立是 20 世纪经济学的重大突破之一。

第 8 章　分配理论

⊙本章学习要点

1. 正常利润与超额利润的区别
2. 工资、利息、地租、利润的决定
3. 劳伦斯曲线与基尼系数
4. 收入分配目标：平等与效率

⊙本章学习内容

1. 收入分配的原理
2. 社会收入分配
3. 收入再分配政策

⊙案例分析

⊙本章小结

⊙关键术语和概念

⊙练习题

⊙补充阅读

8.1　收入分配的原理

8.1.1　生产要素的需求

1. 生产要素的需求

生产要素的需求是一种派生的需求。在产品市场上，需求来自消费者。消费者为直接满足自己的需要而购买商品，是对商品的直接需求。而在生产要素市场上，需求来自厂商。厂商购买生产要素是为了生产和出售产品，实现利润最大化。所以说，厂商对生产要素的需求是从消费者对产品的需求派生出来的。

生产要素也是一种联合的需求或相互依存的需求。任何生产行为所需要的都不是一种生产要素，而是多种生产要素，这些生产要素离不开自然资源、资本和劳动，它们之间可以互补，甚至在一定范围内可以替代。

由生产要素需求的性质可以看出，影响生产要素需求的主要有以下这些因素：

第一，市场对产品的需求及产品价格的影响。这两个因素影响产品的生产和厂商的利润，从而也就影响生产要素的需求。一般而言，市场对某种产品的需求及产品的价格与生产这种产品所用的各种生产要素的需求成正比关系。

第二，生产技术状况。生产技术决定了对某种生产要素需求的大小。例如，生产技术是资本密集型的，则对资本的需求大；生产技术是劳动密集型的，则对劳动的需求大。

第三，生产要素的价格。由于各种生产要素之间在一定程度上的替代性，厂商一般要用价格低的生产要素替代价格高的生产要素。

2. 完全竞争市场厂商生产要素的需求

完全竞争下厂商的生产要素需求量取决于要素的边际收益与边际成本。为了实现利润最大化，厂商必须使购买最后一单位生产要素所支出的边际成本与其所带来的边际收益相等。在完全竞争市场上，边际收益等于平均收益，即等于价格。因此，厂商对生产要素的需求就是要实现边际收益、边际成本与价格相等，即

$$MR = MC = P$$

在完全竞争市场上，对一家厂商来说，价格是不变的。所以，厂商对生产要素的需求就取决于生产要素的边际收益。

生产要素的边际收益取决于该要素的边际生产力。美国经济学家克拉克（J. B. Clark）的边际生产力论是边际分析法在分配理论中的应用。所谓边际生产力，从实物形态上说是在其他条件不变的情况下，增加一单位某种生产要素所增加的产量（或者这种产量所带来的收益）。如果以实物来表示生产要素的边际生产力，则称为边际物质产品；如果以货币来表示生产要素的边际生产力，则称为边际收益产品，或边际产品价值。

根据边际收益递减规律，在其他条件不变的情况下，生产要素的边际生产力是递减的。因此，生产要素的边际收益曲线是一条向右下方倾斜的曲线。这条曲线也是生产要素的需求曲线。

如图 8－1 所示，横轴表示生产要素的需求量，纵轴表示生产要素的价格，MPP 表示边际物质产品曲线，即向右下方倾斜的边际生产曲线，也是生产要素的需求曲线。当生产要素的价格为 P_0 时，生产要素的需求量为 Q_0，这时使用的生产要素量可以实现 $MR = MC$。如果生产要素价格高，则 $MR < MC$，从而减少生产要素的需求量；如果生产要素价格低，则 $MR > MC$，从而增加生产要素的需求量。

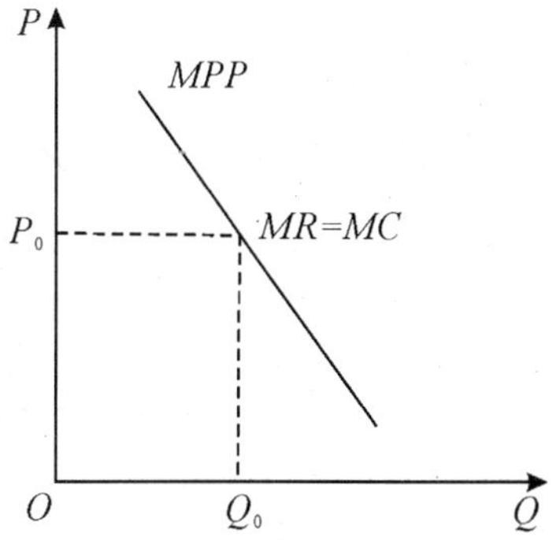

图 8－1　生产要素的需求曲线

整个行业的生产要素需求是各个企业需求之和，也是一条向右下方倾斜的曲线。

3. 不完全竞争市场厂商生产要素的需求

在不完全竞争（垄断竞争、完全垄断、寡头垄断）条件下，单个厂商具有控制市场的力量，所面临的是一条向右下方倾斜的需求曲线。这时，厂商要出售增加的产量，其价格必须低于以前单位产品价格，因此，售出每一追加单位产出所获得的边际收益就会降低，这就使得不完全竞争厂商的边际收益曲线与完全竞争厂商的边际收益曲线不尽相同，边际收益不等于价格。边际收益取决于生产要素的边际生产力与价格水平。这时，生产要素需求仍要取决于 $MR = MC$，生产要素的需求曲线同样是一条向右下方倾斜的

曲线，但要比完全竞争厂商的需求曲线更加陡峭一些。一般而言，同一价格时，完全竞争市场上的生产要素需求量大于不完全竞争市场。

8.1.2 生产要素的供给

生产要素有各种各样的，不同种类的生产要素各有自己的特点。一般来说，可以把生产要素分为三类：自然资源、资本品和劳动。

1. 土地的供给

经济学上的土地，泛指一切自然资源，一般假定这类供给是固定的，供给曲线是一条垂直的直线。

如图 8－2 所示，横轴表示土地的数量 N，纵轴表示地租 R，垂直的直线 S 为土地的供给曲线。

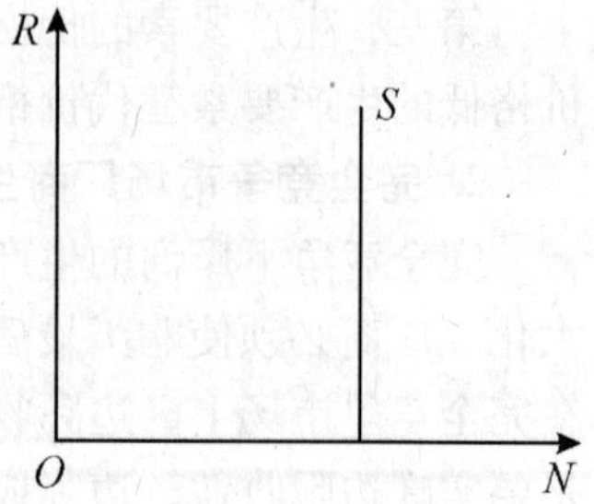

图 8－2 土地的供给曲线

2. 资本的供给

资本分为资本品和货币资本。资本品（包括机器、设备、原材料等）作为生产要素，其本身又是其他资源生产出来的，也是和其他产品一样的产品，因此，这种生产要素的供给曲线与一般最终产品的供给曲线一样，是向右上方倾斜的，它取决于资本品的生产成本。货币资本不是生产出来的，它的供给主要取决于借贷资本的供给，把借贷资本的供给量看做是利息率的函数，利息率越高，意味着持有货币的机会成本越高，要使用货币资本就要向其所有者支付越高的报酬。因此，货币资本的供给曲线同资本品的供给曲线一样，是向右上方倾斜的。

如图 8－3 所示，横轴表示资本的数量 K，纵轴表示利息率 i，向右上方倾斜的曲线 S 为资本的供给曲线。

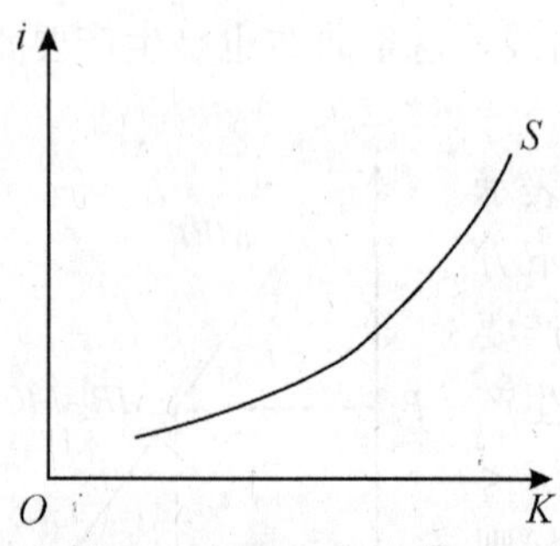

图 8－3 资本的供给曲线

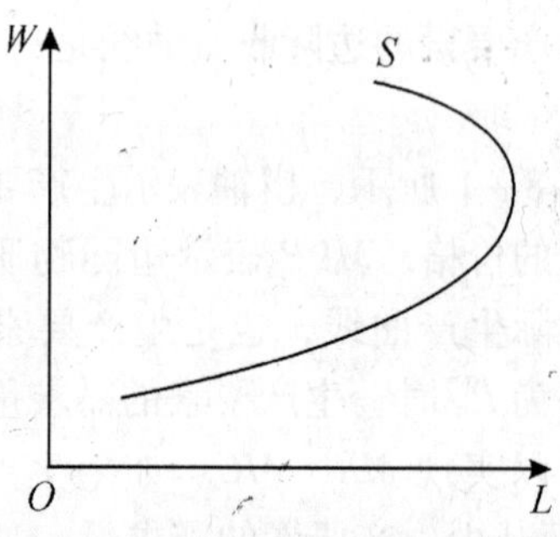

图 8－4 劳动的供给曲线

3. 劳动的供给

劳动的供给主要取决于劳动的成本，这种劳动的成本包括两类：一是实际成本，即维持劳动者及其家属生活必需的生活资料的费用，以及培养、教育劳动者的费用；二是心理成本，劳动是以牺牲闲暇的享受为代价的，劳动会给劳动者心理带来负效用，补偿劳动者这种心理上负效用的费用就是劳动者的心理成本。

劳动的供给有它自己的特殊规律。劳动供给取决于工资变动所引起的替代效应和收入效应。随着工资增加，由于替代效应的作用，家庭使工作代替闲暇，从而劳动供给增加。同时，随着工资增加，由于收入效应的作用，家庭需要更多闲暇，从而劳动供给减少。当替代效应大于收入效应时，劳动供给随工资增加而增加；当收入效应大于替代效应时，劳动供给随工资增加而减少。一般规律是：当工资较低时，替代效应大于收入效应；当工资达到某个较高水平时，收入效应大于替代效应。因此，劳动供给曲线是一条向后弯曲的供给曲线。

如图 8－4 所示，横轴表示劳动的供给量 L，纵轴表示工资水平 W，向后弯曲的劳动供给曲线 S 随着工资的上升，劳动供给增加，当工资上升到一定程度之后，工资的上升却使得劳动供给减少。

8.1.3　生产要素价格的决定

生产要素的价格与物品的价格一样，在完全竞争市场上是由要素的供求所决定的。根据以上对生产要素供求的分析，一般而言，生产要素的需求曲线向右下方倾斜，供给曲线向右上方倾斜，这样，就可以用图 8－5 说明生产要素价格的决定。

在图 8－5 中，生产要素的需求曲线 D 与供求曲线 S 相交，决定了生产要素的价格为 P_0，数量为 Q_0。这与物品价格和数量的决定完全一样。

但各种要素有不同的需求与供给特征，也有不同的市场结构。因此，各种要素价格与收入的决定亦有不同。以下介绍各种生产要素收入的决定。

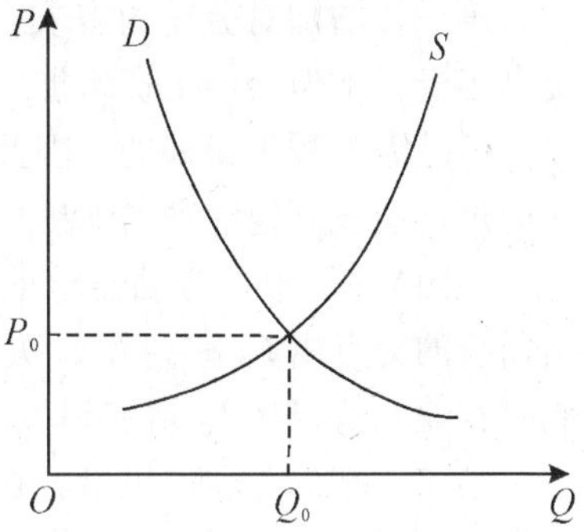

图 8－5　生产要素价格的决定

8.1.4　工资、利率、地租、利润理论

1. 工资理论

工资是在一定期间内，给予提供劳动的劳动者的报酬，也是劳动这种生产要素的价格。

根据计算方式分类，工资可以分为计时工资和计件工资。计时工资是按照劳动时间计算的，有日薪、周薪、月薪、年薪等，计件工资则是按照完成工作的数量计算的。

根据购买力分类，工资可分为货币工资和实际工资。货币工资以货币数量表示，又称为名义工资，实际工资则是按照工资能够购买的实物价值计算的。

在工资理论中，我们主要分析货币工资的决定与变动。

在完全竞争市场上，工资是由劳动的供求关系决定的，而劳动的需求取决于劳动的边际生产力。由于劳动的边际生产力是递减的，所以劳动的需求曲线是向右下方倾斜的，表明劳动的需求量与工资水平反方向变动。劳动的供给曲线在前面已经介绍过是向后弯曲的。劳动的需求曲线与供给曲线共同决定了完全竞争市场上的工资水平。

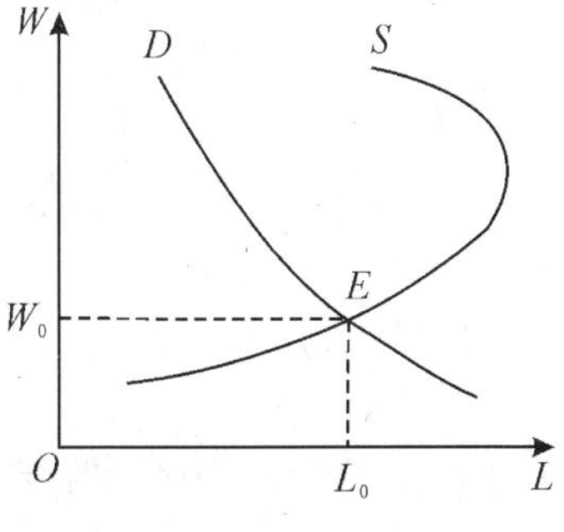

图 8－6　工资的决定

如图 8－6 所示，劳动需求曲线 D 与劳动供给曲线 S 相交于 E，决定了均衡的工资水平为 W_0，这一工资水平等于劳动的边际生产力。这时劳动的需求量与供给量都是 L_0。劳动的需求与供给发生变化都会使均衡的工资水平发生变化，当劳动的需求大于供给时，工资会上升，从而增加劳动的供给，减少劳动的需求；反之，当劳动的需求小于供给时，工资会下降，从而减少劳动的供给，增加劳动的需求，使劳动的供求实现平衡。

不完全竞争是指劳动市场上存在着不同程度的垄断。这种垄断有两种不同的情况：一种是买方垄断的市场，即企业对劳动购买的垄断，这是劳动的供给是由众多相互竞争的劳动者提供的劳动所形成的；另一种是卖方垄断，即劳动者对劳动的垄断，劳动者组成工会，垄断了劳动的供给，在这种不完全竞争的劳动市场上，工会对工资的决定通常起着重大的作用。我们着重分析工会在工资决定中的作用。

在西方国家中，工会是工人自己的组织，是为了向资方争取更好的工作条件与工资水平而成立发展起来的。工会一般是按行业组织的，例如美国的汽车工人联合会；也有的是跨行业的组织，例如美国的劳联—产联。在工资决定中，工资水平一般是由工会与企业协商确定的，政府在其间起协调作用。因为工会控制了入会的工人，而且力量相当强大，所以，在经济学中被作为劳动供给的垄断者，并以这种垄断来影响工资的决定。

工会影响工资决定的方式主要有三种：

第一，增加对劳动的需求。在劳动供给不变的条件下，通过增加对劳动的需求的方法来提高工资，不但会使工资增加，而且可以增加就业。因为劳动作为一种生产要素，它的需求是由产品需求派生而来的，因此，工会增加劳动需求的最主要方法就是增加产品的需求，例如通过议会或其他活动增加出口、限制进口、实行贸易保护政策等。

在图 8－7 中，劳动需求曲线 D_0 移到 D_1，则它与劳动供给曲线的交点由 E_0 移到 E_1，决定了工资水平由 W_0 上涨到 W_1，同时就业人数也从 L_0 增加到 L_1。

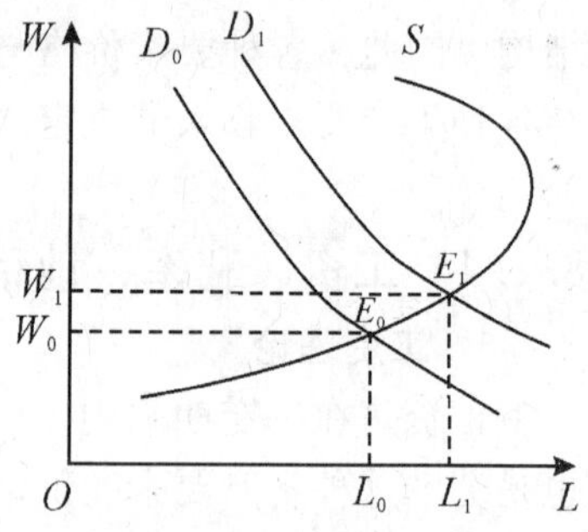

图 8－7 增加劳动需求提高工资

第二，减少劳动的供给。在劳动需求不变的条件下，通过减少劳动的供给也同样可以提高工资，但这种情况会使就业减少。工会减少劳动供给的方法主要有：限制移民、延长学徒期限、限制非工会会员受雇、禁止使用童工、减少工作时间等。

在图 8－8 中，劳动供给曲线 S_0 移到 S_1，则它与劳动需求曲线的交点由 E_0 移到 E_1，决定了工资水平由 W_0 上涨到 W_1，同时就业人数也从 L_0 减少到 L_1。

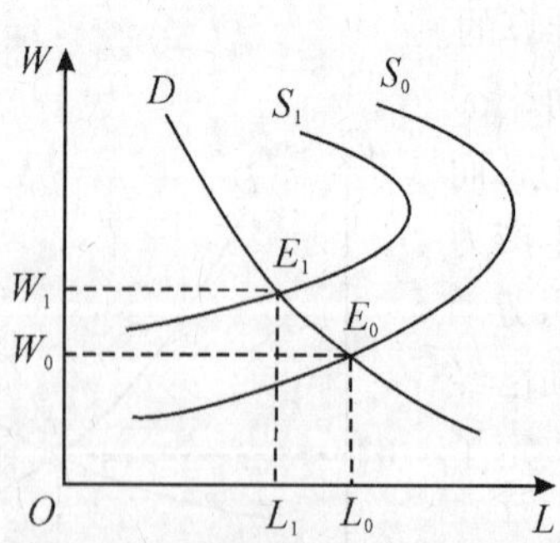

图 8－8 减少劳动供给提高工资

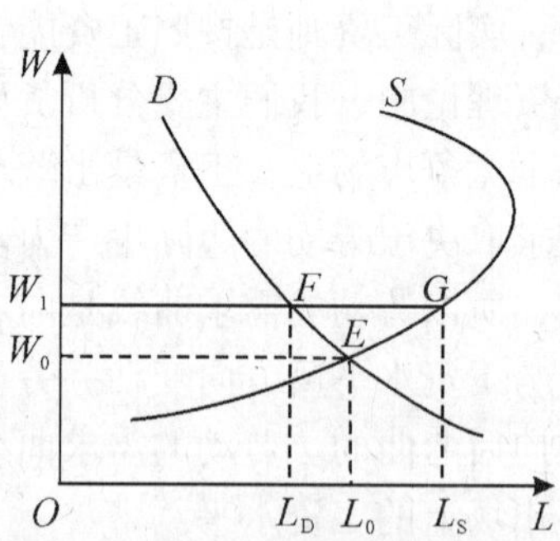

图 8－9 最低工资

第三，最低工资法。最低工资法是规定企业支付给工人的工资不能低于某个水平（最低工资）的法律。工会迫使政府通过立法规定最低工资，这样在劳动的供给大于需求时也可以使工资维持在一定的水平上。

在图 8－9 中，劳动需求曲线 D 与劳动供给曲线 S 相交于 E，决定的工资水平为 W_0，就

业人数为 L_0。而规定的最低工资水平为 W_1，高于均衡工资水平，即 $W_1 > W_0$。在这高水平的工资上，劳动的需求量为 L_D，劳动的供给量为 L_S，明显有 $L_S > L_D$，这样就会出现一定的失业人口。

工会对工资决定的影响是有一定限度的，从劳动的需求来看要受到三种因素的影响：

第一，产品的需求弹性。劳动需求也是一种派生需求，取决于对产品的需求。如果产品的需求弹性大，则工资增加引起产品价格上升，会使产品需求量大幅减少，从而工资无法增加；如果产品需求弹性小，则工资增加较为容易。

第二，劳动在总成本中所占的比例。如果劳动在总成本中占的比例大，则工资增加引起总成本增加多，工资增加就有限；如果劳动占总成本中所占比例小，工资增加对总成本影响不大，则工资增加较为容易。

第三，劳动的可替代性。如果劳动不易被其他生产要素代替，则提高工资就很容易；如果劳动可以较容易地被其他生产要素代替，则工资的提高就有限。

从劳动的供给来看，也要受到三种因素的影响：

第一，工会所控制的工人的多少。如果控制的工人多，工会力量强大，则易于增加工资。也就是说，工会的垄断程度越高，要求增加工资的力量越大。

第二，工人的流动性大小。如果工人流动性大，某一行业或地区可以从其他来源得到工人，则工会难以增加工资；反之，则会容易增加工资。

第三，工会基金的多少。如果工会保证罢工期间工人生活的基金多，提高工资就容易一些；反之，提高工资就难一些。

工会提高工资的斗争能否成功在很大程度上还要取决于整个经济形势的好坏、劳资双方的力量对比、政府干预的程度与倾向性、工会的斗争方式与艺术、社会对工会的同情和支持程度等。工会只有善于利用各方面的有利条件，才能在提高工资的斗争中取得胜利。从西方国家的历史和现实来看，工会在维护工人权益方面还是起了重要作用的。

2. 利息理论

在西方经济学中，使用货币资本的报酬被称为利息，也就是货币资本使用者向资本提供者支付的报酬。利息占使用资本总量的百分比被称为利息率，简称利率，是使用货币资本的价格。

利息的合理性主要表现在：

第一，现期消费与未来消费。因为人们具有一种时间偏好，即在未来消费与现期消费中，人们是偏好现期消费的。之所以有这种情况，是因为未来是难以预期的，人们对物品未来效用的评价总要低于现在的效用。人们总是喜爱现期消费，因此，放弃现期消费把货币作为资本就应该得到利息作为报酬。所以，使用资本应该支付利息。

第二，迂回生产。迂回生产就是先生产生产资料（或称资本品），然后用这些生产资料去生产消费品。迂回生产提高了生产效率，而且迂回生产的过程越长，生产效率就越高。现代生产的特点就在于迂回生产，但迂回生产的实现必须有资本。所以，资本使迂回生产成为可能，从而提高了生产效率。这种由于资本而提高的生产效率就是资本的净生产力。资本具有净生产力是资本能带来利息的根源。

利率是由资本的需求和供给决定的。厂商对资本的需求，即投资，是由资本的边际生产力决定的，由于资本的边际生产力是递减的，厂商对资本的需求曲线也是向右下方倾斜的。同样，利润率和利率的关系也能说明资本的需求曲线是向右下方倾斜的。当企业借入资本进行投资时，首先要考虑利润率是否大于利率。利润率大于利率，利用借入的资本才有收益，否则得不偿失。在利润率既定时，利率越低，企业的纯利润则越大，企业也就越愿意投资，因此，利率与投资规模成反方向变动，从而资本的需求曲线是向右下方倾斜的。资本的供给主要是储蓄，因此可以用储蓄来代表资本的供给。利率越高，人们越愿意增加储蓄，利率越低，人们就越要减少储蓄，利率与储蓄成同方向变动，从而资本的供给曲线是一条向右上方倾斜的曲线。这样就可以用投资与储蓄来说明利率的决定。

图 8－10 表明了利率的决定。图中，横轴表示资本量 K，纵轴表示利率 i，资本的需求曲线 D 与供给曲线 S 的交点 E 决定了利率为 i_0，资本量为 K_0。

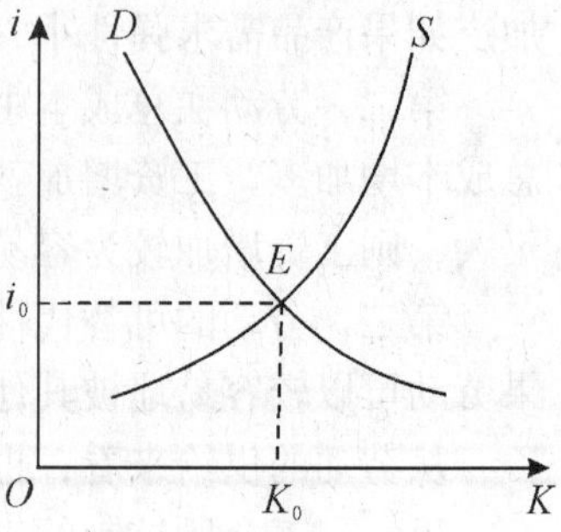

图 8－10　利率的决定

利率由资本的需求和供给共同决定，但同时，利率的变动又会影响资本的供求。政府干预或人为地提高利率，则出现资本供大于求的现象，而降低利率则出现供小于求的现象。因此，当一个社会出现了通货膨胀时，可以提高利率抑制企业对资金的需求，以及将一部分消费资金转为储蓄，从而抑制通货膨胀；当出现通货紧缩时，降低利率可以刺激企业对资金的需求，以及使居民减少储蓄，扩大消费欲望，从而抑制通货紧缩。所以，利率是调节经济的一个重要工具。

3. 地租理论

地租是土地使用者对使用土地所支付的价格，或者是土地所有者因出让土地使用权而收取的报酬。

地租是土地这种生产要素的价格，它由土地的需求与供给决定。土地的需求取决于土地的边际生产力，土地的边际生产力是递减的，所以，土地的需求曲线是一条向右下方倾斜的曲线。但土地的供给是固定的，这样，土地的供给曲线就是一条与横轴垂直的直线。土地的需求曲线与供给曲线的交点就决定了地租。

如图 8－11 所示，横轴表示土地的数量 N，纵轴表示地租 R，土地的需求曲线 D 与供给曲线 S 相交于点 E 决定了地租水平为 R。

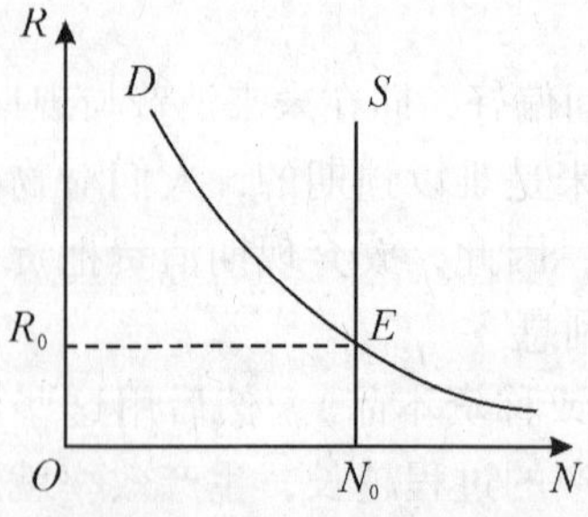

图 8－11　地租的决定

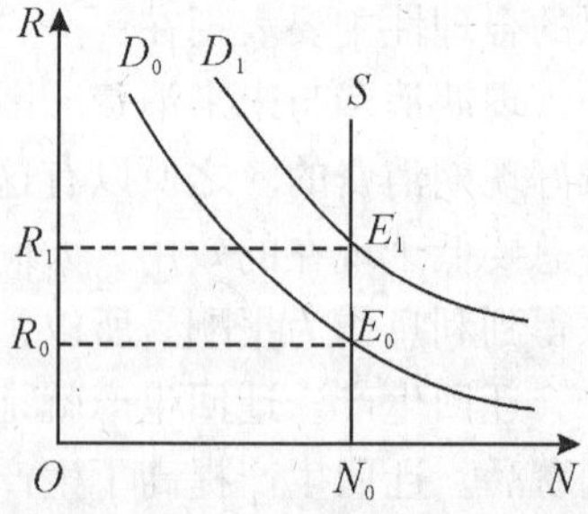

图 8－12　地租的变化

随着经济的发展，对土地的需求不断增加，而土地的供给不能增加，这样，地租就有不断上升的趋势。

在图 8－12 中，由于对土地需求的增加，使土地的需求曲线从 D_0 向上移到 D_1，则地租

也就随之从 R_0 上涨到 R_1。

4. 利润理论

利润是对企业家才能这种生产要素的报酬。企业家不仅从事企业生产经营中的管理工作，而且要进行创新和承担风险。一般把利润分为正常利润和超额利润。

正常利润是企业家才能的价格，也是企业家才能这种生产要素所得到的收入。正常利润包括在成本之中，其性质与工资相类似，也是由企业家才能的需求与供给所决定的。由于企业家在生产过程中起着很重要的作用，对企业家才能的需求量很大，又由于企业家才能是经过特殊训练和培养才能获得的，所以培养企业家才能所耗费的成本也是很高的，这就决定了企业家才能的供给是很少的。企业家才能的需求与供给的特点，决定了企业家才能的收入——正常利润——必然是很高的。可以说，正常利润是一种特殊的工资，其特殊性就在于其数额远远高于一般劳动所得到的工资。

超额利润是指超过正常利润的那部分利润，又称为纯粹利润或经济利润。在完全竞争的条件下，在静态社会里，不会有这种利润存在。只有在动态社会中和不完全竞争条件下，才会产生这种利润。动态社会涉及到创新和风险。不完全竞争就是存在垄断。

超额利润主要有三个来源：

第一，创新。这里所说的创新包括引进新产品、采用新技术、开辟新市场、获得某种新原料或新能源、采用新的企业组织形式等。上述任何一种创新都可以使企业获得更高的劳动生产率，从而带来超额利润。

创新是社会进步的动力，当每一次成功的创新出现时，一个暂时性的垄断领域就得以形成。这种由创新带来的暂时垄断所获得的超额利润是合理的，是社会进步必须付出的代价，也是社会对创新者的奖励。

第二，承担风险。风险是指投资者有亏损的可能性。由于未来具有不确定性，人们对未来的预测有可能发生错误，未来的供求关系会发生难以预料的变化，还有自然灾害、政治动乱，以及其他偶然事件的影响，可以说风险是普遍存在的，从事具有风险的生产就应该以超额利润的形式得到补偿。

第三，垄断。垄断可以使厂商抬高出售产品的价格或压低购买生产要素的价格，从而使厂商获得超额利润。

8.2 社会收入分配

在市场经济中，按生产要素在生产中所做出的贡献大小，由市场决定的收入分配是第一次分配或初始分配。由于每个人拥有的生产要素数量与质量不同，市场经济中的分配必然引起收入不平等，甚至两极分化。本节说明衡量社会收入分配平等状况的标准，以及造成收入分配不平等的原因。

8.2.1 衡量社会收入分配状态的标准：劳伦斯曲线与基尼系数

1. 劳伦斯曲线

劳伦斯曲线是用来衡量社会收入分配（或财产分配）平均程度的曲线。

美国统计学家 M. O. 劳伦斯首先将一国总人口所得到的收入由低到高排队，然后考虑收入最低的任意百分比人口所得到的收入百分比。例如，收入最低的 20%、40% 人口等所得到的收入百分比。如果将一国人口分为 5 个等级，各占人口的 20%，按他们在国民收入中所占的份额的大小可以做出表 8 – 1。

表 8 – 1　劳伦斯曲线表

级别	占人口的百分比	合计	占收入的百分比	合计
1	20	20	4	4
2	20	40	6	10
3	20	60	20	30
4	20	80	20	50
5	20	100	50	100

将表 8 – 1 中人口合计百分比和收入合计百分比的对应关系描绘在图形上即可得到劳伦斯曲线，如图 8 – 13 所示。

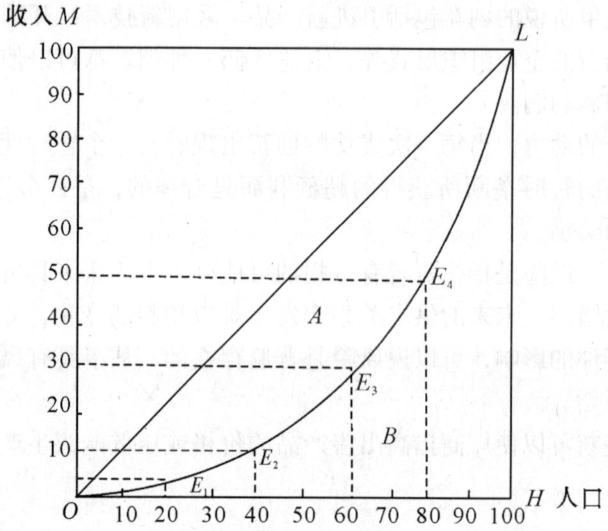

图 8 – 13　劳伦斯曲线

2. 基尼系数

基尼系数是根据劳伦斯曲线计算出来的，是反映收入分配平等程度的指标，其计算公式为：

$$基尼系数 = \frac{A}{A+B}$$

式中，A 为实际收入线与绝对平等线之间的面积，B 为实际收入线与绝对不平等线之间的面积（见图 8 – 13）。当 $A=0$ 时，基尼系数为 0，表示该国收入绝对平等；当 $B=0$ 时，基尼系数为 1，表示该国收入绝对不平等。实际基尼系数总是大于 0 而小于 1。基尼系数越小，收入分配越平均；基尼系数越大，收入分配越不平均。

按国际上通用的标准，基尼系数小于 0.2 表示绝对平均，0.2 ~ 0.3 表示比较平均，

0.3~0.4表示基本合理，0.4为临界点，0.4~0.5表示差距较大，0.5以上表示收入差距悬殊，即存在两极分化。中国改革开放以后，收入的不平等程度逐渐加大。在1978—1990年间，城镇个人收入的基尼系数从0.185提高到0.23，农村个人收入的基尼系数从0.212提高到0.31，到2002年某些大城市的基尼系数已超过0.4。

除了劳伦斯曲线和基尼系数外，衡量社会收入分配状况的指数还有库兹涅茨指数、阿鲁瓦利亚指数和收入不良指数。库兹涅茨指数是最富有的20%的人口在收入中所占的份额，这一指数最低值为0.2，指数越大，收入差别越大。阿鲁瓦利亚指数是最穷的40%人口在收入中所占的份额，这一指数最高值为0.4，指数越低，收入差别越大。收入不良指数为最高收入的20%人口与最低收入的20%人口在收入分配中份额之比，这一指数最低值为1，指数越高，收入差别越大。这些指数衡量的结果与基尼系数表示相同的趋势。

8.2.2 引起收入分配不平等的原因

在任何一个社会都存在程度不同的收入分配不平等现象，市场经济社会中这一问题尤为突出。各个社会引起收入分配不平等的原因既有共同之处，又有不同之处，研究引起社会收入不平等的原因，对解决这一社会问题是十分必要的。

首先，收入分配不平等的状况与一个社会的经济发展状况相关。美国经济学家库兹涅茨根据一些国家的资料进行分析研究，认为在经济开始发展时，收入分配不平等随经济发展而加剧，只有发展到一定程度之后，收入分配才会随着经济发展而较为合理。库兹涅茨根据资料的数据做出了反映这种收入分配变动规律的库兹涅茨曲线。

在图8－14中，横轴用 GDP 代表经济发展状况，纵轴用 G 代表基尼系数，表示收入分配状况。当 $GDP < GDP_0$ 时，基尼系数随 GDP 增加而上升，表示随着经济发展，收入分配不平等加剧。在 $GDP = GDP_0$ 时，基尼系数 G_0 最高，收入分配不平等最为严重。在超过 GDP_0 之后，基尼系数随 GDP 增加而下降，表示随着经济发展，收入分配趋向于平等。

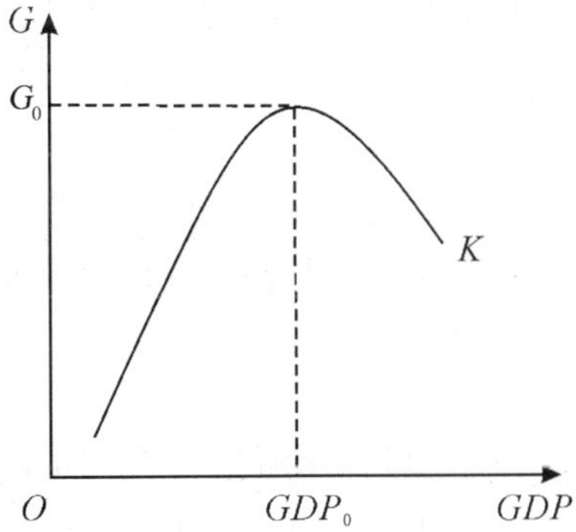

图8－14 库兹涅茨曲线

库兹涅茨曲线表明，随着经济发展，收入分配不平等程度加剧；经济发展到一定程度（$GDP = GDP_0$）时，随经济发展，收入分配逐渐平等。

在发达国家，二战之前收入分配不平等较为严重，但二战后随着经济发展，收入分配有平等的趋势，这与库兹涅茨曲线表示的趋势大体相同。20世纪80年代后，发达国家尽管经济发展较快，但收入分配不平等却加剧了，这与库兹涅茨曲线并不一致，引起了经济学家对库兹涅茨曲线的不同看法。不过在经济发展过程中，各国都出现过收入分配不平等加剧的现象。

还应该指出的是，在当今由计划经济转向市场经济的各国，无论经济发展状况如何，都出现了较为严重的收入分配不平等，甚至是两极分化。俄罗斯等国在转型过程中，经济发展并不快，曾出现过较长时期的停滞，甚至负增长，但收入分配不平等却极为严重。中国在转型过程中，经济发展相当迅速，与此同时也出现了收入分配不平等加剧的现象。不同学者对这种现象有不同的解释。

其次，各国收入不平等也与制度上存在的问题有关。比如，一些国家存在的户籍制度、受教育权利的不平等、对妇女的歧视、对有色人种的歧视等。在发达国家，工会制度的存在也是引起收入分配不平等的原因，工会会员受工会保护获得较高工资，而非工会会员则无力与雇主抗争，工资较低。在一些国家如美国、加拿大这类传统上工会力量强大的国家，工会在引起收入分配不平等中起的作用还相当大。

最后，引起收入分配不平等的还有个体差异的原因，因为每个人的个人能力、勤奋程度、机遇不同。就能力而言，既有先天的才能，也有后天受教育程度的不同。经济学家认为，人的受教育程度与个人收入之间有强烈的相关性。受教育程度越高，能力越强，收入水平越高。在现实中，有的人吃苦耐劳而又勤奋，愿意从事较为艰苦的工作，愿意从事较多的工作，收入自然也高。也有些人怕苦、怕累或在工作中懒惰，这也引起收入不同。有的人平时准备充分，能抓住机遇，而另一些人却在等待机会，当机会来临时往往自己还没有察觉，前一种人成功了，成为富人，后一种人会相对穷下去。这些都是造成贫富差距较大的重要原因。

总之，收入分配差距拉大，既有社会原因，又有个人原因，对不同社会、不同阶层人的收入差别及原因要进行具体分析。

8.3 收入再分配政策

收入分配不平等在一定限度内是合理的。如果出现收入差距过大，甚至出现两极分化，就既有损社会公正的目的，又会成为社会动乱的根源。因此，各国都采用收入再分配政策来纠正收入分配中较为严重的不平等问题。

8.3.1 过程公平论与结果公平论

任何一个社会都应该实现公平，这是人类的理想，但对于什么是公平，在收入分配问题上有两种公平论。

1. 过程公平论

过程公平论根据分配的机制或手段来判断是否公平。换而言之，无论结果如何，只要机制是公平的，就实现了公平。在收入分配问题上，这种观点强调的是决定收入的机制是否公平。持这种观点的代表人物是美国哲学家罗伯特·诺齐克，其代表作是《无政府、国家与乌托邦》。在市场经济中，重要的是制度上的公平，而这种公平要以私有产权和自愿交易为基础。人们通过交易来实现私有财产的转移。只要交易是公平的，产生的结果就是公平的。在生产中，私有产权制度保证了每个人的要素由个人所拥有，各自交换自己的要素，这种交易的自愿性与平等性决定了分配的公平性。例如，一个通俗唱法的歌手在大型体育场举行演唱会，每张门票 100 元，听众自愿购票，如果有 1 万人购票，歌手得 100 万元。这种收入固然很高，远远高于受过良好训练的美声唱法、民族唱法的歌手，但只要没人强迫歌手演唱和听众购票，歌手与听众是自愿交易，歌手的高收入就没有什么不合理之处，他与其他人的收入差别就是公平的。根据这种观点，只要分配机制保证了私有权，保证了自愿交易，每个人都以平等的权利参与市场交易，无论分配的结果如何，分配都是公平的。

2. 结果公平论

结果公平论根据分配的结果来判断收入分配是否公平。换而言之，只有结果的平等才能实现公平。这种观点的主要代表是美国哲学家罗尔斯，其代表作是《正义论》。这种观点认为，如果最穷的人可以通过从任何一个其他人那里得到收入而增加福利，那么，公平就是要求进行这种分配。按照这个标准，最公平的分配应该是完全平等的分配。但实际上并非如此，因为这种分配引起效率损失，会使所有人的福利减少。所以，结果公平论并不是主张完全平等的分配，而是关注最穷的人的状况，通过收入再分配来增加他们的收入。

这两种观点反映了人们对收入分配的不同看法。在实践中，无论什么观点，都认为需要某种形式的收入再分配政策来保证社会的某种程度的公平与社会稳定。

8.3.2 收入再分配政策

在市场经济中，应按效率优先的市场原则进行个人收入分配。但每个人在进入市场之前所拥有的生产要素数量不同，即每个人的能力与资产不同，在市场竞争中，每个人的机遇又不同，这样，收入差别悬殊，甚至贫富对立就不可避免。这种分配状态，不合乎人们公认的公平原则，也不利于社会安定。因此，就要通过政府的收入政策来缓和收入分配不公平的现象，以在一定程度上实现收入分配平等化。这里介绍一些主要的收入政策。

各国的收入再分配政策中首先是税收政策。市场经济各国出于各种目的而征收税收。其主要目的还是通过税收为政府各种支出筹资，在宏观经济政策中，政府运用税收来调节宏观经济，在收入分配中，政府也运用税收来实现收入分配的公平。主要手段是个人所得税，此外还有遗产税、财产税、赠予税等。

1. 税收政策

个人所得税是税收的一项重要内容，它通过累进所得税制度来调节社会成员收入分配的不平等状况。

累进所得税制就是根据收入的高低确定不同的税率，对高收入者按高税率征税，对低收入者按低税率征税。以美国为例，按收入的高低分为14个税率等级。最低的税率（单身年收入2 300 ~3 300美元、夫妇年收入3 400 ~5 500美元、有抚养人口的户主纳税人的年收入2 300 ~4 400美元）为11%；最高税率（单身年收入55 300美元以上、夫妇年收入109 400美元以上、有抚养人口的户主纳税人的年收入81 800美元以上）为50%。其他各国的所得税也是这种累进制税制，只是具体的税率有所不同。

这种累进所得税，有利于纠正社会成员之间收入分配不平等的状况，从而有助于实现收入的平等化。但这种累进所得税不利于有能力的人充分发挥自己的才干，对社会来说也是一种损失。

此外，在个人所得税方面，还区分了劳动收入税与非劳动收入税。对劳动收入按低税率征收，而对非劳动收入（股息、利息等收入）按高税率征收。

除了公认所得税之外，还有：遗产税和赠予税，即对财产的转移征收税收；财产税，即对不动产（如土地、住房等）征收税收；消费税，即对某些商品和劳务（尤其是奢侈性商品和劳务）的消费征收税收。

2. 社会福利政策

社会福利政策是通过给穷人补助来实现收入分配平等化。从当前西方各国的情况看，社会福利政策主要有以下内容：

第一，各种形式的社会保障与社会保险。包括失业救济金制度，即对失业工人按一定标准发放能使其维持生活的补助金；老年人年金制度，即对退休人员按一定标准发放年金；残疾人保险制度，即对失去工作能力的人按一定标准发放补助金；对有未成年子女家庭的补助；对收入低于一定标准（即贫困线）的家庭与个人的补助。这些补助金主要是货币形式，也有发放食品券等实物形式的，其资金来源，或是个人或企业交纳的保险金，或是政府的税收。

第二，向贫困者提供就业机会与培训。改善穷人就业的能力与条件，有助于实现收入的平等化。在这方面，主要是实现机会均等，尤其是保证所有人的平等就业机会，并按同工同酬的原则支付报酬；其次是帮助穷人具有就业的能力，包括进行职业培训、实行文化教育计划（如扫盲运动）、建立供青年交流工作经验的“青年之家”、实行半工半读计划、使穷人有条件读书等。这些都有助于提高穷人的文化技术水平，使他们能从事收入较高的工作。

第三，医疗保险与医疗援助。医疗保险包括住院费用险、医疗费用保险以及出院后部分护理费用的保险。这种保险主要由保险金支付。医疗援助则是政府出钱资助医疗卫生事业，使每个人都能得到良好的医疗服务。

第四，对教育事业的资助。包括兴办国立学校，设立奖学金和大学生贷款制度，帮助学校改善教学条件，资助学校的科研等。从社会福利的角度来看，对教育事业的资助有利于提高公众的文化水平与素质，也就有利于收入分配平等化。

第五，各种保护劳动者的立法。包括最低工资法和最高工时法，以及环境保护法、食品卫生法等。这些都有利于增进劳动者的收入，改善他们的工作与卫生条件，从而也降低了收入分配不平等的程度。

第六，改善住房条件。包括以低房租向穷人出租国家兴建的住宅；对私人出租的房屋实行房租限制；资助无房者建房，如提供低利率的长期贷款，或低价出售国家建造的住宅；实行住房房租补贴等。这种政策改善了穷人的住房条件，也有利于实现收入分配平等化。

8.3.3 平等与效率：一个永恒的主题

1. 平等与效率的含义

平等是指社会各成员收入分配平均，效率是指资源配置有效，并得到充分利用。收入分配要兼顾平等和效率。

2. 收入分配的三个标准

经济学家认为，收入分配有三个标准：

第一，贡献标准。按社会成员的贡献分配国民收入，即按生产要素的价格进行分配。这种分配标准能保证经济效率，但由于各成员能力、机遇的差别，又会引起收入分配的不平等。

第二，需要标准。按社会成员对生活必需品的需要分配国民收入。

第三，平等标准。按公平的准则分配国民收入。

后两个标准有利于收入分配的平等化，但不利于经济效率的提高。有利于经济效率则会不利于平等，有利于平等则会有损于经济效率，这就是经济学中所说的平等与效率的矛盾。

3. 收入分配的原则

在市场经济中，许多国家实行“效率优先、兼顾公平”的收入分配原则。这是因为，收入分配要有利于经济效率的提高，则要按贡献来分配，这有利于鼓励每个社会成员充分发挥自己的能力，在竞争中取胜。这就是效率优先的分配原则。但这种分配方式会使不平等加剧，甚至会出现严重的两极分化。因此，在收入分配中，不仅要效率优先，还要兼顾公平。公平是每一个人的理想，但社会要做到完全公平，有可能降低社会生产效率，增加政府负担，在现实中实行起来却颇为困难。以收入分配平等化为例，各种收入平等化政策对于缩小贫富之间的差距，对改善穷人的地位和生活条件，提高他们的实际收入水平，确实起到了相当大的作用，对于社会的安定和经济发展也是有利的，但是，增加个人所得税和各种各样的社会保障使人们生产的积极性下降，社会生产效率下降，同时也增加了政府的负担。从美国来看，1980 年福利支出在联邦政府支出中已占到56.8%，超过了军费支出的比例，在国民生产总值中占了 18.7%。近年来，联邦政府和地方政府用于福利支出的钱已达 4 000 亿美元左右。以 1975 年不变价格计算，每户美国公民所得到的社会福利支出已达 2 279 美元。再以最著名的福利国家瑞典为例，公共支出（包括公共投资在内，但主要是福利支出）1981 年已占国民生产总值的 66%，这种巨额的福利支出成为各国财政赤字的主要原因。

收入分配的平等可以用三种标准来衡量，一是劳动分配率，即劳动收入在国民收入中所占的比例；二是劳伦斯曲线与基尼系数；三是工资的差异率。但收入平等化政策的必要性及其引起的问题，又一次提出了平等与效率的矛盾问题。如何解决这一问题，已成为经济学的中心任务之一。

8.4 案例分析

漂亮与收入

美国经济学家丹尼尔·哈莫米斯与杰文·比德尔在 1994 年第 4 期《美国经济评论》上发表了一份调查报告。根据这份调查报告，漂亮的人的收入比一般的人高 5% 左右，长相一般的人又比丑陋一点的人收入高 5% ~10% 左右。

为什么漂亮的人收入高?

经济学家认为，人的收入差别取决于人的个体差异，即能力、勤奋程度和机遇的不同。漂亮程度正是这种差别的表现。

个人能力包括先天的禀赋和后天培养的能力。长相与人在体育、文艺、科学方面的天才一样是一种先天的禀赋。漂亮属于天生能力的一个方面，它可以使漂亮的人从事其他人难以从事的职业，例如当演员或模特。漂亮的人少，供给有限，自然市场价格高，收入高。

漂亮不仅仅是脸蛋和身材，还包括一个人的气质。在调查中，漂亮由调查者打分，实际是包括外形与内在气质的一种综合。这种气质是人内在修养与文化的表现。因此，在漂亮程度上得分高的人实际往往是文化程度高、受教育程度高的人。两个长相接近的人，也会由于受教育程度不同而表现出不同的漂亮程度。所以，漂亮是反映人受教育水平的标志之一，而受教育是个人能力的来源。受教育多、文化高，收入水平高就是正常的。

漂亮也可以反映人的勤奋和努力程度。一个工作勤奋、勇于上进的人，自然会打扮得体、举止文雅，有一种朝气，这些都会提高一个人的漂亮得分。漂亮在某种程度上反映了人的勤奋，与收入相关也就不奇怪了。

最后，漂亮的人机遇更多。有些工作，只有漂亮的人才能从事，漂亮往往是许多高收入工作的条件之一。就是在所有的人都能从事的工作中，漂亮的人也更有利。漂亮的人从事推销更易于被客户接受，当老师会更受到学生热爱，当医生更会使病人觉得可亲。所以，在劳动市场上，漂亮的人机遇更多，雇主总爱优先雇用漂亮的人。有些人把漂亮的人机遇更多、更易于受雇称为一种歧视，这不无道理。但有哪一条法律能禁止这种歧视？这是一种无法克服的社会习俗。

漂亮的人的收入高于一般人。两个各方面条件大致相同的人，由于漂亮程度不同而收入不同。这种由漂亮引起的收入差别，即漂亮的人比长相一般的人多得到的收入被称为“漂亮贴水”。

基尼系数维持当前水平　城乡恩格尔系数分别下降到30%和40%

用基尼系数来衡量我国社会收入分配差距，1990 年，中国的基尼系数在 0.34 左右，2005 年已经逼近 0.45，占总人口 20% 的最贫困人口在收入或消费中所占的份额只有 4.7%，占总人口 20% 的最富裕人口占收入或消费的份额则高达 50%。遏制收入分配产生过大差距，是建设和谐社会的重要条件。预计到 2010 年，通过努力，我国有望维持 0.45 这个当前水平。

恩格尔系数，即食品消费支出在总消费支出中所占的比重，系数越低，代表居民生活水平越高。按照一年下降 1 个百分点这个得到比较广泛认可的速度，到 2010 年，我国城乡恩格尔系数有望分别下降到 30% 和 40%，初步进入 20% ~40% 的富裕状态，2020 年将分别下降到 25% 和 35%，人民群众将从国家经济社会发展中得到更大实惠。

资料来源：http：//news. xinhuanet. com/fortune/2005 – 10/12/content_ 3607841. htm

【本章小结】

生产要素的价格与物品的价格一样，取决于生产要素的供求关系。

工资是劳动的价格，取决于劳动的需求与供给。劳动的需求曲线是向右下方倾斜的，劳动的供给曲线是向后弯曲的。劳动的需求曲线与供给曲线共同决定了完全竞争市场上的工资水平。

利率是资本的价格，取决于资本的需求与供给。资本的需求曲线是向右下方倾斜的，资本的供给曲线是向右上方倾斜的，它们的交点决定了利率。

地租是土地的价格。土地的需求曲线是向右下方倾斜的，土地的供给曲线是与横轴垂直的，土地的需求曲线与供给曲线的交点就决定了地租。

利润分为正常利润和超额利润。正常利润取决于企业家才能数量和供求决定的利润率。超额利润取决于企业家的创新、承担的风险和垄断。

劳伦斯曲线是反映社会收入分配平均程度的曲线，基尼系数是根据劳伦斯曲线计算出的反映收入分配平等程度的指标。基尼系数越大，收入分配越不平等；基尼系数越小，收入分配越平等。

【关键术语和概念】

边际生产力　迂回生产　工资　利息　正常利润　超额利润　劳伦斯曲线　基尼系数　库兹涅茨曲线　过程公平论　结果公平论　累进所得税　平等　效率

【练习题】

1. 生产要素需求的性质是什么?
2. 工会是如何影响工资的决定的?
3. 西方经济学家如何解释利息的合理性?
4. 什么是正常利润? 什么是超额利润?
5. 劳动供给有什么特殊性? 为什么?
6. 请用经济学的观点分析一些体育、文艺明星收入特别高的原因，这种高收入合理吗?
7. 在各国，企业家的收入比工人的收入高很多，这合理吗? 为什么?
8. 请用你学过的经济学知识分析一下中国房地产价格居高不下的原因。
9. 改革开放之前，我国城镇人口的基尼系数为0.18左右，现在基尼系数已接近0.4，这说明我国的收入分配发生了什么变化? 如何认识这种变化?
10. 如何理解在收入分配中“效率优先、兼顾公平”这句话?

【补充阅读】

全球经济一体化与收入分配趋势

当前经济全球化成为一种不可阻挡的历史趋势，这将给各国经济带来重大的影响。从收入分配的角度看，在长期中，经济全球化会带动各国经济的发展，有利于各国收入和福利的增加。韩国、新加坡以及亚洲和拉丁美洲的一些国家正是在全球经济一体化的过程中成长为新兴工业化国家，实现了由穷变富的。但应该看到，全球经济一体化也会给各国收入分配带来不利影响，在一定时期内使各国之间和国内不同阶层之间的收入差距拉大。

从全球情况来看，在经济一体化过程中，一方面一些原来落后的国家经济得到迅速发展，与发达国家之间的收入差距缩小了；但另一方面，一些世界上最落后的国家及其经济发展和收入水平与发达国家差距更大了。这是马太效应在全世界范围内发生作用的结果。因此，经济全球化会引起各国之间收入差距拉大的效果。这正是一些人反对全球化的重要原因之一。

就一个国家内部而言，经济全球一体化也有扩大收入差距的作用。全球化对一国经济各部门之间的影响是不一样的。一些部门在全球化过程中，发展迅速，从而这些部门的人收入会迅速提高，比如出口部门或为出口服务的部门；另一些部门则受到进口的打击，处于衰退状态，或成为“夕阳产业”，这些部门的人收入会减少。这就加剧了国内收入差距。以美国为例，20世纪80年代之后，由于经济全球化的影响，收入差距扩大。20世纪90年代克林顿执政时期，美国经济增长迅速，但低收入者的实际收入水平并未提高，甚至还略有下降。经济发展使高收入者收入迅速增加，但低收入者收入没有增加，收入差距明显扩大了。经济学家认为，这种收入差距的扩大与全球经济一体化相关。美国的高科技出口部门迅速增长，从而这些部门的人收入增加，但纺织、钢铁之类传统产业因受到国外竞争而衰落，从而这些部门的人收入减少。这种情况也出现在其他国家。

全球化过程中各国之间和一国内收入分配差距拉大是一个值得注意的现象，只有妥当地解决这一问题才能使经济全球化给人类带来更大的福利。

恩格尔系数

1857 年，世界著名的德国统计学家恩思特·恩格尔阐明了一个定律：随着家庭和个人收入增加，收入中用于食品方面的支出比例将逐渐减小，这一定律被称为恩格尔定律，反映这一定律的系数被称为恩格尔系数。其公式表示为：

$$恩格尔系数（\%）=\frac{食品支出总额}{家庭或个人消费支出总额}\times 100\%$$

恩格尔定律主要表述的是食品支出占总消费支出的比例随收入变化而变化的一定趋势，揭示了居民收入和食品支出之间的关系，用食品支出占消费总支出的比例来说明经济发展、收入增加对生活消费的影响程度。众所周知，吃是人类生存的第一需要，在收入水平较低时，其在消费支出中必然占有重要地位。随着收入的增加，在食物需求基本满足的情况下，消费的重心才会开始向穿、用等其他方面转移。因此，一个国家或家庭生活越贫困，恩格尔系数就越大；反之，生活越富裕，恩格尔系数就越小。

国际上常常用恩格尔系数来衡量一个国家或地区人民生活水平的状况。根据联合国粮农组织提出的标准，恩格尔系数在 59% 以上为贫困，50～59% 为温饱，40～50% 为小康，30～40% 为富裕，低于 30% 为最富裕。

《南方日报》2005 年 7 月 30 日报道，佛山顺德区统计局公布了上半年顺德城镇居民收支抽样调查结果，顺德城镇居民家庭上半年人均可支配收入突破 1 万元，达到 10 350. 89 元，同比增幅在 14. 8%；人均消费性支出 7 686. 88 元，增长 12. 9%，两项均为 1997 年以来的最快增幅。其中，居民人均食品支出 2 299. 26 元，同比增长 2. 9%，占消费总支出的 29. 9%，与去年同期相比下降 2. 9 个百分点。顺德的恩格尔系数首次跌破 30%，已进入联合国粮农组织划定的最富裕区。

第9章　国民收入核算理论与方法

◉本章学习要点

1. 国内生产总值的含义及计算方法
2. 国民收入核算中的基本指标
3. 国民收入核算中的恒等关系

◉本章学习内容

1. 国内生产总值及核算方法
2. 国民收入核算中的基本总量及其相互关系
3. 国民收入核算中的恒等关系

◉案例分析

◉本章小结

◉关键术语和概念

◉练习题

◉补充阅读

宏观经济学是相对于微观经济学而言的。在微观部分，西方经济学主要研究的是个体经济活动。而在宏观部分，西方经济学主要研究的是总体经济活动，即对经济运行的整体，包括整个社会的产量、收入、价格水平和就业水平进行分析。由于宏观经济学对经济运行的整体进行分析，因而其不像微观经济学那样运用个量分析方法，而必须运用总量分析方法。要进行总量分析，就要衡量总体经济活动的指标。因此，国民收入核算理论与方法则成为宏观经济研究的基本前提。

联合国统计司分别组织东西方经济学家，根据各国使用的国民收入核算体系制定了两种不同的国民收入核算体系。一种是适用于市场经济各国的国民经济核算体系（英文缩写为SNA）；另一种是适用于中央计划经济各国的物质产品平衡体系（英文缩写为MPS）。

9.1　国内生产总值及核算方法

一个国家的宏观经济状况可以用一些经济指标来说明，其中最重要的是国内生产总值。

因为这个指标能够衡量整体经济的状况。

9.1.1 国内生产总值

1. 国内生产总值的含义

国内生产总值（Gross Domestic Produc，缩写为 GDP）：是指在一个国家或地区的领土范围内，在一定时期内（一般为一年）所生产的全部最终产品和劳务的市场价值总和。

理解这一概念，要注意以下几个问题：

（1）国内生产总值是按“国土”原则计算的。

即不管产品和服务的提供者是哪国公民，只要是在本国领土上生产的，均要被列入国内生产总值的计算范围，不包括本国公民在外国境内所生产的产品的价值。

（2）国内生产总值是指一年内生产出来的产品的总值。

因此，在计算时不应包括以前所生产的产品价值。例如 2000 年某电冰箱生产厂商生产 30 000 台电冰箱，当年卖掉 25 000 台，剩下 5 000 台，2001 年全部售出，在计算 2001 年国内生产总值时，不能把 2000 年生产但 2001 年出售的电冰箱的价值计算在内，因为 5 000 台的电冰箱的价值已经计入 2000 年的国内生产总值。

（3）国内生产总值在计量上只计算最终产品。

不能把最终产品生产过程中所消耗和所使用掉的货物和服务即中间产品，纳入统计范围之列。

最终产品和劳务，是由最终使用者购买的产品和服务，而不被用作投入品以生产其他产品和服务。例如汽车和面包就是最终产品，人寿保险和理发属于最终劳务。中间产品和劳务，是作为其他产品和劳务生产过程中的投入品存在的产品和劳务。例如印刷厂使用的油墨和纸张。在实际经济生活中，许多产品既可以作为最终产品使用，又可以作为中间产品使用，例如，汽车生产厂和印刷厂购买的电力属于中间产品，而居民用电则是最终产品。所以，直接区分哪些是最终产品，哪些是中间产品比较困难。为了解决这一问题，经济学家采用增值法来进行计算，即在国内生产总值中只统计各生产阶段上所增加的价值，而不是把产品在各个生产阶段中的售价加总在一起。

（4）最终产品包括产品和劳务。

国内生产总值中的最终产品不仅包括有形的产品，而且包括无形的产品——劳务，即要把旅游、服务、卫生、教育等行业提供的劳务，按其所获得的报酬计入国内生产总值中。

（5）国内生产总值是最终产品市场价值的总和。

要按产品的现期价格来计算，即产品市场价值等于单位产品的市场价格与产品数量的乘积。这样计算出来的国内生产总值存在两个问题：其一是不经过市场的自给性产品和劳务无法统计；其二是价格是变动的。所以，国内生产总值不仅要受最终产品数量变动的影响，而且还要受价格水平变动的影响。

2. 实际 GDP 和名义 GDP

名义 GDP 又称货币 GDP，是按当年价格计算的全部商品及其劳务的市场价值。例如 2000 年的名义国内生产总值是以 2000 年的市场价格计算的当年所生产的产量的价值，而 2001 年的名义国内生产总值是以 2001 年的市场价格计算的在那一年所生产的产品的价值。名义国内生产总值每年都在发生变化，其原因有两个：其一是物质产量的变化；其二是市场价格的变化。实际 GDP 是以从前某年为基期而按一个不变的价格计算出来的全部最终商品和劳务的市场价值。

例如，一个国家在 1980 年生产汽车 1 万辆，发电 2 亿千瓦/时，假设该国汽车价格为 1 万美元，电价为每千瓦/时 0.1 美元，则（就这两项而论）该国在 1980 年的国内生产总值为：GDP = 10 000 × 0.0001 + 0.1 × 2 = 1.2 亿美元。假定 1995 年该国生产汽车 2 万辆，发电 3 亿千瓦/时，而汽车价格是 15 000 美元，电价为 0.2 美元，则该国在 1995 年的国内生产总值为：GDP = 15 000 × 0.0002 + 0.2 × 3 = 3.6 亿美元。与 1980 年相比，1995 年的国内生产总值增加 2.4 亿美元，增长了两倍。但从生产产品的角度来看，该国的汽车和发电量均没有增长两倍，因为在产品增加的同时，产品的价格也在提高。因此，在这种情况下利用当年价格测算的名义 GDP 可能会高估或者低估实际的生产量。

为了消除价格对一国生产的商品和劳务数量的影响，通常用一个不变的价格计算最终产品的价值，即计算实际 GDP。比如在上面的例子中，以 1980 年为基年，按这一年的价格计算 1995 年该国的 GDP。于是，1995 年实际 GDP = 20 000 × 0.0001 + 0.1 × 3 = 2.3 亿美元。这说明，与 1980 年相比，1995 年实际国内生产总值只增加了 1.1 亿美元而不是 2.4 亿美元。可见，实际 GDP 才真正反映一个国家最终商品和劳务的增加与否。

一般来说，如果一个国家在某一时期（比如 t 期）所生产的最终产品数量分别为 Q_1、$Q_2 \cdots Q_n$，而当期的价格分别为 P_{t1}、$P_{t2} \cdots P_{tn}$，则 t 期名义国内生产总值就是：

$$名义\ GDP = P_{t1}Q_1 + P_{t2}Q_2 + \cdots + P_{tn}Q_n = \sum_{i=1}^{n} P_{ti}Q_i \qquad (1)$$

如果这些最终产品在基期的价格为 P_{01}、$P_{02} \cdots P_{0n}$，则按基期衡量的该国在第 t 期的实际国内生产总值为：

$$实际\ GDP = P_{01}Q_1 + P_{02}Q_2 + \cdots + P_{0n}Q_n = \sum_{i=1}^{n} P_{0i}Q_i \qquad (2)$$

从以上分析可以知道，名义 GDP 既反映了实际产量的变动，又反映了价格的变动，而实际 GDP 只反映产量的变动。只有根据实际 GDP，才能准确地反映国民经济的实际增长情况。因此，经济学家一般以实际 GDP 作为宏观经济学的基本核算指标。本章以后的内容中，如不作特殊说明，在提到国内生产总值时，也都是指实际 GDP。

3. GDP 与 GNP

国民生产总值（GNP）是指一年内本国常住居民所生产的最终产品的市场价值的总和，其以人口为统计标准。在国民收入统计中，常住人口包括：居住在本国的本国公民、暂居外国的本国居民、常住本国但未入本国国籍的居民。国民生产总值应该包括以上三类居民在国内外所生产的最终产品的市场价值总和。

国内生产总值（GDP）是指一年内在本国领土所生产的最终产品的市场价值总和。它以地理上的国境为统计标准。也就是说，国内生产总值应包括本国与外国公民在本国所生产的最终产品的市场价值总和。

国民生产总值与国内生产总值的关系如下：

国民生产总值 = 国内生产总值 + 本国公民在国外生产的最终产品的价值总和 − 外国公民在本国生产的最终产品的价值总和

长期以来，在国民经济核算体系中，世界各国都采用国民生产总值的指标。而从 20 世纪 80 年代开始，欧洲多数国家认为从地域反映产值的国内生产总值比从所有权反映产值的国民生产总值更能说明一个国家的经济活动水平，从而较多地使用国内生产总值的指标。由于国际贸易在一个开放经济中变得越来越重要，美国从1991年开始使用国内生产总值的指标，我国也于1992年采用国内生产总值的指标进行国民经济核算。

9.1.2 国内生产总值的核算方法

在国民经济核算体系中有不同的计算国内生产总值的方法，其中主要有支出法、收入法以及部门法。以下简单介绍这三种计算方法。

1. **支出法**

支出法又称为产品流动法或最终产品法。这种方法是从产品的使用方式出发，把一年内购买的各项最终产品的支出加总起来，计算出该年内生产出来的产品与劳务的市场价值，即把购买最终产品所支出的货币加在一起，得出最终产品流量的货币价值总和。为了避免重复计算，这里的“产品”必须是最终产品而不是中间产品。概括地说，最终产品按其用途可以分为四类：消费品和劳务（个人支出）、政府购买的产品与劳务（政府支出）、投资品（企业投资支出）、外国购买净额。

下面以某国2004年的国内收入统计为例，说明计算国内生产总值的支出法，如表9－1所示：

表9－1 某国2004年国内生产总值 单位：10亿美元

国内生产总值		3 661.5
消费		2 342.5
耐用品	318.4	
非耐用品	858.4	
劳务	1 165.7	
投资		637.2
固定投资	580.4	
其中：非住房投资	426.0	
住房投资	154.4	
存货投资	56.8	
政府购买		748.0
净出口		－66.2
出口	363.7	
进口	429.9	
最终销售		3 604.7

注：其中最终销售＝GDP－存货投资

以上四大项支出说明如下：

(1) 个人消费支出包括一年内居民除了购买住房以外的一切产品与劳务的支出。它代表了经济中直接用于满足消费者欲望的那些产品上的支出。耐用消费品包括洗衣机、电视机、录像机和汽车等；非耐用品包括日常生活中的衣食用品；劳务的消费支出包括交通、邮电、医疗、文化教育和理发等开支。因此，消费支出（用C来表示）C＝耐用品消费＋非耐用品消费＋劳务支出。

（2）投资是指厂商与居民不用于现期消费的那部分产品的价值。总投资包括增加资本存量的净投资、补偿资本存量耗损的折旧和存货这三项。在表9－1中总投资额（用 I 来表示）I＝固定投资＋存货投资，固定投资＝非住房投资＋住房投资。其中非住房投资指机器设备和工具的支出，住房投资用于指厂房、仓库建设和住宅建设的投资。由于出租住宅可以获得租金收入，所以住房建设也是一种投资。所谓存货投资是指净存货，即年终存货减去年初存货。

（3）政府在物品与劳务上的支出（用 G 来表示）包括各级政府如中央政府、地方政府购买物品与劳务的支出，但不包括转移支付（如政府给居民的转移支付）。加入转移支付是一种重复计算，因为政府转移给居民的钱是已经计算过的国内生产总值的一部分，这些转移支付是以失业救济金、抚恤金等形式发放给居民的。

（4）净出口是指出口产品与进口产品的差额，用 X 表示出口，M 表示进口，则净出口为：$X-M$。

把上面四个项目加总，用支出法计算的国内生产总值的公式就是：

国内生产总值（GDP）＝消费支出（C）＋投资支出（I）＋政府购买（G）＋净出口（$X-M$）

简写为：

$$GDP = C + I + G + (X - M) \tag{3}$$

2. 收入法

收入法又叫要素支付法或要素收入法。这种方法是从收入的角度出发，把生产中形成的各种收入加起来，即把劳动所得到的工资、土地所得到的地租、资本所得到的利息和企业家才能所得到的正常利润加起来计算的国内生产总值。

下面以某国2004年的国内收入统计为例，说明计算国内生产总值的收入法，如表9－2所示：

表9－2　2004年某国国内生产总值　　　　单位：10亿美元

雇员报酬	1 772
租金收入	34
净利息	215
业主收入	134
公司税前利润	189
企业间接税和转移支付	257
资本折旧	322
误差调整	
GDP	2 923

以上七项收入说明如下：

（1）雇员报酬。它是指受雇于企业、政府和居民的雇员所挣得的工资薪金和其他福利补助金。

（2）租金收入。它包括个人出租土地、房屋等得到的租赁收入、生产者的专利权、版权的收入等。

（3）净利息。它指个人储蓄所提供的货币资金在本期的所有利息，包括股息、债券利息等。

（4）业主收入。它是指各种类别的非公司型的企业纯收入。如律师、医生、店铺主等的收入。他们自己雇佣自己，使用自有资金。因此，他们的工资、利润、利息、租金一起作为业主收入。

(5) 公司税前利润。利润代表生产中资本所作的贡献。这项收入包括三个部分：一是公司所得税、社会保险金，为政府征收；二是股东红利，支付给股东；三是公司未分配的利润，成为扩大经营规模所需的资金来源之一。

(6) 企业间接税和转移支付。企业间接税是指企业向政府缴纳的营业税、货物税、关税等，以别于称为直接税的公司利润税。企业缴纳的间接税，将附加于产品成本之上从销售价格中得到补偿。转移支付是指公司对非营利组织的公益活动的捐助和消费者无法清偿的呆账。

(7) 资本折旧。这是为了维持原有资本存量的完整而做出的支出。

因此，按照收入法有：

国内生产总值=雇员报酬+租金+净利息+公司利润+业主收入+间接税+折旧

既然用收入方法测算的国内生产总值是所有要素的收入，在扣除了应交纳的各种税收之后，要素所有者把收入用于购买消费品和储蓄。以 C 表示消费，S 表示储蓄，T 表示税收，则收入法测算的国内生产总值可以表示为：

$$GDP = C + S + T \tag{4}$$

总之，由于国内生产总值的收入法与支出法都是对国内生产总值从不同的方面进行统计，从理论上来说，其结果必然相等，也就是说，通过生产创造收入，收入形成支出，支出又决定生产，三者相互联系，缺一不可地进行循环流动。但从实践上来看，一般都用支出法来计算国内生产总值。即：

$$GDP = C + I + G + (X - M)$$

3. 部门法

部门法按提供物质产品与劳务的各个部门的产值来计算国内生产总值。这种计算方法反映了国内生产总值的来源，所以又称生产法。

在用这种方法计算国内生产总值时，各物质生产部门要把所使用的中间产品的产值扣除，仅计算部门的增值。商业、服务等部门也按增值计算。卫生、教育、行政等无法计算增值的部门则按该部门职工的工资收入来计算，以工资代表他们所提供的劳务价值。

各国对部门的分类不同。在美国的国民收入统计中，按部门法计算时可以分为以下部门：

农林渔业
采掘业
建筑业
制造业
运输业
邮电和公用事业
电、煤气、水业
批发、零售商业
金融、保险、不动产
服务业
政府服务和政府企业
统计误差

合计：国内生产总值

按以上三种方法计算所得出的结果，从理论上说应该是一致的，因为它们是从不同的角度来计算同一国内生产总值。但实际上，这三种方法所得出的结果往往不一致。国民经济核算体系以支出法为基本方法，即以支出法所计算出的国内生产总值为标准。如果按收入法与部门法计算出的结果与此不一致，就要通过误差调整项来进行调整，使之达到一致。

9.2 国民收入核算中的基本总量

国民收入核算的总量指标包括五项：国内生产总值、国内生产净值、国民收入、个人收入、个人可支配收入。前面已经介绍了国内生产总值，下面介绍其他四项指标。

1. 国内生产净值（Net Domestic Product，**缩写为** NDP）

国内生产净值是在一个国家或地区的领土上，在一定时期（通常为一年）内所生产的最终产品和劳务按市场价格计算的净值，即新增加的产值。它等于国内生产总值扣除当年消耗的资本（折旧）后的产值余额。它表示社会经济活动中能够用于消费和净投资的价值总额，同国内生产总值的区别在于总投资之差：国内生产总值包括折旧，国内生产净值不包括折旧。其关系式可表示为：

$$NDP = GDP - \text{折旧}$$

2. 国民收入（National Income，**缩写为** NI）

国民收入是一国在一定时期各种生产要素的收入之和，即工资、利息、租金和利润的总和。因为间接税虽构成产品价格，但不成为要素收入；相反，政府给企业的津贴虽不列入产品价格，但成为要素收入。其与 NDP 的关系用公式表示：

$$NI = NDP - \text{企业间接税} + \text{政府津贴}$$
$$= \text{工资} + \text{利息} + \text{租金} + \text{利润}$$

3. 个人收入（PI）

个人收入是指一个国家的个人在一定时期（通常为一年）内，从各种来源所得到的收入总和，包括劳动收入、企业主收入、租金收入、利息和股息收入、政府转移支付和企业转移支付。

在现实生活中，人们经常提到的个人收入指的是某人或某家庭在某个时期（通常是一年）所获得的总的款项和现金，这种意义上的个人收入包括劳动报酬、财产收入以政府转移支付。在经济学中，个人收入的构成可用公式表示：

$PI = NI -$（公司未分配利润 + 公司利润税 + 公司和个人缴纳的社会保险费）+（政府对个人支付的利息 + 政府对个人的转移支付 + 企业对个人的转移支付）

= 工资和薪金 + 企业主收入 + 个人租金收入 + 个人利息收入 + 政府和企业对个人的转移支付 − 公司和个人缴纳的社会保险费

4. 个人可支配收入（PDI）

个人可支配收入是指一个国家一年内个人可以支配的全部收入。从个人收入中减去个人所得税，就成为个人可以自由支配的收入。个人可支配收入不是用于消费，就是用于储蓄。个人可支配收入用公式表示如下：

$$PDI = PI - \text{个人所得税} = \text{消费} + \text{储蓄}$$

9.3 国民收入核算中的恒等关系

以上讨论了国民收入核算的两种方法，从理论上讲，如果测算不存在误差，那么用支出方法和收入方法测算的国内生产总值应该是恒等的。由此我们可以得到一系列很有意义的结论。

根据（3）式，用支出方法测算的国内生产总值等于消费、投资、政府购买和净出口之和。根据（4）式，用收入方法测算的国内生产总值等于私人部门用于消费的收入、储蓄和税收之和。于是，根据支出法和收入法测算的国内生产总值得出了下面的恒等式：

$$C+I+G+(X-M)=C+S+T \quad (5)$$

在（5）式中两边消去 C，即可以得到：

$$I+G+X=S+T+M \quad (6)$$

即私人投资、政府购买与出口（也即国外购买）之和等于私人的储蓄、政府税收（也即政府储蓄）与进口之和。

上述结论很容易在没有对外贸易和没有政府的经济中得到简化。

在没有对外贸易的经济中，经济的进出口等于零，从而由（6）可以得到；

$$I+G=S+T \quad (7)$$

这表明，在封闭经济中，私人投资与政府购买之和等于私人储蓄与政府税收之和。

在只有家庭和厂商的两部门经济中，政府购买和税收均为零，因而（7）式可以进一步简化为：

$$I=S \quad (8)$$

这表明，在没有政府、没有对外贸易的两部门经济中，国民收入核算恒等式表现为投资等于储蓄的恒等关系。

9.4 案例分析

地下经济

根据有关的估算，可能有高达30%的美国的GDP没有被计入GDP的账户之中。在有些交易的例子中，所创造的产品和劳务可能不进入GDP的核算：为获得现金而从事的第二职业的工作、非法的赌博、非法入境以后的工作、在得到失业救济金的同时又从事的工作、非法的毒品交易、为获得不完全申报的小费而从事的工作，以及以现金出售自家种植的西红柿等。

人们试图隐瞒那些本身并不都是违法的交易，但是，那些交易没有遵守税收或移民法，或者其他的政府法规；他们隐瞒那些本身就是非法的交易，如毒品交易。作为一个原则，美国的国民收入账户不包括非法活动的价值，所以，地下经济部分不能进入国民核算，即使它们能被计算。但是，很多其他的国家和经济学者不反对将非法活动包括在内，假如它们能被计算的话。

其他一些地下经济活动存在的主要原因是人们力图避免失去一些政府救济补助金或者避免交税，因而这些活动应该包括在 GDP 之中。

地下经济有多大，如何才能对它进行衡量？对其估计的范围是较大的。以美国来说，保守的数字是 GDP 的 3% ~4%，而激进的数字是 GDP 的 33%。在其他国家，所估计的情况是相似的，譬如，在加纳估计的范围是 GDP 的 4% ~22%，在意大利是 8% ~33%。

在美国所得到的估算的最大值是以现钞持有量为基础的，其依据是黑市交易主要利用现钞进行。现钞持有量和银行存款的比率由 1959 年的不足 25% 增加到 1984 年的 40%，据解释，其原因是地下经济活动所占的份额增加。自 1984 年以来，现钞与银行存款的比率下降。另一种估算值是以 GDP 账户中的不一致性为基础的，例如总支出和总收入之间的差额。创立 GDP 账户的经济分析署相信，地下经济是 GDP 的 3% 或更少一些，而国内税收部的估算却高达 GDP 的 8%。对于 10% 以上的更大的数字来说，其论据是不充分的。

地下经济给 GDP 衡量带来哪些问题呢？主要的问题是，地下活动的相对重要性可能已经发生变化。如果说，地下经济总是等于公布的 GDP 的 10%，那么，所计算的 GDP 可以准确地反映长期的产出变化率。但是，如果与所衡量的经济有关的地下经济增长了，那么，所计算的产品的增长率将低于真实的增长率。据称，地下经济曾一度迅速增长，因此，20 世纪 70 年代的低经济增长在很大程度上是一种统计上的错觉，它引发了在这一问题上的研究。但由于获取有关地下经济资料的困难性，这项研究还没有结论。

【本章小结】

国内生产总值（GDP）是指一国一年内所生产的最终产品（包括产品与劳务）的市场价值的总和。

在国民经济核算体系中有不同的计算国内生产总值的方法，其中主要有支出法、收入法，以及部门法。这里简单介绍这三种计算国内生产总值方法。三种方法计算所得出的结果，从理论上说应该是一致的，因为它们是从不同的角度来计算同一国内生产总值。但在实际上，这三种方法所得出的结果往往不一致。国民经济核算体系以支出法为基本方法，即以支出法所计算出的国内生产总值为标准。如果按收入法与部门法计算出的结果与此不一致，就要通过误差调整项进行调整，使之达到一致。

国民经济核算体系包括一系列总量指标和明细账户，从而能全面地反映一个国家或地区国民经济运行的过程和全貌。在这个体系中，有五个基本的总量指标，除了国内生产总值外，还有其他四个指标，即国内生产净值、个人收入、个人可支配收入与国民收入。

从生产法、收入法、部门法所得出的国内生产总值是一致的，说明国民经济中有一个基本的恒等关系。总支出代表了社会对最终产品的总需求，而总收入和总产量代表了社会对最终产品的供给。因此，在国内生产总值核算中有一个恒等关系。

【关键术语和概念】

国内生产总值　最终产品　中间产品　支出法　收入法　实际国内生产总值　国内生产净值　个人收入　个人可支配收入　国民生产总值

【练习题】

1. 什么是国内生产总值？理解这一概念时应注意哪些问题？

2. 国内生产总值的计算方法有哪些？

3. 国民收入核算中的基本指标是什么？它们之间的相互关系是怎么样的？

4. 请比较实际国内生产总值与名义国内生产总值、国内生产总值与国民生产总值、国内生产总值与人均国内生产总值。

5. 国民收入核算中的恒等关系有哪些？

【补充阅读】

GDP 的衡量与生产质量

国内生产总值实际上是一个估计值，它估计了一个国家的产出状况。但是，即使在统计方法和计算处理技术高度发达的今天，要得出 GDP 也是困难的。困难主要来自以下三个方面：

第一，对产品数量增加和质量改进难以衡量。经济的发展日新月异，我们今天消费的产品无论是总类还是质量都与 50 年前有很大的差别。不用说原本没有的一些产品，即使是同种产品，今天的和以前的价格可能差不多或者更低，这种差别该如何衡量呢？

我们可以考虑一下计算机市场的情况，如果把今天的计算机和 50 年前的计算机相比，每个人都知道，无论是在运算速度还是在外观上两者的差别都大得惊人，但从价格上来说，即使不考虑价格总水平的上涨，今天的计算机价格也比 50 年前或者说 10 年前便宜得多。设想，如果我们的计算机产量保持不变，那么，GDP 就会减少。但是实际情况却不是这样，我们的产量在大幅度增加是不争事实。那么当计算机质量的提高、数量的增加与价格下降混合在一起时，修正 GDP 以反映真实的经济水平是一件很困难的事情。

第二，服务的价值难以衡量。如果说实物产出还可以以客观的指标加以界定，那么以服务表示出来的产品价值却难以衡量。服务的价值同样是一国 GDP 的重要组成部分。对于一个教师来说，难道只是简单地以他的工作时间作为衡量指标吗？但可能有些人即使努力干一天，都不如另一些人只用一上午的时间所完成任务多，更何况在现实中有很多人无事可做，白拿薪水，对这种差别的衡量是很困难的。

第三，对非市场活动的衡量也存在问题。在对总产出的核算中，我们计算的一般是指市场活动导致的坐标，家务劳动、自给自足生产等非市场活动不计入 GDP 中。但实际上，这些自给自足的产品或家务劳动同样应构成一国总产出的组成部分，如果这些产品用于出售，或者雇用别人来做家务，那就算做总产出，为什么用于自己消费的产品和自己从事的家务就不计入总产出呢？

两种国民经济核算体系的比较

国民经济核算体系是在 20 世纪 30 年代以来，随着国家对宏观经济调控的加强，在国民收入统计的基础上逐步发展起来的。国民经济核算体系作为国际标准是20世纪50年代开始形成的。由于各国经济运行机制和经济管理体制不同，形成了两种不同的国民经济核算体系，即物质产品平衡表体系（简称MPS体系）和国民账户体系（简称SNA体系）。

（1）MPS体系。它是为适应对国民经济实行高度集中计划管理的需要，最早由前苏联建立，后来逐渐为东欧各国，以及中国、古巴、蒙古等国所采用。MPS认为，社会生产可分为物质生产和非物质生产。只有物质生产创造财富，非物质生产部门尽管对物质生产有很大的促进作用，但不生产物质产品。MPS以物质产品的生产、分配、交换和使用为主线来核算物质产品再生产过程，核算范围包括农业、工业、建筑业、货物运输及邮电业、商业等物质生产部门，核算方法主要采用平衡表，由一系列平衡表组成。进入20世纪90年代以后，原先采用MPS体系的国家，为了适应市场经济发展需要，其国民经济核算方法纷纷由MPS体系转向SNA体系。

（2）SNA体系。它是资本主义国家在第二次世界大战以后，在原来的国民收入统计的基础上发展起来的。国民收入统计起源于对国民财富和收入分配的估计，在西方有悠久的历史。17世纪英国古典政治经济学的创始人威廉·配第，对英国国民收入进行了核算。在这以后的大约250年间，国民收入统计发展不快。1929年世界经济大萧条之后，为了适应国家干预经济需要，国民收入统计理论迅速发展起来。1936年凯恩斯的《通论》一书出版，为SNA体系的创立做了理论和方法上的准备。1939年，经济学家米德和斯通在凯恩斯指导下，进行国民收入账户的编制，这以后国民收入统计体系逐步完善。1953年，联合国统计局组织以斯通教授为首的专家小组制定出版了被称为旧SNA体系的国民收入核算方案。此后，又进行了补充和修订，并于1968年由联合国颁布了被修订为新SNA体系的国民收入核算方案。1993年，再次进行修订。目前新的SNA体系已为世界绝大多数国家和地区采用。新的核算体系以全面生产的概念为基础，把国民经济各行各业都纳入核算范围，将社会产品分为货物和服务两种形态，完整地反映全社会生产活动成果及其分配使用的过程，并注重社会再生产过程中资金流量和资产负债的核算。它运用复式计账原理，建立一系列宏观经济循环账户和核算表，组成结构严谨、逻辑严密的体系。

（3）两者的比较。

第一，在核算范围上，MPS仅限于物质产品的核算，而将非物质生产性的服务活动排除在生产领域之外；SNA的核算范围覆盖整个国民经济各部门，不受物质生产领域的局限，因而能完整地反映全社会的经济活动。

第二，在核算内容上，MPS主要反映物质产品的生产、交换和使用的实物运动；SNA除了核算货物和服务的实物流量外，还注重收入支出和金融交易等资金流量和资产负债存量的核算，能更好地反映社会再生产中实物运动与价值运动交织在一起的复杂的运动过程。

第三，在核算方法上，MPS主要采用平衡表法，侧重每个平衡表内部的平衡，但平衡表之间的联系不够严谨；SNA主要采取复式记账法，把国民经济各部门紧密衔接起来，能更客观地反映国民经济运行中的内在联系，提高了国民经济核算的科学水平。

中国自1992年放弃使用MPS体系，开始使用新的国民经济核算体系。新的国民经济核算体系以SNA为基本框架，同时保留原有MPS的一些核算口径和内容，以国内生产总值为核心指标综合而成。目的是国民经济核算体系既可以向国际标准靠拢，又便于同本国的历史资料进行比较。其主要特点有：

第一，在核算范围上，既核算物质生产，又核算各类服务生产。

第二，在核算内容上，形成了包括国民生产总值、投入产出、资金流量、国际收支和资产负债在内的完整的国民收入核算体系。

第三，在核算方法上，广泛吸收 SNA 的长处，建立中国化的国民经济账户体系，并具有较强的国际对比功能。

第 10 章　国民收入决定理论

◉本章学习要点

1. 总供给不变时总需求决定国民收入
2. 消费函数、边际消费的含义
3. 乘数的含义与计算
4. 总需求与总供给曲线的含义

◉本章学习内容

1. 简单的国民收入决定模型
2. IS－LM 模型
3. 总需求、总供给模型

◉案例分析

◉本章小结

◉关键术语和概念

◉练习题

◉补充阅读

20 世纪 30 年代，资本主义世界爆发了一场空前的大危机。经济的大萧条使 3 000 多万人失业，1/3 的工厂停产，金融秩序一片混乱，整个经济倒退到一战以前的水平。在经济大危机中，产品积压、工人失业、生活困难，绝大多数人感到前途悲观。持续的经济衰退和普遍失业，使传统的经济学遇到了严峻的挑战。一直关注美国罗斯福新政的英国经济学者，约翰·梅纳特·凯恩斯，从一则古老的寓言中得到了启示：从前有一群蜜蜂过着挥霍、奢华的生活，整个蜂群兴旺发达，百业昌盛。后来，它们改变了原有的生活习惯，崇尚节俭朴素，结果社会凋敝、经济衰落，最终被敌手打败。凯恩斯从这则寓言中悟出了需求的重要性，建立了以需求为中心的国民收入决定理论，并在此基础上引发了经济学上著名的“凯恩斯革命”。这场革命的结果就是建立了现代宏观经济学。

凯恩斯主义宏观经济学分析的重点是短期中的宏观经济状况。凯恩斯认为，在短期中决定宏观经济状况的关键因素是总需求。总需求分析是凯恩斯主义宏观经济学的中心。本章内容以凯恩斯主义的总需求分析为中心。

10.1　简单的国民收入决定模型

凯恩斯认为，社会的有效需求是决定国民收入变动的最主要因素，这是他的国民收入决定理论的一个基本观点。所以，他的分析也主要侧重于总需求分析。有效需求水平决定国民收入水平是凯恩斯的基本命题。凯恩斯从最简单的情况开始分析，假设如下：

第一，总供给不变。假定各种资源没有得到充分利用，总供给曲线处于水平线区域，总需求的增加可以引起均衡国民收入上升，即总供给可以适应总需求的增加而增加，也就是不考虑总供给对国民收入决定的影响。

第二，潜在的国民收入水平不变。

第三，价格水平既定。

在此基础上分析总需求变动对国民收入的影响，在这部分分析中，暂时不考虑投资和利率的变化。

10.1.1　总需求的构成

总需求（Aggregate Demand）表示在一定的收入水平、价格水平等条件下，消费者、企业、政府和外国想要购买的本国生产的最终产品和劳务的总和。所以，它由消费、投资、政府支出和净出口四个部分构成。

消费是指居民用户对产品和劳务的需求或支出，包括：耐用消费品、非耐用消费品、住房租金和其他劳务。据西方经济学家对长期消费统计资料的分析，在总需求中消费是相当稳定的。

投资是指厂商对投资品的需求或支出，包括：企业固定资产投资（厂房、设备等）、存货投资（原材料、半成品及未销售的产品等）以及居民购买住房。投资在经济中波动相当大。

政府支出是指各级政府对各种产品和劳务的需求，或者说是政府购买产品和劳务的支出。随着国家对经济生活的干预的加强，总需求中政府支出的比例也一直提高。

净出口指出口减去进口。

在这一章中，着重分析决定消费和投资的因素，以及它们的变动对国民收入的影响。

10.1.2　总需求与均衡国民收入的决定

前面已经假设不考虑总供给对国民收入的影响，所以均衡国民收入水平就由总需求来决定。这里所讲的国民收入是广义的，它的量化指标就是国内生产总值（GDP）。

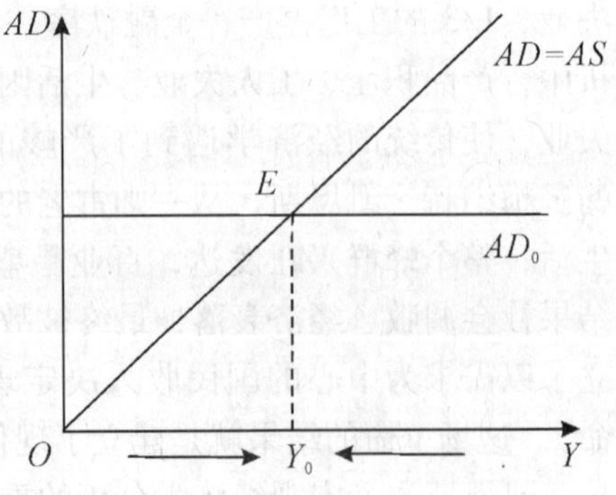

图 10－1　国民收入的决定

如图 10－1 所示，横轴表示国民收入 Y（GDP），纵轴表示总量需求 AD，45°线表示总需求等于总供给。由于短期内总需求相对稳定，可以认为是不变的。所以总需求曲线与横轴平行为 AD_0，它与 45°线相交于 E，决定此时的均衡国民收入水平为 Y_0。

在 Y_0 左边，总需求大于总供给，总供给应增加，国民收入将向 Y_0 移动；在 Y_0 的右边，总需求小于总供给，总供给应减少，国民收入也将向 Y_0 移动；只有在 Y_0 处，总需求等于总供给，国民收入处于均衡状态。

10.1.3 消费变化对均衡国民收入的影响

在简单的国民收入决定理论中，研究的只有居民用户和厂商两个部门。社会总需求就是对消费品的需求和对投资品的需求的总和，即消费加投资。为了分析简化，假定投资是一个与收入无关的常数，仅考虑消费的变动对总需求的影响，这样就要先了解消费函数，以及相关的储蓄函数。

1. 消费函数和储蓄函数

消费函数是研究消费与收入之间的依存关系的。在其他条件不变的情况下，消费随收入的变动同方向变动，即收入增加，消费增加；收入减少，消费减少。如果以 C 代表消费，以 Y 代表收入，则消费函数为：

$$C = F(Y)$$

消费与收入之间的关系，可以用平均消费倾向和边际消费倾向来说明。消费在收入中所占的比例为平均消费倾向（Average Propensity to Consume），用 APC 表示，则

$$APC = \frac{C}{Y}$$

增加的消费在增加的收入中所占的比例为边际消费倾向（Marginal Propensity to Consume），用 MPC 表示，则

$$MPC = \frac{\Delta C}{\Delta Y}$$

凯恩斯认为：首先，边际消费倾向 MPC 是大于 0 小于 1 的。当收入增加时，人们的消费也将随着增加，这就决定了 $\frac{\Delta C}{\Delta Y} > 0$。但是，人们消费量的增加又是小于收入的增加量的，即人们一般不会把所增加的收入全部用于消费，所以 $\frac{\Delta C}{\Delta Y} < 1$。其次，边际消费倾向具有递减规律。正是因为边际消费倾向是大于 0 小于 1 的，且呈递减趋势。所以，人们的边际消费倾向或平均消费倾向是小于 1 的。这就是说，人们并不会把全部收入都用于消费。

储蓄函数是研究储蓄与收入之间的依存关系的。在其他条件不变的情况下，储蓄随收入的变动同方向变动，即收入增加，储蓄增加；收入减少，储蓄减少。如果以 S 表示储蓄，则储蓄函数为：

$$S = F(Y)$$

储蓄与收入之间的关系，也可以用平均储蓄倾向和边际储蓄倾向来说明。储蓄在收入中所占的比例为平均储蓄倾向（Average Propensity to Save），用 APS 表示，则

$$APS = \frac{S}{Y}$$

增加的储蓄在增加的收入中所占的比例为边际储蓄倾向（Marginal Propensity to Save），用 MPS 表示，则

$$MPS = \frac{\Delta S}{\Delta Y}$$

因为全部的收入只分为消费和储蓄两个部分，所以

$$APC + APS = 1$$

同样，全部增加的收入也只用于增加消费和增加储蓄，所以

$$MPC + MPS = 1$$

2. 消费函数和总需求与均衡国民收入

在了解边际消费倾向后，可以建立一个具体的消费函数式。若以 b 代表边际消费倾向，a 为常数，代表自发消费（即人们最低的消费水平），它不随收入变动。则消费函数为：

$$C = a + b \cdot Y$$

式中，$b \cdot Y$ 为引致消费，是指收入所引起的消费，这部分消费的大小取决于收入和边际消费倾向。

由于总需求中包括消费和投资两部分，假设投资固定，为 I_0，所以总需求可以写为：

$$\begin{aligned} AD &= C + I_0 \\ &= a + b \cdot Y + I_0 \\ &= (a + I_0) + b \cdot Y \\ &= \bar{A} + b \cdot Y \end{aligned}$$

式中，不变的自发消费和固定的投资被称为自发总需求，它是一个常数，即 $a + I_0 = \bar{A}$ 为常数。

这时，总需求对均衡国民收入的决定可表示为图 10－2 的形式。总需求曲线 AD_0 在纵轴上的截距为 $\bar{A}$，即自发总需求，斜率为边际消费倾向 b。这时的总需求曲线 AD_0 向右上方倾斜，表示总需求中由于包括了引致消费，随国民收入的增加而增加。AD_0 与 45°线相交于点 E，决定了此时均衡的国民收入为 Y_0。

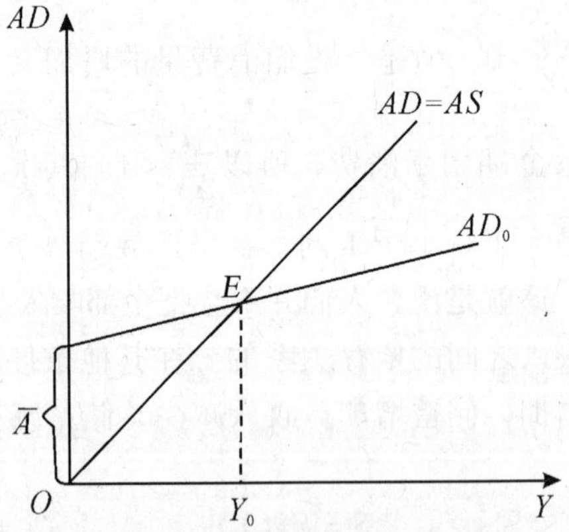

图 10－2　均衡国民收入的决定

10.1.4　总需求与国民收入的变动

由于总需求的水平决定了均衡国民收入的水平，所以总需求变动，必然引起均衡国民收入水平的变动。

如图 10－3 所示，总需求 AD_0 与 45°线交于点 E_0，决定的均衡国民收入水平为 Y_0。总需

求增加（由自发总需求增加引起的）需求曲线向上方移动，从 AD_0 上移到 AD_1，它与 45°线的交点 E_1，决定的均衡国民收入水平为 Y_1，$Y_1 > Y_0$ 说明随着总需求增加，均衡国民收入增加；总需求减少（由自发总需求减少引起的）需求曲线向下方移动，从 AD_0 下移到 AD_2，它与 45°线的交点 E_2，决定的均衡国民收入水平为 Y_2，$Y_2 < Y_0$ 说明随着总需求减少，均衡国民收入减少。

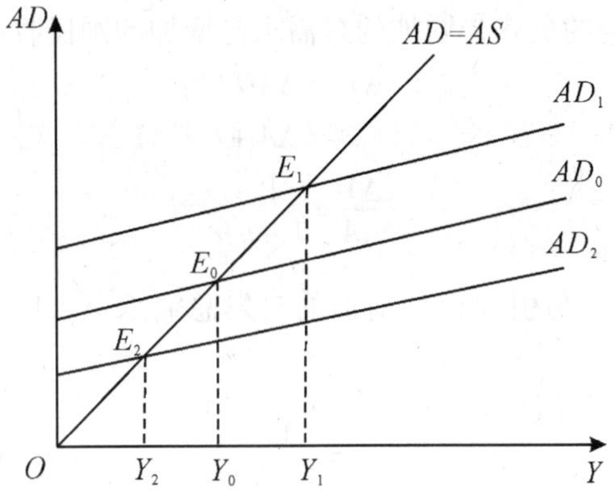

图 10－3　总需求变动对均衡国民收入的影响

由此，可以得出总需求的变动会引起均衡国民收入同方向的变动。

根据总需求与国民收入变动的关系，可以得出储蓄与国民收入的关系。在既定的收入中，消费与储蓄是反方向变动的，即消费增加，储蓄减少；消费减少，储蓄增加。消费是总需求的重要组成部分，储蓄增加使消费减少，总需求减少，从而国民收入减少；反之，储蓄减少使消费增加，总需求增加，从而国民收入增加。因此，储蓄的变动会引起国民收入反方向的变动。

根据消费与储蓄对国民收入的不同影响，凯恩斯提出了新的见解。他认为，节俭对个人来说可能是一种美德，但对整个社会来说，可能就不是美德，而是一种退步。因为大家都节俭，储蓄增加，如果这部分储蓄不能及时转化为投资形成新的消费力量，那就会减少社会需求，对国民经济活动造成一种紧缩压力，导致经济萧条，国民收入也因此下降，就业减少。尤其是在经济萧条时期，这种节俭更会加剧萧条，形成恶性循环。所以，凯恩斯主张减少储蓄，增加消费。可以说凯恩斯的观点与传统的道德观——储蓄或节俭作为一种美德，是矛盾的。

对节俭的反论（亦称节约的悖论），不仅是指在萧条时期储蓄增加会使经济更加萧条，而且，这一反论还指出，储蓄过多还可能会减少实际的储蓄，这是由过多的储蓄引起国民收入的下降而造成的。“蜜蜂的寓言”讲的就是这个道理。

应该指出，增加储蓄会使国民收入减少，减少储蓄会使国民收入增加的结论只适用于各种资源未得到充分利用，从而总供给可以无限增加的情况。当各种资源得到了充分利用，需要考虑总供给的限制时，这一结论就不适用了。这一点在以后分析总供给对国民收入的影响时会加以讨论。

10.1.5 乘数理论

乘数是指自发总需求（包括消费、投资和政府支出）的增加所引起的国民收入增加的倍数，或者说是国民收入增加量与引起这种增加量的自发总需求增加量之间的比率。但是，一定量的总需求增加会使国民收入增加多少，即总需求增加与国民收入增加量之间的关系如何呢？乘数理论正是回答这一问题的。

根据均衡国民收入决定的公式，增加的总需求与增加的国民收入相等，即

$$\Delta Y = \Delta AD = \Delta\bar{A} + b \cdot \Delta Y$$

$$\frac{\Delta Y}{\Delta\bar{A}} = \frac{1}{1-b}$$

增加的国民收入（ΔY）与引起这种增加的自发总需求（$\Delta\bar{A}$）之比（$\frac{1}{1-b}$）就是乘数。如果以 a 代表乘数，则有

$$a = \frac{1}{1-b}$$

乘数的公式表明了乘数的大小取决于边际消费倾向。边际消费倾向越高，乘数就越大；边际消费倾向越低，乘数就越小。这是因为边际消费倾向越大，增加的收入就有更多的部分用于消费，从而使总支出和国内生产总值增加得更多。

从乘数的公式还可以看出，因为边际消费倾向是小于 1 的，所以乘数一定是大于 1 的。这也反映了国民经济各部门之间存在着密切的联系。某一部门自发总需求的增加，不仅会使本部门收入增加，而且会在其他部门中引起连锁反应，从而使这些部门的支出与收入也增加，最终使国民收入的增加数倍于最初自发总需求的增加。

10.2 *IS－LM* 模型

在前面简单的国民收入决定模型中，研究了物品市场上的总需求，为了分析方便，假设总需求中只有消费变化，而投资和利率是固定的常数。可实际上投资和利率都是变化的，而且对总需求和国民收入影响较大。*IS－LM* 模型就是分析在利率和投资变动的情况下，总需求对均衡国民收入的决定，以及利率与国民收入之间的关系。

IS－LM 模型是分析物品市场和货币市场同时达到均衡时，国民收入与利率决定的模型。在这个模型中：*IS* 表示物品市场，其中 *I* 表示物品市场上的投资，*S* 表示物品市场上的储蓄；*LM* 表示货币市场，其中 *L* 表示货币的需求，*M* 表示货币的供给。这一模型在理论上是对总需求分析的全面高度概括，在政策上可以解释财政政策和货币政策，因此，被称为整个宏观经济学的核心。

10.2.1 *IS* 曲线

IS 曲线也称投资储蓄曲线，是描述物品市场达到均衡（$I = S$）时，国民收入与利率之间存在着反方向变动关系的曲线。

如图 10－4 所示，横轴表示国民收入 Y，纵轴表示利率 i。IS 曲线上任何一点都是 $I=S$，即物品市场上实现了均衡。IS 曲线向右下方倾斜，表明在物品市场上实现了均衡时，利率与国民收入反方向变动，即利率高则国民收入低，利率低则国民收入高。

在物品市场上利率与国民收入反方向变动，是因为利率与投资反方向变动。投资者一般要用贷款来投资，而贷款必须支付利息。因为，投资的目的是实现利润的最大化。所以，利润最大化实际是偿还利息后纯利润的最大化。这样，投资就要取决于利润率与利息率。如果利润率既定，则投资就取决于利息率。利率越低，纯利润越大，从而投资就越多；反之，利率越高，纯利润越小，从而投资就越少。因此，利率与投资反方向变动。由于投资是总需求的重要组成部分，投资增加，总需求增加，国民收入就增加；投资减少，总需求减少，国民收入就减少。因此，利率与国民收入反方向变动。

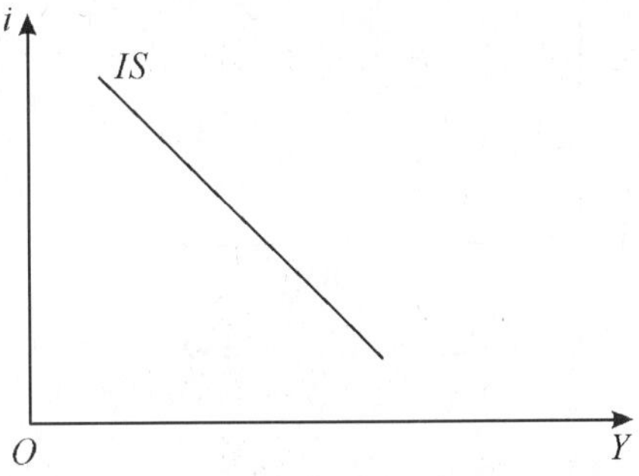

图 10－4　IS 曲线

也可以用总需求函数来说明。由于投资现已可变，把投资也分为两部分：一部分是不随利率变动的自发投资；另一部分则取决于利率，且与利率反方向变动，故投资可以表示为：

$$I=\bar{I}-\mathrm{d}\cdot i$$

式中，I 为自发投资，i 为利率；d 为一个固定系数。

总需求可以写为：

$$\begin{aligned}AD&=C+I\\&=a+b\cdot Y+\bar{I}-\mathrm{d}\cdot i\\&=(a+\bar{I})+b\cdot Y-\mathrm{d}\cdot i\end{aligned}$$

式中，$(a+\bar{I})$ 是自发总需求，假定 $b\cdot Y$ 一定，则总需求 AD 与利率 i 反方向变动，总需求与国民收入同方向变动，所以，利率与国民收入反方向变动。

此外，自发总需求的变动，如自发消费、自发投资的变动会使 IS 曲线的位置平行移动，如图 10－5 所示。当自发总需求增加时，IS 曲线向右上方移动，即从 IS_0 上移到 IS_1，例如，政府采用扩张性的财政政策，使投资者对投资前景乐观而增加投资；当自发总需求减少时，IS 曲线向左下方移动，即从 IS_0 下移到 IS_2。

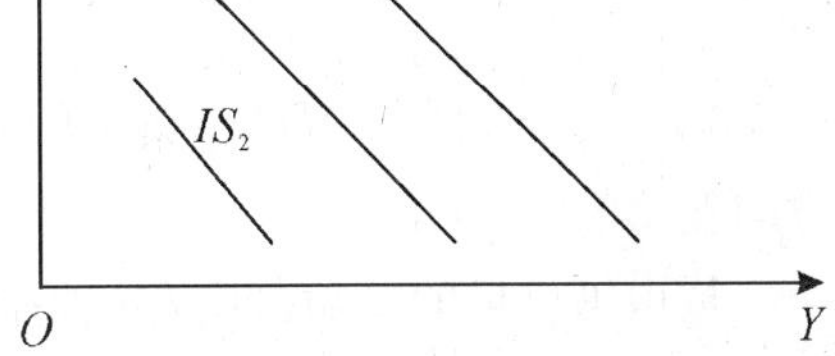

图 10－5　IS 曲线的移动

10.2.2 *LM* 曲线

LM 曲线也称货币供求曲线，是指货币市场达到均衡（$L=M$）时，国民收入与利率之间存在着同方向变动关系的曲线。

如图 10－6 所示，横轴表示国民收入 Y，纵轴表示利率 i。*LM* 曲线上任何一点都是 $L=M$，即货币市场上货币的需求等于货币的供给，实现了均衡。*LM* 曲线向右上方倾斜，表明在货币市场实现均衡时，利率与国民收入同方向变动，即利率高则国民收入高，利率低则国民收入低。

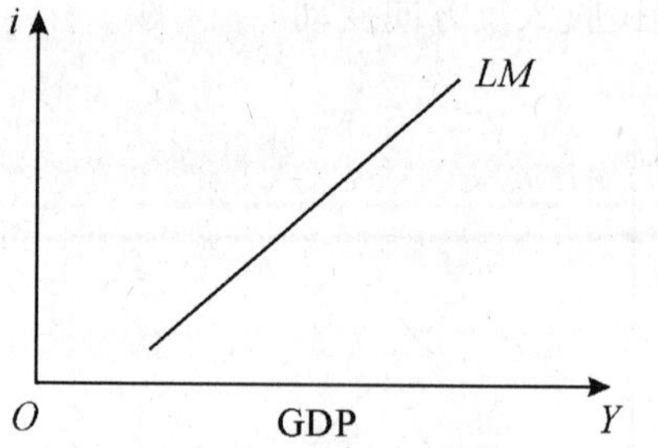

图 10－6　*LM* 曲线

在货币市场上，利率与国民收入成同方向变动，可以用凯恩斯的货币理论来解释。根据这一理论，货币的需求（L）由两个部分组成，一部分是由交易动机和谨慎动机决定的货币的需求，用 L_1 表示，它取决于国民收入的水平。人们为了日常生活的购买需要，必须在手中保持一定数量的货币。同时为了应付意外的支出，或者是意料之外的购买机会，也会储存一定数量的货币在手边，这些货币的需求数量是由收入水平决定的，收入增加，这项支出也会相应增加，因此可以把它看成是收入的递增函数，表示为 $L_1=f(Y)$。另一部分是由投机动机决定的货币的需求，用 L_2 表示，它取决于利率水平。人们根据债券价格变化而形成利息差，为了取得更多的利息收入而对货币的需求如下：由于债券的价格是与利率呈反比关系，当降低利率时，债券的价格呈上升趋势，人们会用货币购买债券，增加货币需求；当调高利率时债券的价格呈下降趋势，投资者会把债券卖掉，从而减少货币需求。所以由投机动机决定的对货币的需求，可以看作是利率的递减函数，表示为 $L_2=f(Y)$。而货币的供给 M 是指实际货币供给量，它由中央银行发行的名义货币供给量与价格水平来决定。货币市场的均衡条件为：

$$M=L=L_1+L_2$$

从上式可以看出：当货币的供给既定时，如果货币的交易需求与谨慎需求 L_1 增加，为了保持货币市场的均衡，则货币的投机需求 L_2 必然减少。L_1 的增加是国民收入增加的结果，而 L_2 的减少又是利率上升的结果。因此，货币市场达到均衡时，国民收入与利率之间必然是同方向变动的。

货币供给量的变动会使 *LM* 曲线的位置平行移动。

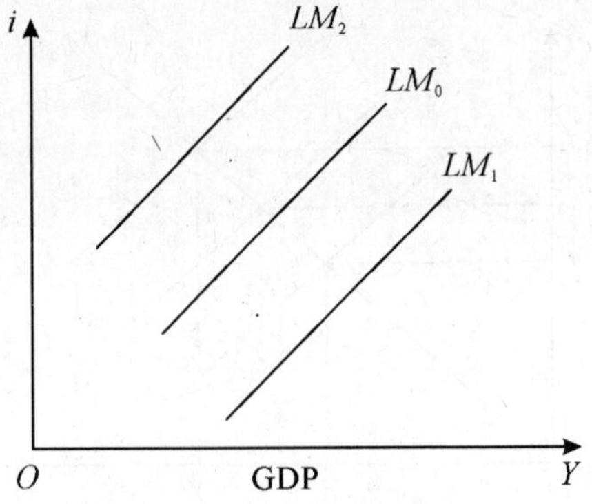

图 10－7　LM 曲线的移动

如图 10－7 所示，当货币供给量增加时，LM 曲线向右下方移动，即从 LM_0 下移到 LM_1，例如，政府采用扩张性的货币政策，增加货币的供给量；当货币供给量减少时，LM 曲线向左上方移动，即从 LM_0 上移到 LM_2。

10.2.3　*IS*－*LM* 模型

1. 均衡的利率和国民收入

如上所述，在 *IS* 曲线上的任一国民收入和利率组合，都满足物品市场上储蓄与投资相等这一均衡条件，*LM* 曲线上任意一点国民收入和利率的组合，都满足货币市场上货币供求相等这一均衡条件。为了找到能够使这两个市场同时达到均衡的国民收入和利率组合，将 *IS* 曲线和 *LM* 曲线放在同一坐标平面上。

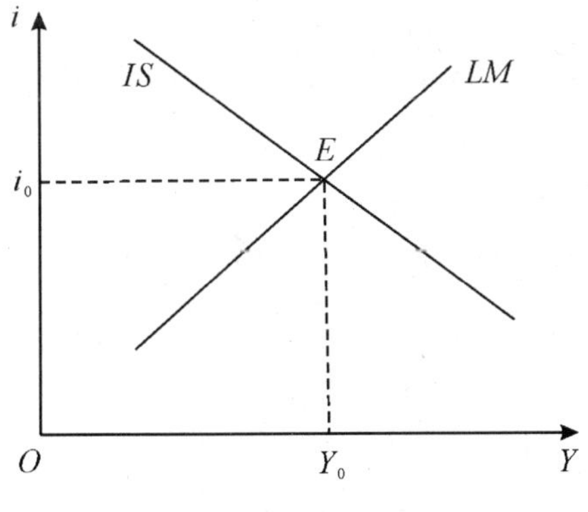

图 10－8　IS－LM 模型

如图 10－8 所示，*IS* 与 *LM* 曲线交于 *E* 点，在其他条件不变的情况下，*E* 点所表示的国民收入和利率的组合 Y_0 和 i_0，显然可以同时满足这两个市场的均衡条件，即储蓄等于投资，货币供给等于需求。

2. *IS* 曲线变动对均衡利率和国民收入的影响

IS 曲线的变动主要取决于政府的财政政策。政府增加开支，扩大总需求规模，就会使 *IS* 曲线向右上方移动。

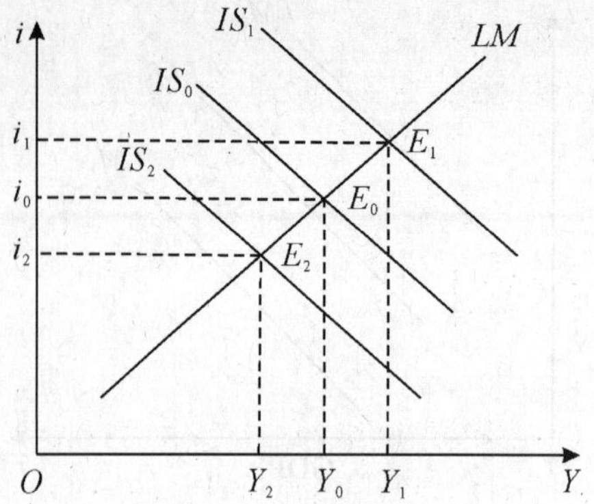

图 10 - 9　*IS* 曲线变动对均衡国民收入和利率的影响

如图 10 - 9 所示，在 *LM* 曲线不变的条件下，总需求增加，*IS* 曲线向右上方移动，从 IS_0 移至 IS_1，这样一方面会使国民收入水平提高，从 Y_0 增加到 Y_1，另一方面，又会导致利率上升，从 i_0 上升到 i_1，最终结果是在国民收入和利率水平都提高的条件下，宏观经济达到新的均衡。

相反，若采用紧缩性的财政政策，则使 *IS* 曲线向左下方移动，从 IS_0 移至 IS_2，在 *LM* 曲线不变的条件下，国民收入水平减少，从 Y_0 减少到 Y_2，利率水平下降，从 i_0 下降到 i_2，宏观经济再一次达到均衡。

3. *LM* 曲线的变动对均衡国民收入和利率的影响

LM 曲线的变动主要取决于政府的货币政策。政府采取扩大性的货币政策，增加货币供给量，就会使 *LM* 曲线向右下方移动，从 LM_0 移至 LM_1。

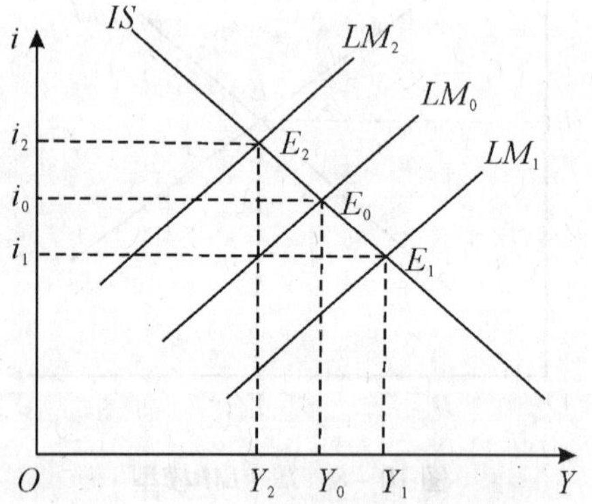

图 10 - 10　*LM* 曲线变动对均衡国民收入和利率的影响

如图 10 - 10 所示，在 *IS* 曲线不变的条件下，货币供给量增加，*LM* 曲线向右下方移动，从 LM_0 移至 LM_1，这样一方面会使国民收入水平提高，从 Y_0 增加到 Y_1；另一方面，又会导致利率下降，从 i_0 降到 i_1，最终结果是在国民收入水平提高，利率水平下降的条件下，宏观经济达到新的均衡。

相反，若采用紧缩性的货币政策，则使 LM 曲线向左上方移动，从 LM_0 移至 LM_2，在 IS 曲线不变的条件下，国民收入水平减少，从 Y_0 减少到 Y_2，利率水平上升，从 i_0 上升到 i_2，宏观经济再一次达到均衡。

10.3 总需求—总供给模型

以上内容的总需求分析，是假设总供给可以适应总需求的增加而增加，以及价格水平不变的，从而也就没有分析总供给对国民收入的影响以及价格水平的决定。但在现实中，总供给总是有限的，价格水平也是变动的。总需求—总供给模型，就是要把总需求分析与总供给分析结合起来，说明总需求与总供给如何决定国民收入与价格水平。

10.3.1 总需求曲线的含义

总需求（用英文 AD 表示）是指一国经济中对物品与劳务的需求总量，包括消费需求、投资需求、政府需求与国外的需求（用出口减进口的净出口表示）。以 C、I、G、$(X-M)$ 分别代表消费需求、投资需求、政府需求与国外需求，则可以把总需求公式写为：

$$AD = C + I + G + (X - M)$$

在微观经济部分学过，需求是与价格相联系的一个变量，它与价格呈反方向变动的关系。总需求曲线表示物价水平与总需求量之间的关系，总需求曲线向右下方倾斜，即物价水平与总需求量之间是反方向变动的关系。

如图 10－11 所示，横轴表示国民收入 Y，纵轴表示价格水平 P，AD 为向右下方倾斜的总需求曲线。这说明总需求与价格水平成反方向变动，即价格上升，总需求量减少；价格下降，总需求量增加。

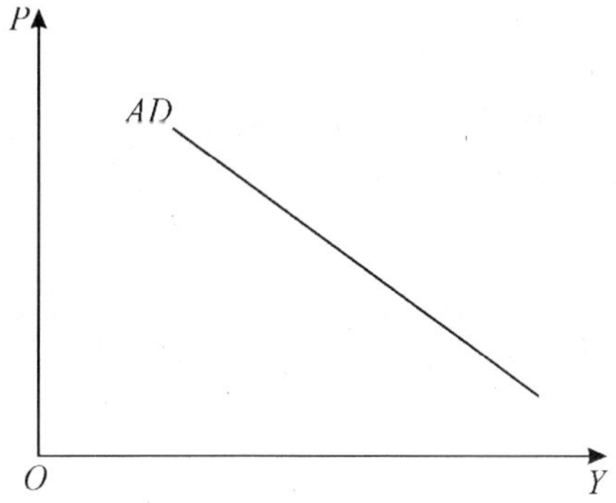

图 10－11 总需求曲线

可以用 $IS-LM$ 模型来解释总需求与价格水平的变动。在 $IS-LM$ 模型中，货币供给量是指实际货币供给量，它的多少取决于名义货币供给量与价格水平。当名义货币供给量一定时，价格水平越高，表示实际货币供给量越少；价格水平越低，表示实际货币供给量越多，即实际货币供给量与价格水平成反方向变动。在货币需求不变的条件下，实际货币供给量减少，将使利率水平上升，利率上升又会使投资水平下降，导致社会总需求减少；相反，实际货币供给量增加，将使利率水平下降，利率下降又会使投资水平上升，导致社会总需求增加。这样，总需求与价格水平就成反方向变动。

从形状上看，总需求曲线 *AD* 与微观经济分析中的需求曲线 *D* 形状相似，实际上两者的内涵不同。需求曲线表示的是特定商品的需求量与其价格的关系，总需求曲线则表示全社会总需求量（消费需求、投资需求、政府需求与国外需求）与总物价水平的关系。同时，需求曲线简单反映需求法则，总需求曲线则反映“物价水平上升→实际货币供给量减少→利率水平上升→投资水平下降→国民收入水平减少”这样一个复杂而迂回的传导机制。

自发总需求的变动会引起总需求曲线移动，如图 10－12 所示：

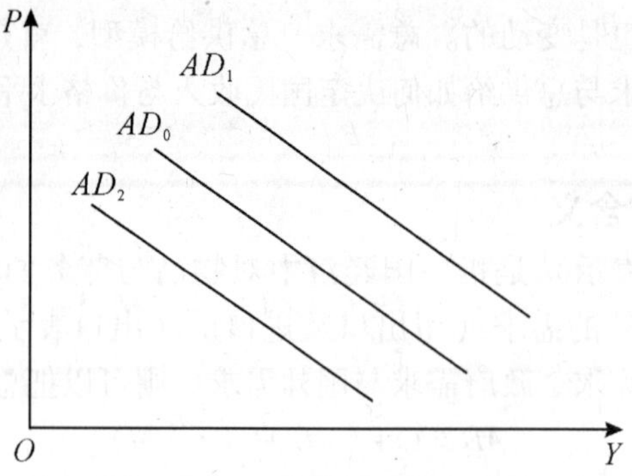

图 10－12　总需求曲线的移动

当自发总需求增加时，总需求曲线平行向右上方移动，AD_0 右移到 AD_1，表示在相同的价格水平下，社会的总需求增加了，如政府采用扩张性的宏观经济政策，使消费或投资等增加。当自发总需求减少时，总需求曲线平行向左下方移动，从 AD_0 左移到 AD_2，表示在相同的价格水平下，社会的总需求减少了。

10.3.2　总供给曲线的含义

总需求—总供给模型中的总供给曲线是表示物品市场和货币市场同时达到均衡时，总供给（用英文 *AS* 表示）与价格水平之间关系的曲线。它反映了在每一既定的价格水平时，所有厂商愿意提供的产品与劳务的总和。

总供给取决于资源的利用情况。在不同的资源利用情况下，总供给曲线与价格水平之间的关系是不同的。可以用图 10－13 来说明。

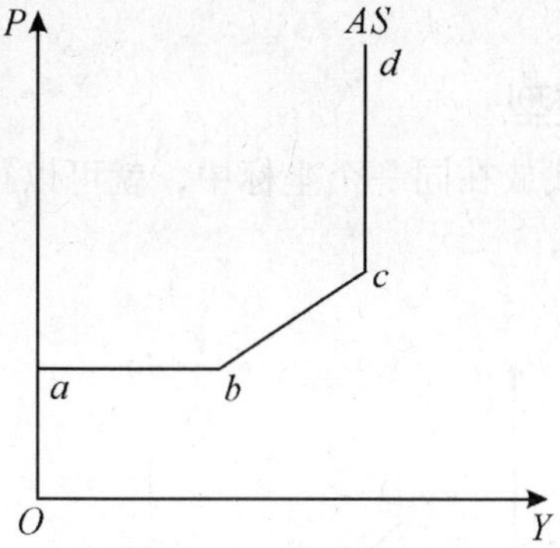

图 10－13　总供给曲线

ab 段总供给曲线基本上是一条水平线。它表示：短期内社会上还存在着一部分闲置资源，那么在资源未充分利用之前，即使价格总水平保持相对稳定，总供给数量也会随总需求的增加而增加，即可以在不提高价格水平的情况下，增加总供给。这就是凯恩斯的总供给曲线。

bc 段，总供给曲线为向右上方倾斜的曲线。它表示：这时资源已处于接近充分利用状态，总需求的增加如果没有相应的价格水平提高，供给者是不愿继续增加总供给的数量的。此时，价格总水平与总供给成同方向变动，称之为“短期总供给曲线”。

cd 段，总供给曲线基本上是一条垂直线。它表示：总供给已经达到充分利用水平，即资源已经被充分利用，这时无论社会的总需求如何增加，价格水平如何上涨，都不能使总供给继续扩大。这种情况长期存在，称之为“长期总供给曲线。”

在总供给曲线的三种情况下，一般认为：在资源既定的条件下，凯恩斯总供给曲线和长期总供给曲线是不变的，但短期总供给曲线是可以变动的。如图 10－14 所示：

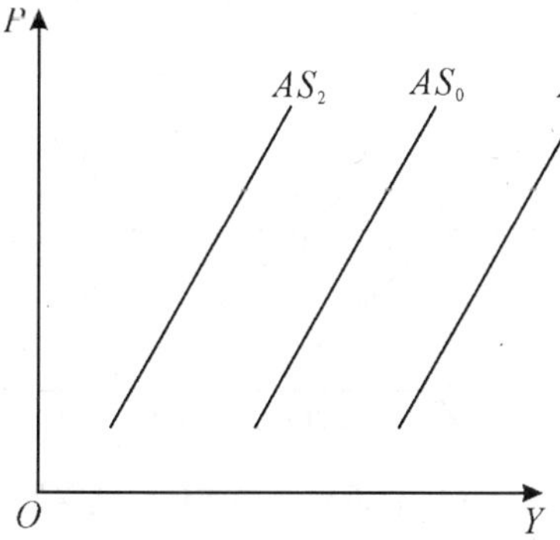

图 10－14　短期总供给曲线的变动

短期总供给曲线向右下方移动，从 AS_0 右移至 AS_1，表示在相同的价格水平下，社会的总供给增加了，如技术进步使总供给增加；短期总供给曲线向左上方移动，从 AS_0 左移至 AS_2，表示在相同的价格水平下，社会的总供给减少了。

10.3.3 总需求—总供给模型

把总需求曲线和总供给曲线放在同一个坐标中，就可以得到总需求—总供给模型。如图 10－15 所示：

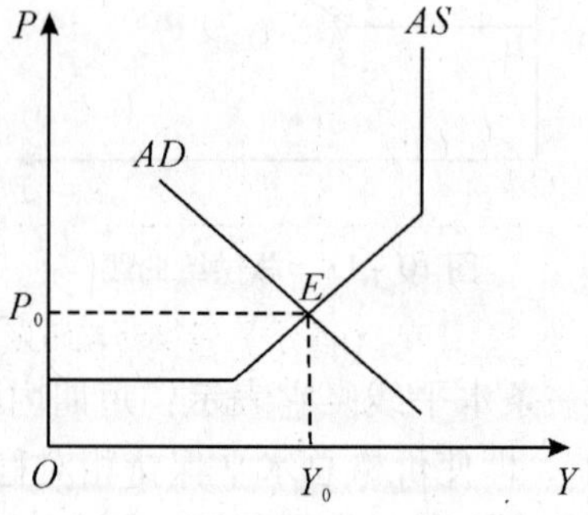

图 10－15 总需求—总供给模型

总需求曲线和总供给曲线的交点 E 决定的国民收入水平 Y_0 和价格水平 P_0 就是均衡的国民收入和价格水平。

经济中的均衡状态取决于总需求和总供给之间的关系，无论总需求曲线移动还是总供给曲线移动都会改变均衡点，因而也将改变经济中的实际国民收入和价格水平。

1. 总需求变动对国民收入与价格水平的影响

下面分别分析三种不同的总供给曲线：

第一，在凯恩斯总供给曲线上。如图 10－16 所示：

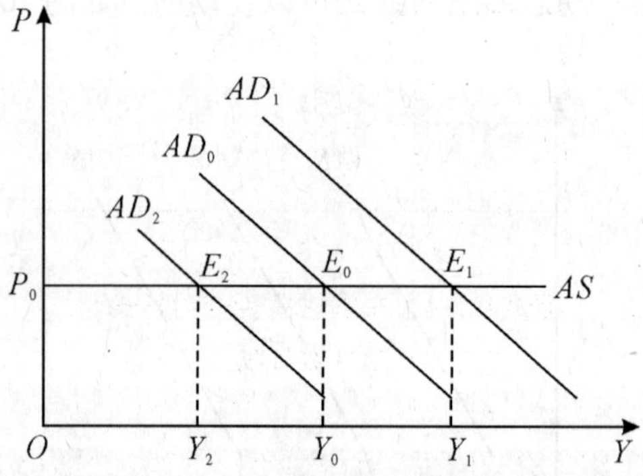

图 10－16 总需求曲线变动与凯恩斯总供给曲线

总需求增加，总需求曲线从 AD_0 向右上方移至 AD_1，会使国民收入增加，从 Y_0 增加到 Y_1，而价格水平不变，为 P_0；总需求减少，总需求曲线从 AD_0 向左下方移至 AD_2，会使国民收入减少，从 Y_0 减少到 Y_2，价格水平仍不变，为 P_0。也就是总需求的变动不会引起价格水平的变动，只会引起国民收入水平的同方向变动。

前面的两个总需求分析模型，实际上都是建立在凯恩斯总供给曲线的基础上。

第二，在短期总供给曲线上。如图 10－17 所示：

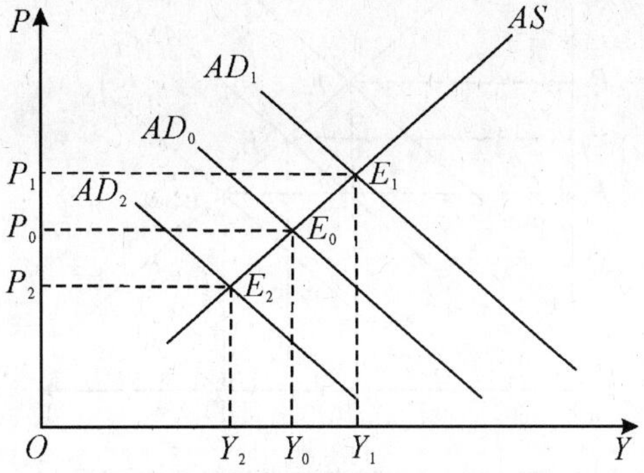

图 10 - 17　总需求曲线变动与短期总供给曲线

总需求增加，总需求曲线从 AD_0 向右上方移至 AD_1，会使国民收入增加，从 Y_0 增加到 Y_1，价格水平也上升，从 P_0 上升到 P_1；总需求减少，总需求曲线从 AD_0 向左下方移至 AD_2，会使国民收入减少，从 Y_0 减少到 Y_2，价格水平也下降，从 P_0 下降到 P_2。也就是总需求的变动引起国民收入与价格水平的同方向变动。

第三，在长期总供给曲线上。如图 10 - 18 所示：

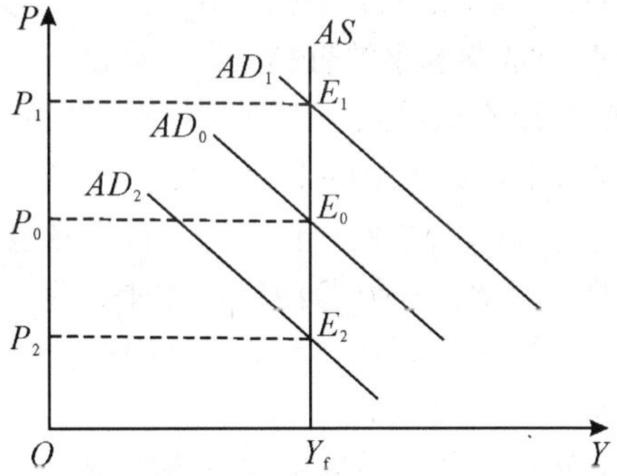

图 10 - 18　总需求曲线变动与长期总供给曲线

由于资源已经被充分利用，所以，总需求增加，总需求曲线从 AD_0 向右上方移至 AD_1，只会使价格水平上升，从 P_0 上升至 P_1，而国民收入不会变动，为 Y_f（表示充分就业的国民收入水平）；总需求减少，总需求曲线从 AD_0 向左下方移至 AD_2，则只会使价格水平下降，从 P_0 下降到 P_2，而国民收入水平仍不会变动，仍为 Y_f。也就是总需求的变动只会引起价格水平同方向的变动，而不会引起国民收入的变动。

2. 短期总供给变动对国民收入和价格水平的影响

短期总供给的变动，同样会影响国民收入和价格水平。如图 10 - 19 所示：

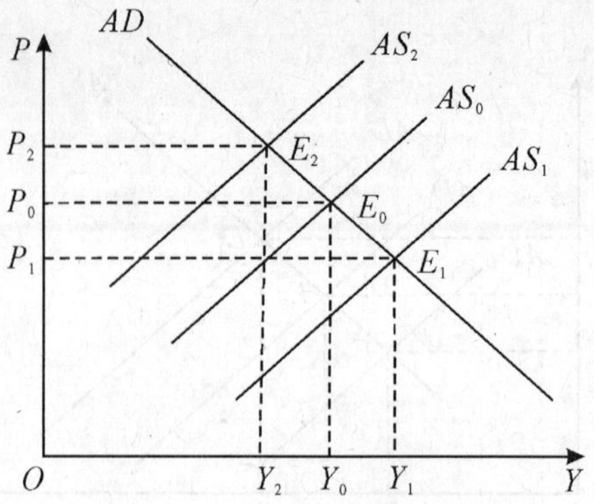

图 10－19　短期总供给的变动对国民收入与价格水平的影响

在总需求不变时，总供给增加，总供给曲线从 AS_0 向右下方移至 AS_1，会使国民收入增加，从 Y_0 增加至 Y_1，价格水平下降，从 P_0 下降为 P_1；总供给减少，总供给曲线从 AS_0 向左上方移至 AS_2，会使国民收入减少，从 Y_0 减少至 Y_2，价格水平上升，从 P_0 上升至 P_2。也就是短期总供给的变动会引起国民收入同方向的变动，而价格水平反方向变动。

3. 总需求—总供给模型的应用

总需求—总供给模型（*AD*—*AS* 模型）是分析宏观经济问题的有用工具，可以利用这一模型来分析一些经济现象和经济问题。

（1）分析“滞胀”的原因。总供给曲线向左上方移动是西方国家经济发生滞胀的重要原因。20 世纪 70 年代中期，美国经济第一次发生滞胀，主要就是由于遭到强烈的“供给冲击”。当时谷物严重歉收，加之对前苏联出口大量小麦，使粮食供给不足，粮价猛升。与此同时，石油输出国组织大幅度提高石油价格，不仅使能源价格上升，而且使石油制品价格上升，从而使许多产品成本增加。因此，总供给曲线向左上方移动，从而造成严重滞胀局面，国民收入下降（生产停滞）和物价上涨（通货膨胀）两种病症同时并发（即图 10－19 所描述的）。

（2）分析治理通货膨胀与通货紧缩。当出现通货膨胀时，采取压制总需求的方法（抑制投资需求和消费需求）可以把通货膨胀压下去。如图 10－20 所示：总需求减少，从 AD_0 向左下方移至 AD_1，价格水平由 P_0 降至 P_1。但是，采用这一方法，虽然使物价水平下降了，但是国民收入也从 Y_0 减少到 Y_1，经济走向了衰退。

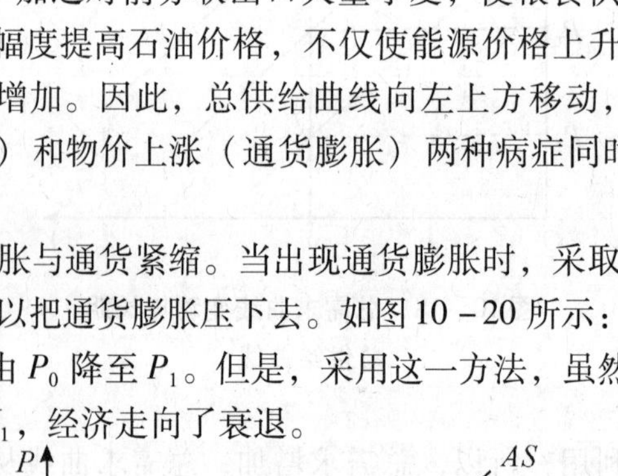

图 10－20　抑制总需求对付通货膨胀

如果采取刺激增加总供给的方法效果就不一样。如图 10－21 所示：刺激总供给，可以使总供给增加，总供给曲线从 AS_0 向右下方移至 AS_1，不仅使价格水平下降了，从 P_0 降至 P_1，同时使国民收入增加了，从 Y_0 增加至 Y_1，促进了经济的繁荣。

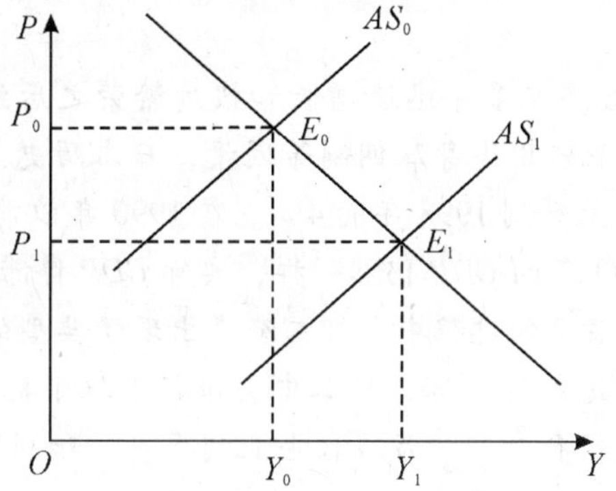

图 10－21　刺激总供给对付通货膨胀

可见，在资源尚未充分利用的情况下，采用刺激总供给的方法对付通货膨胀比采用抑制总需求的方法更为有利。但在短期内只能通过价格调节总需求，长期则采用技术进步、革新等增加总供给。

与通货膨胀相反的情况是通货紧缩。通货紧缩是物价水平普遍下跌，引起纸币升值。通货紧缩产生的原因是复杂的，它往往与政府紧缩银根，消费者和生产者对未来经济预期不乐观，宁愿保有货币而减少购买、减少投资相联系。通货紧缩有时是用来减少通货膨胀的。在另外的情形下，通货紧缩会带来经济增长的缓慢，甚至导致萧条。在这种时期政府应积极地运用扩张性的财政政策和货币政策刺激总需求。

当出现通货紧缩时，采取刺激总需求的方法（刺激投资需求和消费需求）可以提高物价水平治理通货紧缩。如图 10－22 所示：

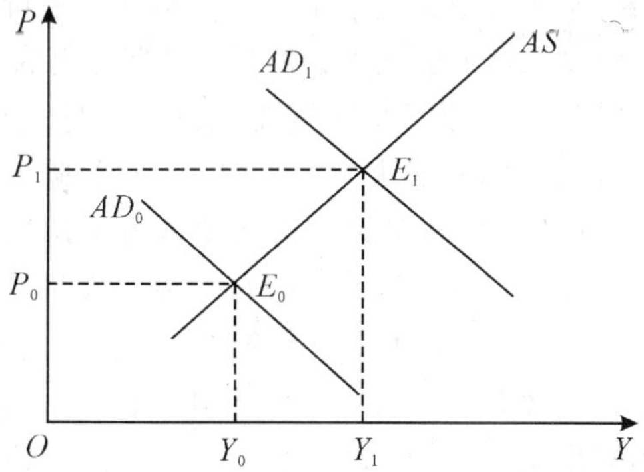

图 10－22　刺激总需求对付通货紧缩

总需求增加，从 AD_0 向右上方移至 AD_1，价格水平由 P_0 升至 P_1，同时使国民收入从 Y_0 增加到 Y_1，使经济走向繁荣。

10.4 案例分析

20世纪90年代日本经济的衰退

20世纪90年代，日本经济在多年迅速增长和极度繁荣之后经历了长期衰退。由于日本经济的长期增长以及日本企业采用终身雇佣制等因素，日本历史上的失业率是极低的，但这次失业率却从1990年的2%上升到1998年的4%。在1990年以前的20年中，日本的工业生产翻一番，但1998年和1990年的*GDP*仍然一样，实际*GDP*停滞，有时甚至还下降。

在政府治理持续性经济衰退的过程中，日本经济出现了典型的“零利率、负通货”经济局面。1995年9月，为了促进经济复苏，日本中央银行采取了把贴现率降到0.5%的超低利率政策；1999年2月，中央银行为进一步减轻企业利率负担和刺激国内消费，在维持贴现率不变的情况下，将短期利率0.25%降到0.15%；同年3月份以后，日本央行大规模发行超出市场需求的货币，促使市场利率基本降到“零”。同期，日本的消费物价指数自1999年第三季度开始低于上年同期水平，1999年全年物价水平与上年持平，2000年负增长0.4%，2001年负增长0.9%。

日本为摆脱经济衰退采取了不少政策措施，但收效甚微。

案例评析

该案例较好地说明了凯恩斯理论中对萧条的解释。按照凯恩斯的宏观经济理论，总支出Y由消费C、投资I和政府购买G以及净出口（$X-M$）四部分组成。上述四个部分需求的减少都有可能使得总需求减少，从而使得有效需求不足。

第一，造成日本经济衰退的原因之一是消费支出减少。这主要归因于股票价格的大幅度下降。在日本，1998年的股票价格不到10年前顶尖水平的一半。与股市一样，日本的土地价格在90年代崩溃之前的80年代也是天文数字。当股市和土地价格崩溃后，日本公民眼看着自己的财富都消失了，而财富和收入的减少必然导致消费支出的减少。

第二，造成日本经济衰退的另一原因是投资支出减少。这主要归因于银行系统出现的“信用危机”。在20世纪90年代，随着泡沫经济的破灭，银行陷入了困境，并加剧了经济活动的衰退。20世纪80年代日本银行发放了许多以股票或者土地为担保的贷款。当这些抵押品价值下降之后，债务人开始拖欠贷款，从而使银行形成了大量的不良贷款。以商业银行为例，截至2002年3月底，美国高盛公司估计日本金融机构持有的不良资产为236万亿日元。这种旧贷款的拖欠减少了银行发放新贷款的能力，所引起的“信用危机”使企业为投资项目筹资更难，从而压低了投资支出。

第三，上述两个部分需求的减少使得总需求不足。同时我们观察到，日本的经济衰退表现为经济产出的减少，同时利率低。1998年的日本和1935年的美国一样，名义利率不到1%。这一事实说明，衰退的主要原因是*IS*曲线的紧缩性移动。因为这种移动既减少了收入又降低了利率。

日本为摆脱衰退采取了不少政策措施，但收效甚微。同时，这些政策也引起了争论。一些经济学家建议，日本政府要大幅度减税，以鼓励消费者更多地支出。但日本政府中的决策者却不愿意大幅度减税，因为他们想避免预算赤字。另外一些经济学家建议，日本的银行体系要更迅速地扩大货币供给。在名义利率下降余地很小的情况下，迅速扩大货币供给也许能提高预期的通货膨胀，降低实际利率，并刺激投资支出。无论如何，日本的经济衰退是由于总需求不足引起的，而“解铃还需系铃人”，办法还是要从总需求的扩张中去寻找。

案例来源：曼昆．宏观经济学（4 版）．中国人民大学出版社，2000

【本章小结】

总需求与总供给相等时的国民收入是均衡的国民收入。当不考虑总供给这一因素时，均衡的国民收入是由总需求决定的。

消费函数是消费与收入之间的依存关系。储蓄函数是储蓄与收入之间的依存关系。在既定的收入中，消费与储蓄是成反方向变动的。增加消费，国民收入增加；增加储蓄，国民收入减少。

乘数是指自发的总需求增加引起国民收入增加的倍数。乘数大小取决于边际消费倾向，边际消费倾向越大，乘数越大，从而使总需求和国民收入增加越多。

乘数发生的作用是有条件的，只有在社会各种资源没有得到充分利用时，总需求增加才会产生乘数效应。此外乘数作用是双重性的。

IS 曲线也称投资储蓄曲线，是描述物品市场达到均衡时，国民收入与利率之间存在着反方向变动关系的曲线。*LM* 曲线也称货币供求曲线，是指货币市场达到均衡时，国民收入与利率之间存在着同方向变动关系的曲线。

IS－*LM* 模型就是分析在利率和投资变动的情况下，总需求对均衡国民收入的决定，以及利率与国民收入之间的关系。

总需求曲线表示物价水平与总需求量之间的关系，总需求曲线向右下方倾斜，即物价水平与总需求量之间是反方向变动的关系。

总需求曲线向右移动表示既定物价水平时，总需求量增加；总需求曲线向左移动表示既定物价水平时，总需求量减少。

凯恩斯主义的总供给曲线是一条与横轴平行的线，表明在价格水平不变的情况下，总供给是可以增加的。

短期总供给曲线是一条向右上方倾斜的曲线。表示短期中物价水平与总供给量之间的关系，短期总供给曲线表示短期中物价水平与总供给量是同方向变动的关系。

长期总供给曲线是一条垂线，表示在长期中，物价水平与总供给量无关。长期总供给曲线的位置由经济的潜力决定，随着经济增长向右移动。

总需求—总供给模型是从总需求—总供给的角度分析均衡国民收入和物价水平的决定。在总需求—总供给模型图中，当总需求曲线与短期总供给曲线相交时，就决定了均衡的国民收入与物价水平。

总需求—总供给模型是分析宏观经济问题的有力工具。

【关键术语和概念】

总需求　消费函数　储蓄函数　边际消费倾向　乘数　*IS* 曲线　*LM* 曲线　*IS*—*LM* 模型

总需求曲线　总需求—总供给模型

【练习题】

1. 在不同的总供给曲线下，总需求变动对国民收入和价格水平有什么不同的影响？

2. 什么是总需求曲线？总需求曲线与商品的需求曲线内涵有何不同？

3. 什么是边际消费倾向？简述边际消费倾向与乘数的关系以及乘数在经济发展中的作用。

4. 已知消费函数为 $C=150+0.5Y$，若自发总需求增加 100 亿元，国民收入会增加多少？若自发总需求减少 80 亿元，国民收入又会减少多少？

5. 社会收入为 2 000 亿元，储蓄为 800 亿元，收入增加为 3 000 亿元时，储蓄为 1 200 亿元。计算边际消费倾向、边际储蓄倾向和乘数。

6. 如果经济消费需求为 8 000 亿元，投资需求为 1 800 亿元，出口为 1 000 亿元，进口为 800 亿元，计算该经济的总需求，并计算各个部分在总需求中所占的比例（注意要把进口与出口算成净出口一项）。

7. 在介绍总需求曲线时说明了物价水平与总需求量反方向变动的关系，但在一些情况下，物价水平下降，总需求也在下降，你能解释这种现象吗？（提示：根据总需求曲线的移动）。

8. 什么是 *IS* 曲线？什么是 *LM* 曲线？运用 *IS* – *LM* 模型分析在利率和投资变动的情况下，总需求对均衡国民收入的决定，以及利率与国民收入之间的关系。

【补充阅读】

宏观经济学之父—约翰·梅纳德·凯恩斯

宏观经济政策每一课题的讨论都必须从约翰·梅纳德·凯恩斯（1883—1946 年）开始。凯恩斯是一个全面的天才。他在数学、哲学、文学方面都有建树；另外，他还有分身术，经营一家大的公司；出任英国财政顾问，协助管理英格兰银行；编辑一本世界闻名的经济杂志；收集现代艺术品和珍本图书；还创立过一家轮演选定节目的剧院，并娶了一位俄国著名的芭蕾舞演员。他还是一位精通投机赚钱的投资家，不仅为自己，也为他所在的剑桥大学的皇家学院（King's）赚了钱。

然而，凯恩斯主要的贡献是首创研究宏观经济学和宏观经济政策的新方法。在凯恩斯以前，大多数宏观经济学家和政策制定者都认为，商业周期的高峰和低谷的到来如潮汐一般不可避免。长时期形成的观点使得他们在 20 世纪 30 年代大危机面前茫然无措。1936 年，凯恩斯于《就业、利息和货币通论》一书中对上述问题提出了极其创造性的解释。凯恩斯有两点重要的论述：其一，市场经济中的失业率和未被完全利用的生产能力有可能长期并存；其二，认定政府的财政货币政策能够影响产出从而降低失业率并缩短经济衰退期。

由凯恩斯首次提出的这些观点具有爆炸性的效果，引发了极大的反对和争议。战后，凯恩斯学派的经济学开始在宏观经济研究和政府政策制定领域占据主导地位。到了 20 世纪 60 年代，事实上每一种宏观经济政策分析都基于凯恩斯主义。后来伴随经济学对关于供给、预期、工资及价格变动的研究成果的吸收，凯恩斯主义早年一统天下的局面开始动摇。凯恩斯主义经济学曾经保证：政府的行为可以消除商业周期，但现在很少有经济学家还在坚持这一观点。经济学和经济政策都已时过境迁，不再是凯恩斯伟大发现所处的那个时代了。

1946 年凯恩斯抱病去美国萨凡纳，出席国际货币基金组织暨国际复兴开发银行的第一次会议。会议上的激烈辩论与争执，导致凯恩斯于 3 月 19 日清晨突发心脏病，一度处于昏迷状态。返回英国之后不久，这位划时代的经济学家、20 世纪当之无愧的经济学领袖，因病情再次突发而逝世。

第 11 章　失业与通货膨胀理论

⊙本章学习要点

1. 周期性失业及其原因
2. 需求拉上型通货膨胀
3. 供给推动型通货膨胀
4. 菲利普斯曲线的含义

⊙本章学习内容

1. 失业理论
2. 通货膨胀理论
3. 失业与通货膨胀的关系

⊙案例分析

⊙本章小结

⊙关键术语和概念

⊙练习题

⊙补充阅读

11.1　失业理论

维持充分就业在政府制定的经济目标中居于显著地位。任何愿意有一份工作并有能力工作的人都应该找到一个有报酬的职位。失业对经济学家们来说，意味着有一部分资源没有得到利用：愿意工作并且有能力工作的人没有被用于生产。

11.1.1　失业与充分就业

1. 失业的定义与衡量

失业是指劳动力愿意工作而没有工作，并正在积极寻找工作的一种经济现象。

劳动力是指在法定年龄范围内，有劳动能力，正在工作或正在寻找工作的人口。各国对工作年龄和失业的范围都有不同的规定。如美国的工作年龄是 16 ~ 65 岁。一个人可能因为下列原因之一而成为失业者：

（1）新加入劳动力队伍第一次找工作，或重新加入劳动力队伍正在寻找工作已达 4 周以上的人。

（2）为寻找其他就业机会而辞职的人，在求职过程中可能登记为失业者。

（3）被暂时解雇且连续长达或预期长达 7 天没得到工资的人。

（4）被企业解雇，或是因为企业倒闭而失去工作的人。

衡量一个经济中失业状况的最基本指标是失业率。失业率是失业人数与劳动力总人数的比率。如果就业的美国人有 1.2 亿，同时有 1 000 万人说他们正在寻找工作而且没能找到，则劳动力总数为 1.3 亿，而失业率可以按如下方法计算：

$$失业率 = \frac{失业人数}{劳动力总数} \times 100\%$$

失业率的变动在西方国家中每月都是头条新闻。以美国为例，失业率的数据是每月对 55 000个家庭进行随机抽样调查并估算出来的。失业统计表明了两个主要事实：第一，失业持续地存在，失业率从未下降到 0；第二，失业水平波动剧烈。在 20 世纪 30 年代美国大萧条时期，美国劳动力中有 24% 以上的人失业，制造工人的失业率达到了 33%。到了 1983 年，美国的失业率为 9.7%，然后逐渐下降到 80 年代末的 5% 左右。

2. 充分就业

充分就业是指消除需求不足时的社会就业水平。

失业可以分为由于需求不足而造成的周期性失业，与由于经济中某些难以克服的原因而造成的自然失业。消灭了周期性失业时的就业状态就是充分就业。充分就业并非人人都有工作，这是因为经济中仍然存在由某些难以克服的原因造成的自然失业，比如劳动力的流动等，劳动市场总不是十分完善的，这种客观存在的失业为劳动市场提供了人力资源储备，为社会所接受。当经济中的失业率等于自然失业率时，就可以认为已实现充分就业。

11.1.2 失业的种类及原因

根据失业的性质和发生的原因不同，可以把失业分为周期性失业、真实工资过高失业、自然失业和隐蔽性失业。

1. 周期性失业

周期性失业是短期中由于总需求不足所引起的失业。当社会总需求不足时，致使商品和劳务滞销、生产缩减、工人被解雇、就业机会减少，产生大量的失业，它在经济增长放慢时上升而在经济繁荣时下降。周期性失业一般出现在经济周期的衰退阶段和萧条阶段。

凯恩斯认为，就业水平取决于国内生产总值，国内生产总值在短期内取决于总需求。当总需求不足，国内生产总值 AD_0 达不到充分就业水平 AD_f 时，这种失业就必然产生。凯恩斯用缺口紧缩性的概念来解释这种失业的原因（见图 11－1）。

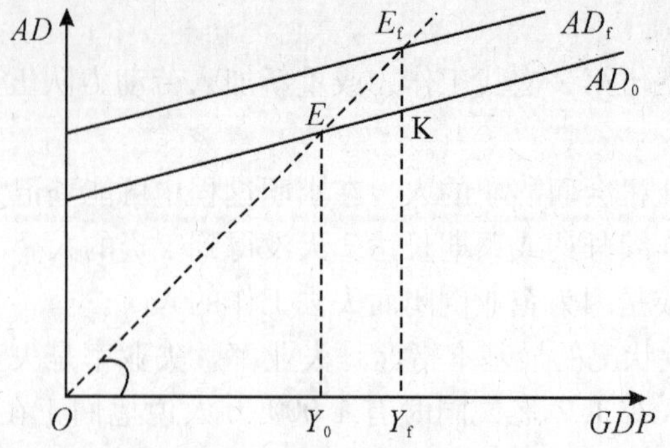

图 11-1　紧缩性缺口与失业

如图 11-1 所示，横轴表示国民收入 *GDP*，纵轴表示总需求 *AD*，充分就业的总需求曲线 AD_f 与 45°线的交点 E_f，决定了充分就业的国民收入水平为 Y_f，而现实中的总需求水平 AD_0 由于小于充分就业的总水平 AD_f，AD_0 与 45°线的交点 *E* 决定了实际的国民收入水平为 Y_0（$Y_0 < Y_f$），这就必然引起失业。紧缩性缺口指实际总需求（AD_0）小于充分就业总需求（AD_f）时，实际总需求与充分就业总需求之间的差额就是图 11-1 中的 E_fK 这一段距离。

造成需求不足的原因主要表现在三大心理规律的作用：

（1）心理上的边际消费倾向递减规律。随着收入的增加，消费也增加，但在增加的收入量中，用来消费的部分所占比例越来越少，从而造成了消费需求不足。

（2）资本的边际效率递减规律是指一定资本增量预期的收益与其供给价格（重置成本）之间的比率递减趋势。投资是为了获得最大纯利润，而这一利润取决于投资预期的利润率（即资本边际效率）与为了投资而贷款时所支付的利息率。如果预期的利润率大于利息率，则纯利润越大，投资越多；反之，如果预期的利润率越小，则纯利润越小，投资越小。资本的边际效率递减使得利润率与利息率之间的差距缩小。

（3）流动性偏好（表示人们喜欢以货币形式保持一部分财富的愿望或动机）即人们对货币的需求。由于货币需求的存在，利息率的下降有一定的限度，这样也使得利润率与利息率之间的差距缩小，引起投资需求不足。

消费需求的不足与投资需求的不足造成了总需求的不足，从而引起了非自愿失业，即周期性失业的存在。

2. 真实工资过高失业

所谓真实工资是用实物单位来表示的劳动力工资水平，它等于名义工资除以消费物价指数。由于真实工资过高，收益小于可变成本；或由于真实工资过高，迫使厂商使用资本密集型技术，从而导致劳动力的失业，称为真实工资过高失业。

在短期内，由于厂商的固定成本是不变的，只要收益能够抵补可变成本，生产就是有利的，厂商愿意继续生产。但是当真实工资过高时，可变成本的增加导致收益不足以补偿可变成本，厂商生产得越多，亏损则越多，所以厂商只能停止生产，导致劳动力失业。

在长期中，厂商可以对生产技术进行选择，或选择资本密集型生产技术，或选择劳动密集型生产技术。由于资本和劳动力在一定范围内或一定程度上可以互相替代，如果工资水平过高，厂商将会尽量选择资本密集型生产技术，所需要的劳动力数量就会减少，而且在短期内很难改变这种资本与劳动力的比例关系。

3. **自然失业**

自然失业是指由经济中某些难以避免的原因所引起的失业。在动态市场经济中，由于寻找职位需要时间和等待，或由于劳动力供求双方互不满意以及其他一些客观原因，必然有一部分人处于失业状态，这是任何情况下都难以避免的，因而是自然失业。这与充分就业并不矛盾。自然失业按其性质可分为以下类型：

（1）摩擦性失业：处于从一个工作转换到另一个工作的过渡之中的失业。

如果人们可以不用花费时间地从一个工作转换到另一个工作，就不会存在摩擦性失业。随着一些产业的兴起和另一些产业的衰退，总是存在从一个工作到另一个工作的变动，摩擦性失业因而会一直存在。

由于不断地想发现适合自己技能与兴趣的工作，年轻人比年长者会更频繁地变换工作。在进入劳动力大军的人数异常增多的时期，摩擦性失业的水平也可能更高。20 世纪 60 年代末与 70 年代初，当在第二次世界大战后大量出生的人们达到工作年龄时，摩擦性失业水平显著地上升了。

（2）结构性失业：在经济结构变化过程中，由于要素市场对劳动力供求在技术、工种、年龄、性别、地区等结构上的互不满足而引起的失业。

由于失业者缺乏新创造出来的工作机会所要求的技能，通常在存在大量结构性失业的同时，也存在很多工作空缺。例如，在建筑工人失业的同时存在着计算机程序员工作的空缺。同样，经济扩张地区存在虚位待人的同时，经济衰退地区却存在失业。年长者可能发现自己尤其难以适应结构性变化，雇主也有可能不愿再花钱培训一个 55 岁的人去适应新的工作。结构性失业给社会带来一个特别重要的问题：那些长期失业者会变得情绪不满并可能丧失工作的习惯。

（3）季节性失业：随着季节变换而变化的失业。

某些行业的工作具有季节性，生产繁忙的季节所需的工人多，生产淡季所需的工人少，这样就会引起具有季节性变动特点的失业。在农业、建筑业、旅游业中，这种失业最严重。圣诞前夕，西方的百货商店和大商场需要大量的售货员。由于气候的原因，在美国的许多地方，建筑施工的速度在冬季放慢；而旅游业常常会在夏季扩大，为旅游者提供服务的职位也会增加。在夏季，很多高中生和大学生会临时加入劳动力大军，劳动力供给的增加常常超过劳动力需求的增加，失业率通常会上升。

4. **隐蔽性失业**

隐蔽性失业是指表面上有工作，实际上对经济活动并没有做出贡献的人，即有“职”无“工”者。

随着人口的增加，劳动力供给增多；同时，随着科技进步、先进机器设备的使用，使各部门对劳动力需求有减少的趋势。这容易导致一些单位人浮于事、效率低下，即减少部分人员不会使产出下降，这就意味着存在隐蔽性失业，或者说部分人员的边际生产力为零。这种失业在发展中国家存在较多，特别是发展中国家的农业部门。消灭隐蔽性失业对提高经济效率是十分重要的。

11.1.3 失业的经济损失

失业对于少数人来讲，为了长期旅游而辞职会带来闲暇的享受；而大部分人则会因为失业使得收入减少，生活水平下降。

对于整个社会来说，失业增加了社会福利支出，加重了财政负担。失业率过高又会影响社会的安定，导致犯罪的增加，政府往往成为人们责难的对象。从整个经济看，失业在经济上最大的损失是实际国民收入的减少。

曾任美国总统约翰逊首席经济顾问的美国经济学家A. 奥肯在20世纪60年代研究了经济处于非充分就业，即周期性失业状态时，失业率与实际国民收入增长率之间的统计规律。根据奥肯定律，失业率每超过自然失业率1%，则实际国民收入损失2.5%。

失业率的上升使经济付出了沉重的代价。失业率上升引起的国民收入的损失不可能在失业率下降的时候得到补偿，人们不可能指望所有的工人在一年之内干出两年的活，失去的将永远失去，不正常的情况是不能用正常的情况来弥补的。

11.2 通货膨胀理论

一般价格水平的上升被称为通货膨胀。通货膨胀影响到每一个人。当通货膨胀很高时，它就几乎成为政治议事日程中的重要部分。

11.2.1 通货膨胀及其测量、分类

1. 通货膨胀的含义

经济学家对通货膨胀的解释不尽一致。例如，弗里德里奇·哈耶克认为："通货膨胀的原意是指货币数量的过度增长，这种增长规律地导致物价的上涨。"米尔顿·弗里德曼认为："物价的普遍上涨叫做通货膨胀。"而保罗·萨缪尔森则加上时期概念，认为通货膨胀是："物价和生产要素的价格普遍上升的时期，面包、汽车、理发的价格上升，工资、租金等也都上升。"道格拉斯·格林沃尔德主编的《现代经济词典》将通货膨胀定义为："一般物价水平的持续上升，其结果是购买力下降"，并认为"只有在物价水平每年平均上涨2.5%以上并持续一段时期后，才会发生通货膨胀。"一般所接受的是这样的定义：通货膨胀是物价水平普遍而持续的上升。在理解通货膨胀时应注意以下几点：

（1）如果仅有一种商品的价格上升，这不是通货膨胀；只有大多数商品的价格上升才是通货膨胀。

（2）暂时的价格上升不能算做通货膨胀，其价格水平必须是持续一段时期的上升过程。

（3）价格水平必须在长时期内以较大幅度上涨，是人们可以觉察到的。

2. 通货膨胀的测量

如果所有商品的价格按同比例上升，比如一年上升5%，这时测量通货膨胀将很容易：该年的通货膨胀率是5%。困难的是，不同商品的价格是以不同比率上升的，有些商品的价格甚至可能下降。

经济学家有一个测量价格水平的直截了当的方法。他们提问，购买与去年相同的一种商品组合，消费者今年要多花多少钱？例如，如果消费者在1991年必须花费22 000美元才能买到1990年只需花费20 000美元就可以买到的同样一种商品组合，那么我们就说价格平均上升了10%。这类结果经常用价格指数的形式来表示。被世界各国广泛采用的物价指数主要

有以下三种：

（1）消费物价指数（CPI）。

消费物价指数，也称零售物价指数或生活物价指数，是一种用来衡量各个时期内城市家庭和个人消费的商品和劳务的价格平均变化程度的指标。它由各国政府根据本国若干种主要食品、衣服和其他日用消费品的零售价格以及水、电、住房、交通、医疗、娱乐等服务费用而编制计算出来的，有些国家进一步根据不同收入阶层消费支出结构的不同，编制不同的消费物价指数。

消费物价指数能直接反映影响居民生活水平的物价变动情况，与人们的日常生活密切相关，原始数据较容易采集，一般每月公布一次。

（2）批发物价指数（PPI）。

批发物价指数，也称生产者价格指数，是根据制成品和原材料的批发价格编制的指数。它主要是衡量不同时期生产资料和消费资料（不包括劳务）的批发价格变动情况，能反映商业流通领域的价格走势。

（3）国民生产总值折算指数。

国民生产总值折算指数是衡量不同时期一切商品与劳务价格变化的指标。它是按当年价格计算的国内生产总值与按基期价格计算的国内生产总值的比率。

国民生产总值折算指数所包括的商品和劳务的范围最为广泛，能够较准确地反映最终产品和劳务的一般物价变动情况，所以，近年来许多西方经济学家把它视为衡量通货膨胀的最好尺度。我国自1988年开始公布国民收入折算指数。

3. 通货膨胀的分类

随着经济生活中通货膨胀的日趋多样化和复杂化，各国经济学家在分析通货膨胀问题时，往往以不同标准对其进行分类。

（1）依据通货膨胀的表现形式，可划分为公开的通货膨胀和隐蔽的通货膨胀。

公开的通货膨胀，又称开放的通货膨胀，是指完全通过一般物价水平上涨形式反映出来的通货膨胀。在市场经济中（除战时和实行价格管制政策时期外），通货膨胀基本上都是公开的通货膨胀。计划经济中的公开的通货膨胀，表现为自由集市贸易中的物价水平上涨，也可表现为国有商业部门中商品价格的上涨。

隐蔽的通货膨胀是指经济中存在着通货膨胀的压力，但由于政府实施了严格的价格管制与配给制，通货膨胀并没有发生。一旦解除价格管制并取消配给制，就会发生较严重的通货膨胀。20世纪70年代初期，美国的通货膨胀率上升到4.5%，当时的尼克松对通货膨胀非常担心，因此实施了一个冻结工资与物价的计划，即宣布工资与物价不能再上涨，违者要受到联邦法律的制裁。正如供给与需求模型可以预见的那样，价格控制导致了一些产品的短缺。不仅如此，当尼克松解除了控制后，通货膨胀又一次扶摇直上，并在70年代末期超过了10%。原计划经济国家在经济改革过程中出现的通货膨胀也属于这种情况。

（2）按照通货膨胀的严重程度，可以将其分为：

第一，爬行的通货膨胀，其特点是通货膨胀率低而且比较稳定。一般物价水平年均上涨率在1%～3%以内，有的经济学家认为年均物价上涨率在1%～5%以内都可称之为爬行的通货膨胀。例如，在20世纪50年代，美国、英国和日本的物价水平的年均上涨率大都保持在1%～3%的幅度内。1980—1990年期间的日本，相当成功地控制住了通货膨胀，通货膨胀率仅为1.3%，就是一种较典型的爬行的通货膨胀。

第二，温和的通货膨胀是指一般物价水平年均上涨率在3%以上但未达到两位数的通货膨胀。有些经济学家把一般物价年均上涨率在3%～6%看做是爬行的通货膨胀，更多的是对温和的通货膨胀和爬行的通货膨胀并不加以截然区分。一些持较为乐观态度的经济学家认为，温和的通货膨胀和爬行的通货膨胀在一定程度上可以激励经济主体的积极性，有利于经济活动的扩张，从而有利于促进就业。但另外一些经济学家则认为，缓慢的物价水平上涨在短时期内可能会暂时地促进经济扩张，但若不加以控制而任其发展，最终可能导致物价水平大幅上涨。

第三，加速的通货膨胀，又称奔驰的通货膨胀，其特点是通货膨胀率较高（一般在两位数以上），而且还在加剧，甚至高达百分之几十，但是其剧烈程度仍不足以导致货币体系和经济生活的崩溃。如美国的20世纪70年代末和80年代初，在1980年通货膨胀率达到了13%。这种通货膨胀对一国经济活动和居民的生活都有极为不利的影响。

第四，超速通货膨胀，又称恶性通货膨胀，其特点是通货膨胀率非常高（标准是每月通货膨胀率在50%以上），而且完全失去了控制。发生这种通货膨胀时，价格持续猛涨，人们都尽快地使货币脱手，从而大大加快货币的流通速度。其结果是对货币失去信任，购买力猛降，各种正常的经济联系遭到破坏，致使货币体系和价格体系最后完全崩溃。在严重的情况下，还会出现社会动乱。正如1920—1922年的德国，物价上升得如此迅速，以至人们拿到工资后立即冲向市场，害怕在他们赶到那里之前价格又会上升。第二次世界大战以后的中国和匈牙利也出现过类似情况。距离我们更近的是1980—1990年的以色列，物价每年上升的幅度超过100%，同一时期的玻利维亚，价格每年几乎上升400%。

（3）依据人们对通货膨胀的预期，可划分为可预期性通货膨胀和不可预期性通货膨胀。

可预期的通货膨胀是人们可以正确预见到的通货膨胀。如果通货膨胀率相当稳定，或者人们可以完全预期，那么，通货膨胀对经济影响并不大。因为在这种可预期的通货膨胀之下，各种名义变量（名义工资、名义利率等）都可以根据通货膨胀率进行调整，从而使实际变量（实际工资、实际利率等）不变。这时，通货膨胀的主要影响是人们将减少他们所持有的现金量。

不可预期的通货膨胀是人们无法正确预期的通货膨胀。此时通货膨胀将影响收入分配及经济活动，因为这时无法准确地根据通货膨胀率来调整各种名义变量，以及相应的经济行为。首先，在债务人与债权人之间，通货膨胀将有利于债务人而不利于债权人；其次，在雇主与工人之间，通货膨胀将有利于雇主而不利于工人。

（4）依据通货膨胀的成因，可划分为需求拉上型通货膨胀、成本推动型通货膨胀、混合型通货膨胀和结构型通货膨胀。

11.2.2 通货膨胀的成因

在现代经济中，对付所有通货膨胀一律采取紧缩政策，有时收效甚微，甚至可能出现“滞胀”。因此，对通货膨胀的主要成因作进一步分析，有助于理解通货膨胀过程中的各种现象，并制定相应的治理措施。

1. 需求拉上型通货膨胀

需求拉上型通货膨胀就是总需求大于总供给所引起的通货膨胀。对于引起总需求过大的原因又有两种解释：其一是凯恩斯主义的解释，强调实际因素对总需求的影响；其二是货币主义的解释，强调货币因素对总需求的影响。与此相应，就有两种需求拉上型通货膨胀理论。

（1）凯恩斯主义的解释。

凯恩斯认为，当经济中实现充分就业时，表明资源已经得到了充分利用。这时，如果总需求仍然增加，就会由于过度总需求的存在而引起通货膨胀。可以用膨胀性缺口这一概念来说明这种通货膨胀产生的原因。膨胀性缺口是指实际总需求大于充分就业总需求时，实际总需求与充分就业总需求之间的差额。

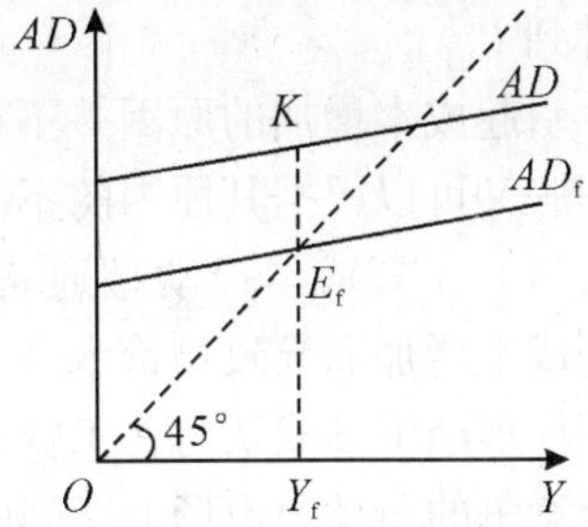

图 11－2　膨胀性缺口与通货膨胀

如图 11－2 所示，充分就业下的总需求曲线 AD_f 与 45°线的交点 E_f，决定了充分就业的国内生产总值为 Y_f，但这时的实际需求水平为 AD，$K > E_f$。因为国内生产总值已经达到了充分就业的水平，无法再增加，所以，实际总需求 AD 与充分就业总需求 AD_f 之间的差额 KE_f 就形成了膨胀性缺口。

还可用图 11－3 说明经济实现充分就业前后，总需求的增加与通货膨胀的关系。

如图 11－3 所示，在实现充分就业后，总需求增加（从 AD_2 增加到 AD_3），国内生产总值已经达到充分就业时的国内生产总值水平，无法继续增加，只会引起价格水平的上涨（从 P_2 上升到 P_3）。

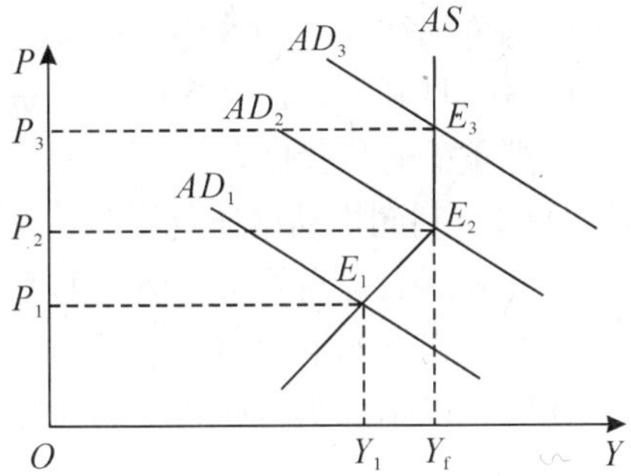

图 11－3　需求拉上型通货膨胀

凯恩斯强调了通货膨胀与失业不会并存，通货膨胀是在充分就业实现后产生的。但实际上，经济未实现充分就业时的情况并非模型所表示的这么简单。在图 11－3 中，当经济未实现充分就业时，随着总需求从 AD_1 增加到 AD_2，一方面国内生产总值从 Y_1 增加到充分就业时的 Y_f，另一方面也会使价格水平从 P_1 上升到 P_2。在这个过程中，价格水平的上涨可能是暂时的，也有可能因价格水平持续上涨产生通货膨胀。这是因为在实现充分就业前，总供给是随着总需求的增加而增加的，当总供给增加到与总需求水平相适应时，价格水平就可能回落；当总供给的增加不能迅速满足总需求的增加时，就会产生暂时的供给短缺，国内生产总值出现暂时停止增加而价格水平上涨，引起通货膨胀。

（2）货币主义的解释。

货币主义认为，实际因素即使对总需求有影响也是不重要的，由此所引起的通货膨胀也不可能是持久的。引起总需求过度的根本原因是货币的过量发行。

2. 供给推动型通货膨胀

供给推动型通货膨胀，又称为成本推动型通货膨胀，是由于成本增加而引起的通货膨胀。成本推动型通货膨胀理论是一种侧重从供给或成本方面来解释物价水平的持续上升，把通货膨胀的原因主要归咎于总供给曲线的位移的理论假说。20 世纪 60 年代，有些国家未达到充分就业，甚至失业增加，物价总水平也出现持续上涨现象。为了解释这种现象，便出现了成本推动型通货膨胀理论。

成本的增加意味着只有在高于从前的价格水平时，才能达到与以前同样的产量水平，即总供给曲线向左上方移动。在总需求不变的情况下，总供给曲线向左上方移动使国内生产总值减少，价格水平上升，这种价格上升就是供给推动型通货膨胀。

如图 11－4 所示，总需求曲线 AD 不变，由于成本增加导致总供给曲线从 SAS_0 向左上方移到 SAS_1，总供给曲线与总需求曲线所决定的国内生产总值从 Y_0 减少到 Y_1，价格水平从 P_0 上升到 P_1。

引起成本增加的原因并不相同，因此，成本推动型通货膨胀又可以根据其原因的不同而分为以下几种：

（1）工资成本推动型通货膨胀，指由于工资提高使生产成本增加而导致物价水平上涨。

许多经济学家认为，工资是成本中的主要部分。在不完全竞争的劳动力市场上，当强大的工会组织可以垄断劳动力卖方市场的情况出现时，工会和雇主集体议定的工资往往会高于竞争的工资，并且由于工资的增长率超过劳动生产率，企业就会因人力成本的加大而提高产品价格，以维持盈利水平。这就是从工资提高开始引发的物价上涨。

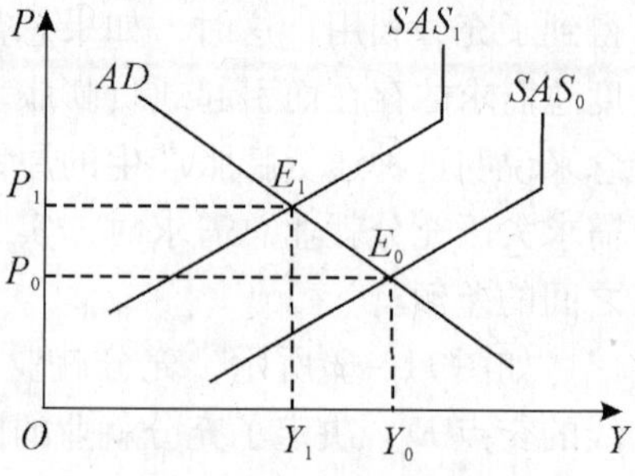

图 11－4　供给推动型通货膨

工资的增加往往是从个别部门开始的，但由于各个部门之间工资的攀比行为，个别部门工资的增加往往会导致整个社会的工资水平上升，从而引起普遍的通货膨胀。而且，这种通货膨胀一旦开始，还会形成“工资—物价螺旋式”上升。这样，工资与物价不断互相推动，形成严重的通货膨胀。

（2）利润推动型通货膨胀，又称价格推动型通货膨胀，指市场上具有垄断地位的企业为了增加利润而提高价格所引起的通货膨胀。

在不完全竞争的商品市场上，垄断的厂商操纵价格，使价格上涨速度超过成本支出的增长速度，以赚取垄断利润。如果这种垄断行业的作用大到一定程度，就会形成利润推动型通货膨胀。

（3）进口成本推动型通货膨胀。这是指在开放经济中，由于进口的原材料价格上升而引起的通货膨胀。在这种情况下，一国的通货膨胀通过国际贸易渠道而影响到其他国家。例如 20 世纪 70 年代初，西方国家通货膨胀的重要原因之一就是世界市场石油价格的大幅度上升，引起与进口石油有关的行业价格上涨，进而波及整个经济，出现进口成本推动型通货膨胀。与这种通货膨胀相对应的是出口型通货膨胀，即由于出口迅速增加，以致出口生产部门成本增加，国内产品供给不足，引起通货膨胀。

3. 供求混合推动型通货膨胀

供求混合推动型通货膨胀是由于需求拉上和供给推动共同作用而引起的通货膨胀。在现实生活中，单纯的需求拉上型通货膨胀和单纯的成本推动型通货膨胀是难以找到的，大多数通货膨胀的发生总是包含了需求和供给（成本）两个方面因素的共同作用。

如果通货膨胀是由需求拉上开始的，这种物价上升会使工资增加，从而使供给成本增加而引起成本推动型通货膨胀。

如果通货膨胀是由成本推动开始的，这时如果没有总需求的增加，工资上升最终会使国内生产总值减少，增加失业，从而使成本推动引起的通货膨胀停止。只有在成本推动的同时，又有总需求的增加，这种通货膨胀才能持续下去。

在图 11－5 中，如果仅是总供给曲线由 SAS_1 移动到 SAS_2，会使价格水平由 P_0 上升为 P_1，同时国内生产总值从 Y_0 减少到 Y_1，最终的结果会导致经济的衰退而结束这种供给推动引起的通货膨胀。如果在成本推动之后（即总供给曲线移动的同时），总需求也相应地增加，例如：

工资上涨引起需求增加，或政府当局为了维持充分就业而采取了扩张性的财政政策，刺激了总需求的增加，总需求曲线由 AD_1 移动到 AD_2，国内生产总值从 Y_1 恢复到 Y_0，而价格水平由 P_1 上升为 P_2，这时的物价上升的过程是图中的 $a—b—c$。

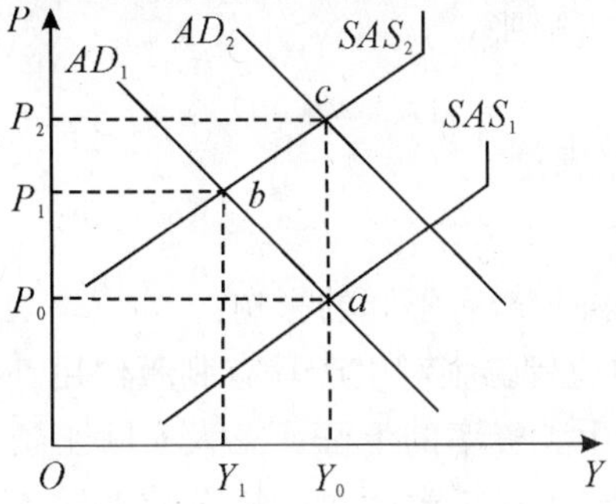

图 11－5　供给推动与需求拉上共同作用的通货膨胀

4. **结构型通货膨胀**

结构型通货膨胀是指由于社会资源不能在各行业间迅速流动而引起的通货膨胀，包括各生产部门之间的需求结构差异、劳动生产率差异、劳动力市场结构特征和各生产部门收入水平差异等情况。

（1）由于需求结构差异可能引发结构型通货膨胀。

在日益变化的经济中，需求可能从某些部门转移到另一些部门。虽然总需求不变，在需求移动的时候，需求增加部门的商品价格上涨，由于价格刚性，需求减少部门的商品价格并不下降，甚至由于示范效应也随着需求增加部门商品的价格上涨而上涨，从而使全社会各部门的商品价格上涨，形成整体的通货膨胀。

（2）由于经济发展不平衡而引发的结构型通货膨胀。

英国经济学家 J. 希克斯将社会经济部门划分为扩展部门和非扩展部门。在扩展部门中，经济繁荣时期由于劳动力缺乏，货币工资上升，而在衰退时期货币工资并不下降。在扩展部门货币工资水平上升时，非扩展部门的劳动者会认为这不是暂时的，而是永久性的，因而会产生“不公平”的感觉。为了要求公平，他们会对雇主施加压力（如罢工），要求提高工资，在这种情况下，仲裁者也会认为提高工资的要求是合理的，雇主为搞好劳资关系也会同意提高工资。这样，扩展部门的工资提高就普遍化到非扩展部门，引起工资普遍上升和物价水平的上涨。

此外，W. 鲍莫尔等一些经济学家对工业部门和服务部门做了具体的比较研究，他们发现，工业部门的劳动生产率要明显高于服务部门，其增长率也快于服务部门，但是，服务部门的收入弹性较大，并且服务部门的货币工资增长速度是向工业部门看齐的。这样，在劳动生产率、增长率不一致而货币工资增长率趋于一致时，势必造成物价水平的上涨。

（3）由于劳动力市场结构特征而引发的结构型通货膨胀。

在存在结构性失业的情况下，劳动力市场结构的特点是失业与职业空缺并存。出现这种情况，主要是由于劳动力市场的技术结构、地区结构以及性别结构方面缺乏流动性，造成了供求相互不适应。在这种情况下，一方面，由于工资刚性的存在，虽然有失业，但工资并不下降；另一方面又有职位空缺，因而工资上升。这样工资总水平增加，成本上升，从而导致通货膨胀。

（4）以北欧一些开放经济的小国为对象的北欧模型。

由于小国是世界市场上的价格接受者，世界通货膨胀从小国的开放经济部门传递到不开放经济部门，从而导致全面通货膨胀。

11.2.3 通货膨胀对经济的影响

1. 通货膨胀对生产的影响

不同类型的通货膨胀对经济生产有不同的影响：

（1）没有预料到的温和的通货膨胀对生产具有刺激作用。在通货膨胀没有被预料到的条件下，产品价格的上涨快于货币工资率的上涨，工人实际工资下降，厂商利润增加。在追求利润动机的支配下，厂商将增雇工人扩大生产，从而带来失业率的下降和实际国民收入水平的上升。

（2）通货膨胀对生产的破坏作用主要表现在：首先，通货膨胀破坏社会再生产的正常进行。在通货膨胀期间，由于物价上涨的不平衡造成各生产部门和企业利润分配不平衡，使经济中的一些稀有资源转移到非生产领域，造成资源浪费，妨碍社会再生产的正常进行。其次，随着物价的飞涨，企业不仅面临成本增加的困难，而且会遇到产品销售后买不回原料的风险，因而经营风险较大。相对而言，从事囤积、投机商业交易更易获利，从而出现“工不如商，商不如囤”的混乱现象，严重挫伤企业投资生产的积极性，使生产萎缩。再次，通货膨胀使得货币贬值，不利于企业生产经营核算，容易导致人们对生产经营做出错误的决策，从而给生产经营带来不利影响。最后，通货膨胀解除了企业价格竞争和非价格竞争的压力，使企业既不必用降低成本的方式来赢得市场，也不必用提高产品质量和效用的各项措施来增强竞争力，显然极不利于企业的技术进步及生产效率和产品质量的提高。

2. 通货膨胀对流通的影响

通货膨胀打破了流通领域原有的平衡，使正常的流通受阻。通货膨胀会鼓励企业大量囤积商品，人为加剧市场的供求矛盾。而且由于币值的降低，潜在的货币购买力就会转化为实际的货币购买力，加快货币流通速度，也进一步加剧通货膨胀。

3. 通货膨胀对分配的影响。

通货膨胀改变了原有的收入分配比例和原有的财富占有比例。依靠固定收入的人群在整体收入分配中所占的比例变小了，以货币形式持有财富的人也受到损害。通货膨胀还影响到国民收入的初次分配和再分配环节。通货膨胀通过“强制储蓄效应”把居民、企业持有的一部分收入转移到发行货币的政府部门。货币供应总量增加使社会总名义收入增加，社会实际总收入不会增加。不同的阶层有不同的消费支出倾向，必然会引起国民收入再分配的变化。

4. 通货膨胀对消费的影响

通货膨胀使居民的实际收入减少，这意味着居民消费水平的下降，物价上涨的不平衡性和市场上囤积居奇和投机活动的盛行使一般消费者受到的损失更大。

11.3 失业与通货膨胀的关系

11.3.1 凯恩斯观点：失业与通货膨胀不会并存

按照传统的凯恩斯理论，在没有实现充分就业以前，总需求增加只会使国民收入增加，而不会引起价格上升。这也就是说，在未实现充分就业的情况下，是不会发生通货膨胀的。在充分就业实现，即资源得到充分利用之后，总需求的增加无法使国民收入增加，而只会引起价格上升。这一理论说明，经济在发生通货膨胀之前，是处于资源未能充分利用或存在失业状态的，而在实现充分就业以后，需求就会使经济处于通货膨胀状态。

由总供给曲线所表示的失业与通货膨胀的关系是：有失业存在，就说明资源还没有充分利用，因而就不存在通货膨胀；而实现充分就业以后，即说明资源已充分利用了，总需求的增加，充分就业时的国民收入水平不会变化，只能发生通货膨胀，即失业与通货膨胀是不能并存的。这种情况适用于20世纪30年代经济大萧条的特殊时期，不符合战后各国的实际情况。

11.3.2 菲利普斯曲线与新古典综合派的解释

按照标准的凯恩斯理论，有效需求不足产生失业，过度需求导致通货膨胀。由于有效需求不足和过度需求不可能同时出现，因此失业与通货膨胀也不应该同时并发。但是，后来的菲利普斯的研究成果却首次表明了失业与通货膨胀之间的关系。

1958年，当时还是伦敦经济学院教授的菲利普斯发表有关1861—1957年英国工资状况的综合研究论文：菲利普斯曲线是失业率和货币工资增长率之间的一种反向关系。如图11－6所示，失业率越高，货币工资增长率则越低，甚至是负数；反之，当失业率越低时，货币工资增长率则越高。1960年，美国新古典综合派经济学家萨缪尔森和索洛发表文章，用美国的统计资料同样证明了菲利普斯曲线所表示的关系是存在的，并进一步把菲利普斯曲线解释为失业和通货膨胀之间的关系。这是因为，根据成本推动型通货膨胀理论，货币工资增长率可以表示通货膨胀率。因此，菲利普斯曲线就可以表示失业与通货膨胀之间的一种反向关系。

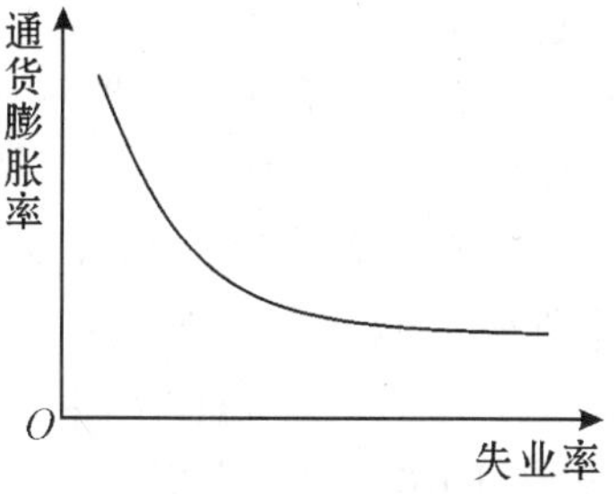

图11－6 菲利普斯曲线

菲利普斯曲线提出了这样几个重要的观点：

第一，通货膨胀是由工资成本推动所引起的，这就是成本推动型通货膨胀理论。

第二，承认了通货膨胀与失业的交替关系。这就否定了凯恩斯关于失业与通货膨胀不会并存的观点。

第三，当失业率为自然失业率时，通货膨胀率为零。

新古典综合派还把菲利普斯曲线运用于指导政策，并运用政策对经济进行微调，实现宏观经济稳定。具体做法是先确定一个社会临界点，失业率与通货膨胀率在此之内政府不用调节。如果通货膨胀率高于社会临界点，这时可以采取紧缩性政策，以提高失业率为代价降低通货膨胀。如果失业率高于社会临界点，可以采用扩张性政策，以提高通货膨胀率为代价降低失业率。美国20世纪60年代初期是高失业率与低通货膨胀率并存，而到了60年代后期是高通货膨胀率与低失业率并存。

11.3.3 失业与通货膨胀关系的新变化：货币主义与理性预期学派的观点

简单的菲利普斯曲线是基本符合20世纪50、60年代西方国家实际情况的，但是到了70、80年代，这个曲线不论在英国还是在美国都与实际情况相去甚远。这是因为，简单的菲利普斯曲线忽略了一些因素，那就是预期的或预料的通货膨胀。

货币主义者在解释菲利普斯曲线时所用的预期概念是适应性预期，即人们根据过去的经验来形成并调整对未来的预期。他们根据适应性预期，把菲利普斯曲线分为短期菲利普斯曲线与长期菲利普斯曲线，如图11－7所示。

短期菲利普斯曲线是表明在预期的通货膨胀率低于实际发生的通货膨胀率的短期中，失业率与通货膨胀率之间存在交替关系的曲线。这样，工人所得到的实际工资可能小于先前预期的实际工资，从而使实际利润增加，刺激了投资，就业增加，失业率下降。所以，向右下方倾斜的菲利普斯曲线在短期内是可以成立的。这也说明，在短期中引起通货膨胀率上升的扩张性财政与货币政策是可以起到减少失业的作用的。这就是宏观经济政策的短期有效性。

短期菲利普斯曲线的高度，即预期通货膨胀水平 π^e，根据厂商和工人对通货膨胀预期的变化，随时间推移而上下移动。如果通货膨胀持续下去，人们就根据最近的通货膨胀历史，来预期未来的通货膨胀（即 π^e 上升），从而短期菲利普斯曲线向右上移动。

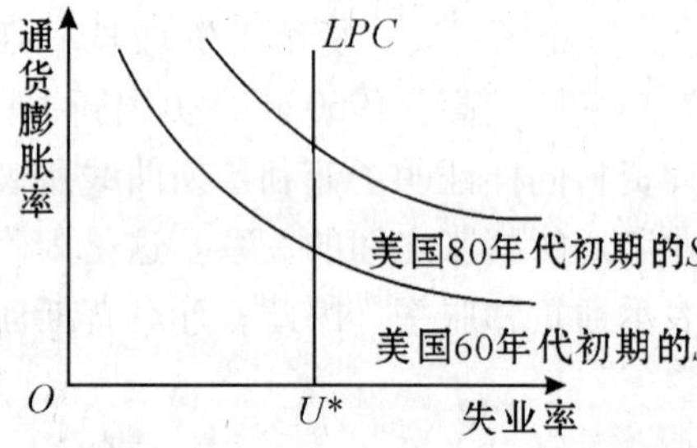

图11－7 通货膨胀预期与短期菲利普斯曲线、长期菲利普斯曲线

但是，预期的通货膨胀率与实际发生的通货膨胀率一致是正常的、长期的倾向，是工人不断调整自己的预期的结果。这时，工人会要求增加名义工资，使实际工资不变，从而通货膨胀就不会起到减少失业的作用。长期菲利普斯曲线是一条垂线，表明失业率与通货膨胀率之间不存在交替关系。而且在长期中，经济能实现充分就业，失业率是自然失业率。因此，垂直的菲利普斯曲线表明了：无论通货膨胀率如何变动，失业率总是固定在自然失业率 U^* 的水平上。以引起通货膨胀为代价的扩张性财政政策与货币政策并不能减少失业，这就是宏观经济政策的长期无效性。

在经济滞胀阶段，不但原始的菲利普斯曲线不存在，而且恰恰相反，是一条向左上方倾斜的曲线（如图11－8所示），表明高通货膨胀率与高失业率并存。这是因为，政府为实现充分就业的许诺，驱使他们采用加速度的通货膨胀率。在加速度的通货膨胀率下，失业率不但不能降低，反而越来越大。不断上升的通货膨胀率和不断增长的失业率相互加强，改变了原始的短期菲利普斯曲线的方向，使经济出现滞胀现象。

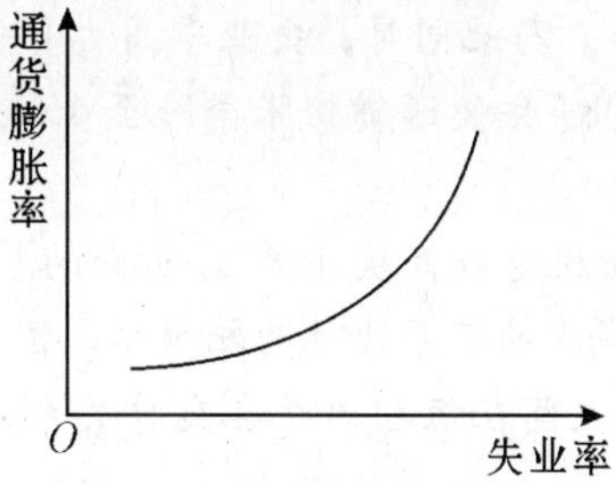

图 11－8　经济滞胀阶段的短期菲利普斯曲线

理性预期学派所采用的预期概念不是适应性预期，而是理性预期。理性预期是合乎理性的预期，其特征是预期值与以后发生的实际值是一致的。在这种预期的假设之下，无论在短期或长期中，预期的通货膨胀率与实际发生的通货膨胀率总是一致的，从而也就无法以通货膨胀为代价来降低失业率。所以，无论在短期或长期中，菲利普斯曲线都是一条从自然失业率 U^* 出发的垂线，即失业率与通货膨胀率之间不存在交替关系。由此得出的推论就是：无论在短期还是长期中，宏观经济政策都是无效的。

11.3.4　新凯恩斯主义的观点

新凯恩斯主义者用市场调节的信息不对称和不完全性来解释菲利普斯曲线。

在长期中，市场机制的调节作用是有效的，因此，市场可以实现充分就业均衡。这时，失业与通货膨胀也就没有交替关系。失业率为自然失业率，由制度、资源、技术进步等因素决定，通货膨胀率由货币供给增长率决定，两者之间决定机制不同，当然也就没有交替关系，政府就没必要进行调节。

在短期中，由于信息的不对称性，市场调节并不是完全有效的，宏观经济会出现小于或大于充分就业均衡。具体来说，在劳动力市场上，由于信息不对称引起的工资黏性，劳动力市场不能实现供求平衡；在物品市场上，由于价格黏性，物品市场也不能实现供求平衡；在信贷市场上，由于信息不对称引起利率并不能起到完全的调节作用，银行采用配给制，供求也不一定平衡。这样，短期中，市场机制的调节作用就会受到限制。因此，在短期中，通货膨胀和失业之间就存在交替关系，这时就需要政府用政策进行调节。

11.4　案例分析

沃尔克反通货膨胀的代价

20 世纪 70 年代末至 80 年代初，美联储主席为反对通货膨胀所付出的代价说明了菲利普斯曲线的存在。

20 世纪 70 年代，滞胀一直困扰着美国。1979 年夏，通货膨胀率高达 14%，失业率高达

6%，经济增长率不到1.5%。在这种形势下，沃尔克被卡特总统任命为美联储主席。沃尔克上台后把自己的中心任务定为反通货膨胀。他把贴现率提高到12%，货币量减少，但到1980年2月通货膨胀率仍高达14.9%。与此同时，失业率高达10%。沃尔克顶住各方面压力，继续实施这种紧缩政策，终于在1984年使通货膨胀率降至4%，开始了20世纪80年代的经济繁荣。

沃尔克反通货膨胀的最终胜利是以高失业率为代价的。经济学家把通货膨胀率减少了1%的过程中每年国内生产总值减少的百分比称为牺牲率。国内生产总值减少必然引起失业加剧。这充分说明通货膨胀与失业之间在短期内存在交替关系，实现低通货膨胀在一定时期内是以高失业为代价的。

经济学家把牺牲率确定为5%，即通货膨胀每年降1%，每年的国内生产总值减少5%，沃尔克把1980年10%的通货膨胀率降低至1984年的4%，按此推理，每年减少的国内生产总值应为30%。实际上，国内生产总值的下降并没有这么严重。其原因在于沃尔克坚定不移的反通货膨胀决心使通货膨胀率按预期下降，从而菲利普斯曲线向下移动。这样，反通货膨胀的代价就小了。但代价仍然是有的，美国这一时期经历了自20世纪30年代以来最严重的衰退，失业率达到10%。

反通货膨胀付出的代价证明了短期菲利普斯曲线的存在，也说明维持物价稳定的重要性。

【本章小结】

周期性失业是短期中由总需求不足引起的失业。

通货膨胀是物价水平普遍而持续的上升。按照通货膨胀的严重程度，可以将其分为爬行的通货膨胀、温和的通货膨胀、加速的通货膨胀和超速的通货膨胀。

可预期的通货膨胀与不可预期的通货膨胀对经济的影响不同。不可预期的通货膨胀对经济更为不利。

需求拉上型通货膨胀就是总需求大于总供给所引起的通货膨胀。

供给推动型通货膨胀，又称为成本推动型通货膨胀，是由于成本增加而引起的通货膨胀。

菲利普斯曲线表示失业和通货膨胀之间存在交替关系。

不同经济学流派对菲利普斯曲线做出了不同解释，得出了不同政策结论。

货币主义根据适应性预期认为，菲利普斯曲线所表示的失业与通货膨胀的交替关系在短期内存在，在长期中不存在，反对政府干预经济。

理性预期学派根据理性预期认为，菲利普斯曲线所表示的失业与通货膨胀的交替关系在短期与长期中都不存在，反对政府干预经济。

新凯恩斯主义根据市场调节的不完全性认为，菲利普斯曲线所表示的失业与通货膨胀的交替关系在短期内存在，在长期中不存在，主张在短期内政府应该干预经济。

【关键术语和概念】

周期性失业　紧缩性缺口　奥肯定律　膨胀性缺口　通货膨胀　可预期的通货膨胀　不可预期的通货膨胀　需求拉上型通货膨胀　供给推动型通货膨胀　供求混合型通货膨胀　结构型通货膨胀　菲利普斯曲线　适应性预期　理性预期

【练习题】

1. 充分就业是不是人人都有工作？为什么？
2. 失业类型主要有哪些？
3. 失业的社会代价有哪些？
4. 各种失业种类中，哪些失业是可以消除的？哪些是无法消除的？
5. 什么是膨胀性缺口？
6. 什么是通货膨胀？它通常有哪些衡量指标？
7. 通货膨胀的类型有哪几种？
8. 通货膨胀的成因是什么？
9. 什么是工资推进型通货膨胀和利润推进型通货膨胀？
10. 你认为通货膨胀与经济增长之间关系如何？
11. 菲利普斯曲线表示了什么关系？不同学派是如何解释失业与通货膨胀之间的关系的？
12. 根据所学知识，你怎样理解失业与通货膨胀之间的关系？

【补充阅读】

各国自然失业率不同的原因

欧盟各国、加拿大和美国的自然失业率差别相当大。当美国的自然失业率为4%左右时，欧洲、加拿大的自然失业率在6%左右。引起这种差异的主要原因是制度上的。

一般来说，欧洲和加拿大的各种社会保障和社会福利要高于美国。欧洲人和加拿大人享受的失业津贴高于美国人，时间也比美国长，最低工资的标准也高于美国。此外，欧洲和加拿大工会的力量也比美国大。欧洲和加拿大有3/4左右的工人是工会会员，而且所起的作用也大，但美国在工会极盛的20世纪40、50年代，加入工会的工人也仅1/3，现在下降为16%左右。

正是这种制度上的原因使欧洲与加拿大的自然失业率高于美国。我们在研究各国的自然失业率时，一定要注意这种制度因素。

1995年部分国家的失业率

20世纪90年代，西方各国成功地控制了通货膨胀，但失业率却居高不下，见表11－1。

表11－1　1995年部分国家的失业率

国家	失业率（%）	国家	失业率（%）
加拿大	9.4	意大利	12.0
美国	5.6	英国	8.0
比利时	14.5	荷兰	7.0
瑞典	7.8	日本	3.4
法国	11.9	澳大利亚	8.1
西班牙	22.7		

表 11－2　恶性通货膨胀的经验

国家＼年份	1985	1986	1987	1988	1989	1990	1991	1992	1993	1994	1995
阿根廷	672	90	131	343	3 080	2 314	172	25	11	4	3
玻利维亚	11 750	276	15	16	15	17	21	12	9	8	10
巴西	227	145	230	682	1 287	2 938	441	1 009	2 148	2 669	84
捷克	–	–	–	–	–	–	–	–	210	232	253
以色列	305	48	20	16	20	17	19	12	11	12	10
墨西哥	58	86	132	114	20	27	23	16	10	7	35
尼加拉瓜	220	681	912	10 205	4 770	7 485	2 945	24	20	8	11
秘鲁	163	78	86	667	3 399	7 482	410	74	49	24	11
俄罗斯	–	–	–	–	–	–	–	–	875	307	236
乌克兰	–	–	–	–	–	–	–	–	4 735	891	377

资料来源：1996 国际金融统计

第 12 章　经济周期理论

◉本章学习要点

1. 经济周期的含义
2. 加速原理
3. 乘数—加速模型

◉本章学习内容

1. 经济周期基本知识
2. 传统的经济周期观点
3. 实际的经济周期观点

◉案例分析

◉本章小结

◉关键术语和概念

◉练习题

◉补充阅读

始于 1990 年的衰退给美国历史上最长的和平时期的经济繁荣画上了句号。1983—1990 年美国经济持续增长了 7 年，这次增长不过是第二次世界大战以来那次最严重的衰退的复苏，那次的衰退折磨了美国经济，甚至还波及到世界各国，直到 1983 年才复苏。当时，大多数经济学家都认为繁荣不会继续下去，现在看来，他们的看法是对的，经济在 1990 年秋天进入了衰退。这就是经济学家根据经济中周期性波动现象对经济的正确预测。

经济衰退并非是美国 1990 年秋天所独有的。世界上第一次生产过剩经济危机发生在 1825 年的英国，这使得经济学家开始注意并研究这一问题。1860 年法国经济学家 C. 朱格拉在《论法国、英国和美国的商业危机及其发生周期》一书中第一次提出，危机或恐慌并不是一种独立的现象，而是经济中周期性波动的三个连续阶段（繁荣、危机、清算）中的一个，并且确定了经济中平均每一个周期为 9 ~ 10 年。

12.1 经济周期基本知识

12.1.1 经济波动的周期性

经济周期就是经济活动水平的一种波动（通常以国民收入为代表），它形成一种规律性模式，即先是经济活动的扩展，随后是收缩，接着是进一步的扩张。这类周期随着产量的长期趋势进程而出现。经济周期就是国内生产总值及经济活动的周期性波动。

经济学家在解释这一定义时强调：第一，经济周期的中心是国内生产总值的波动；第二，经济周期是经济中不可避免的波动；第三，虽然每次经济周期并不完全相同，但它们却有共同点，即每个周期都是繁荣与衰退的交替。

12.1.2 经济周期的阶段

经济周期可以分为两个大的阶段——扩张阶段与收缩阶段。由于这中间又有两个转折过程，经济周期则可再分细一些，就是繁荣、衰退、萧条、复苏。其中繁荣与萧条是两个主要阶段，衰退与复苏是过渡性阶段。扩张阶段包含了复苏与繁荣，反映经济总趋势是上升的；收缩阶段包含了衰退与萧条，反映经济总趋势是下降的。

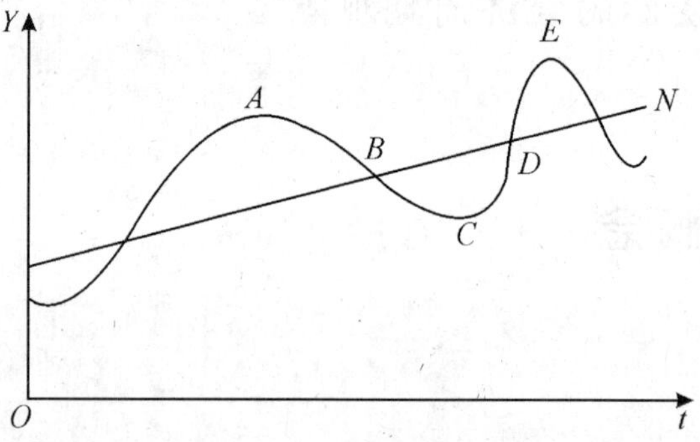

图 12－1　经济的周期

经济周期各个阶段的特征见图 12－1，纵轴 *Y* 表示国民收入，横轴 *t* 表示时间（一般为年份），向右上方倾斜的直线 *N* 表示正常的经济活动水平。

繁荣是国内生产总值与经济活动高于正常水平的一个阶段（如图 *D*—*E* 阶段）。其特征为生产迅速增加，投资增加，信用扩张，价格水平上升，就业增加，公众对未来乐观。繁荣的最高点称为顶峰（如图 *A*、*E* 点）。

萧条是国内生产总值与经济活动低于正常水平的一个阶段（如图 *B*—*C* 阶段）。其特征为生产急剧减少，投资减少，信用紧缩，价格水平下跌，失业严重，公众对未来悲观。萧条的最低点称为谷底（*C* 点）。

衰退是从繁荣到萧条的过渡时期（如图 *A*—*B* 阶段），这时经济开始从顶峰下降，但仍在正常水平（线段 *N*）之上。

复苏是从萧条到繁荣的过渡时期（如图 *C*—*D* 阶段），这时经济开始从低谷回升，但仍未达到正常水平（即在线段N之下）。

12.1.3　经济周期的分类

早在19世纪中期，经济学家就开始研究经济周期问题，他们通过整理有关经济周期的历史资料并经过统计分析，对经济周期进行分类。根据一个经济周期时间的长短，经济周期可分为不同的类型。

1. 朱格拉周期：中周期

1860年法国经济学家C. 朱格拉首先提出经济周期现象，他在对较长期的工业经济周期进行研究，并根据生产、就业人数、物价等指标的统计分析后，确定了经济中平均每一个周期为9～10年。美国经济学家A. 汉森把这种经济周期称为"主要经济周期"，并根据统计资料计算出美国1795～1937年间共有17个这样的周期，其平均周期为8.35年。

2. 基钦周期：短周期

1923年，英国经济学家J. 基钦通过对1890—1922年间英国与美国的物价、银行结算、利率等指标的研究，指出除了存在中周期，实际上还有为期3～4年的短周期（称为基钦周期），基钦将中周期现象称为主要周期，短周期现象称为次要周期。A. 汉森根据美国1807—1937年的统计资料确定共有37个短周期，其平均长度为3.51年。

3. 康德拉季耶夫周期：长周期或长波

1925年，前苏联经济学家N. 康德拉季耶夫根据美国、英国、法国1789年后一百多年的批发物价指数、利率、工资率、对外贸易量、煤铁产量与消耗量等的变动，认为存在一种为期50～60年，平均长度为54年左右的长期波动（称为康德拉季耶夫周期），具体来讲，共出现了三个长周期：

第一次长周期：1789—1849年间，上升部分为25年，下降部分为35年，共60年。

第二次长周期：1849—1896年间，上升部分为24年，下降部分为23年，共47年。

第二次长周期：1896年起，上升部分为24年，1920年以后进入下降时期。

现在仍有许多经济学家重视对长周期的研究，称之为长波理论。

4. 库兹涅茨周期：另一种长周期

1930年，美国经济学家S. 库兹涅茨提出了存在一种与房屋建筑业相关的经济周期，周期长度在15～25年之间，平均长度为20年左右。这也是一种长周期，被称为库兹涅茨周期或建筑业周期。

库兹涅茨主要研究了美国、英国、德国、法国、比利时等国从19世纪初或中叶到20世纪初60种工农业主要产品的产量和35种工农业主要产品的价格变动的长期时间数列资料，剔除了其间短周期与中周期的变动，着重分析了有关数列资料中反映出的长期消长过程，提出在主要工业国家存在着长度为15～25年不等，平均长度为20年的长周期，这种周期与人口增长而引起的建筑业的增长与衰退相关，是由建筑业的周期性变动引起的，而且在工业国家中产量增长呈现出渐减的趋势。

5. 熊彼特周期：一种综合

1939年，奥地利经济学家J. 熊彼特通过对朱格拉周期、基钦周期和康德拉季耶夫周期的综合分析，以创新为标志，认为重大创新所引起的经济波动形成经济周期的长周期，每个长周期中仍有中等创新所引起的波动，形成若干个中周期，而中周期还有小创新所引起的波动，形成短周期。

熊彼特以重大创新为标志，划分了三个长周期：第一个长周期18世纪80年代到1842年是“产业革命时期”；第二个长周期1842—1897年是“蒸汽和钢铁时期”；第三个长周期1897年以后是“电气、化学和汽车时期”。每一个长周期包括6个中周期，而中周期里包括3个短周期。短周期约为40个月，中周期约为9～10年，长周期约为48～60年。

12.2 传统的经济周期观点

传统的经济周期观点认为，经济产出量存在着规则性的并且可以预测的波动，而导致这些波动的正是经济结构。根据这种观点，波动的根源是内生的，就是说，根源于经济自身。如果情况确是如此，那么经济的上升和下降会在很大程度上可以被预测。

12.2.1 内生经济周期理论

经济周期理论有几十种之多，但大体上可分为内生经济周期理论和外生经济周期理论两类。

内生经济周期理论是在经济体系之内寻找经济周期自发地运动的因素。这种理论并不否认外生因素对经济的冲击作用，但它强调经济中这种周期性的波动是经济体系内的因素引起的。因此，每一次繁荣都为下一次萧条创造了条件。这些经济体系内的因素自发地运动就引起了周期性波动。例如，货币理论认为，经济周期是由银行货币与信用交替扩大与紧缩所引起的，而这种货币与信用的运动，又是一个经济本身所形成的自发过程。货币投资过度理论认为，过度的投资引起了繁荣与萧条的交替，而投资过度的根源又在于货币与信用的扩张。心理理论认为，人的乐观或悲观的预期是周期性波动的原因，而引起这种心理预期变动的则是经济因素。消费理论则把经济周期，特别是生产过剩性危机的发生，归因于收入分配不平等而造成的消费不足等。

12.2.2 乘数—加速模型

乘数—加速模型是麻省理工学院的诺贝尔奖获得者保罗·萨缪尔森首先提出的。它把经济周期和经济的内在运行联系起来。这个模型包含两个主要内容：一个是第10章已经介绍的乘数原理，另一个是加速原理。

1. 加速原理

在国民经济中，投资与国民收入是相互影响的。乘数原理说明了投资变动对国民收入变动的影响，而加速原理要说明国民收入变动对投资变动的影响。

下列公式可以说明加速原理：

$$I_t = I_0 + D = \alpha \cdot (Y_t - Y_{t-1}) + D$$

在上式中，I_t代表总投资，它分为净投资，即新增加的投资I_0，以及重置投资，即折旧D。I_0取决于加速系数α和本期收入Y_t与上期收入Y_{t-1}的差异。

加速系数指产量增加一定量所需要增加的净投资量，即净投资量与产量增加量之比，它反映了社会的生产技术水平。例如，如果在一定的生产技术水平之下，增加100万元的产量需要增加的净投资为200万元，则加速系数为2。与加速系数相关的另一个概念是资本—产量比率，即生产一单位产量所需要的资本量，或者资本量与产量之比。在技术不变的条件下，加速系数与资本—产量比率的数值是相同的。

为了进一步说明加速原理的含义，我们可以举一个例子。设 $\alpha = 2$（资本—产量比率亦为2），折旧率为10%，则可以做出下面的加速原理举例表。

表12－1 单位：100万元

年	产量	资本量	净投资	重置投资	总投资
1	100	200	0	20	20
2	120	240	40	24	64
3	140	280	40	28	68
4	160	320	40	32	72
5	160	320	0	32	32
6	150	300	－20	30	10

根据表12－1，我们可以说明加速原理的基本含义：

第一，投资是产量变动率的函数，而不是产量变动的绝对量的函数。也就是说，投资的变动取决于产量变动率，而不是产量变动量。

第二，投资的变动大于产量的变动。当产量增加时（在表12－1中第一年到第二年产量增加20%），投资的增加率大于产量的增长率（总投资增加了220%）。这是因为现代生产是一种"迂回生产"，即采用了大量的机器设备，在开始时必然引起大量的投资。同样，在产量减少时，投资也会减少得更多。加速原理所反映的正是这种现代化大生产的特点。

第三，要使投资增长率保持不变，产量就必须维持一定的增长率；如果产量维持原水平，投资一定要下降。如在表12－1中，第2～3年和第3～4年的净投资不变，产量的增长率应分别为17%和14%；第4～5年，产量不变，总投资减少了56%。这说明经济发展到一定阶段时，要再实现高增长率就是一件困难的事。

总之，加速原理说明了产量（即国民收入）水平的变动是影响投资水平变动的重要因素。还应该指出：

（1）加速原理是假设其他因素不变，仅分析产量对投资的影响。影响投资的因素不仅有产量，还有包括投资者的预期、风险、投资成本、利息率、技术进步等。

（2）加速原理只适用于设备得到充分利用的情况，如果设备没有充分利用，则加速原理无法发挥作用。

2. 乘数—加速模型

乘数—加速模型就是把乘数原理和加速原理结合起来，以说明经济周期的原因。这一模型可以表述为这样一个公式：

$$Y_t = C_t + I_t + G_t \tag{1}$$

上式中 Y_t 为现期收入，C_t 为现期消费，I_t 为现期投资，G_t 为现期政府支出。这个公式说明了凯恩斯主义的国民收入决定理论，现期收入等于现期消费、现期投资与现期政府支出之和（不考虑开放经济中的净出口）。

现期消费取决于边际消费倾向（c）和前期收入（Y_{t-1}）：

$$C_t = c \cdot Y_{t-1} \tag{2}$$

现期投资取决于加速系数（α）和消费的变动（$C_t - C_{t-1}$）：

$$I_t = \alpha \cdot (C_t - C_{t-1}) = \alpha \cdot (c \cdot Y_{t-1} - c \cdot Y_{t-2})$$
$$= \alpha \cdot c\ (Y_{t-1} - Y_{t-2}) \tag{3}$$

（3）式说明了在考虑消费时，投资最终仍取决于收入的变动，也即加速原理所说明的关系。

再设现期政府支出为既定的，即

$$G_t = \bar{G}_t \tag{4}$$

把（2）、（3）、（4）式代入（1）式则得出：

$$Y_t = c \cdot Y_{t-1} + \alpha \cdot c\ (Y_{t-1} - Y_{t-2}) + \bar{G}_t \tag{5}$$

现在设 $c = 0.5$，$\alpha = 1$，$G = 1$，则可根据（5）式做出表 12－2。

表 12－2

t	G_t	C_t	I_t	Y_t
1	1	0	0	1
2	1	0.5	0.5	2
3	1	1	0.5	2.5
4	1	1.25	0.25	2.5
5	1	1.25	0	2.25
6	1	1.125	－0.125	2
7	1	1	－0.125	1.875
8	1	0.937 5	－0.062 5	1.875
9	1	0.937 5	0	1.937 5
10	1	0.968 75	0.031 25	2
11	1	1	0.031 25	2.031 25
12	1	1.015 625	0.015 625	2.031 25
13	1	1.015 625	0	2.015 625
14	1	1.007 813	－0.007 812 5	2

根据表 12－2 可以做出图 12－2：

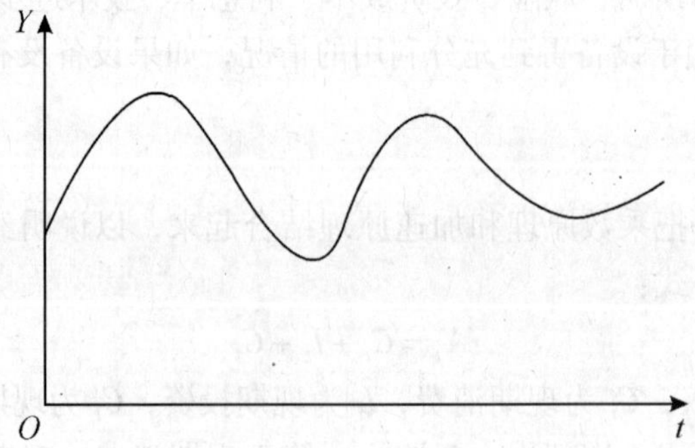

图 12－2　经济周期波动图形

3. 乘数—加速模型的含义

第一，乘数—加速原理相互作用理论把乘数原理和加速原理结合起来说明投资如何自发地引起周期性经济波动。

第二，乘数与加速原理相互作用引起经济周期的具体过程是：投资增加通过乘数效应引起国内生产总值的更大增加，国内生产总值的更大增加又通过加速效应引起投资的更大增加，这样，经济就会出现繁荣。然而，国内生产总值达到一定水平后由于社会需求与资源的限制无法再增加，这时就会由于加速原理的作用使投资减少，投资的减少又会由于乘数的作用使国内生产总值继续减少。这两者的共同作用又使经济进入衰退。衰退持续一定时期后由于国内生产总值回升又使投资增加，国内生产总值再增加，从而经济进入另一次繁荣。正是由于乘数与加速原理的共同作用，经济中就形成了由繁荣到衰退，又由衰退到繁荣的周期性运动。

第三，政府可以通过干预经济的政策来减轻经济周期的波动。

12.3　实际的经济周期观点

传统的经济周期理论把周期看做是有规则性的并且是可以预测的；与这种理论相反，实际的经济周期理论认为经济波动是随机的并且是不能被预测的。实际的经济周期学派不是从经济的内在力量来寻找经济波动的原因，而是归咎于实际的、外生的事件。

12.3.1　外生经济周期理论

外生经济周期理论认为，经济周期的根源在于经济体之外的某些因素的变动。例如，创新理论认为是创新引起了经济周期性波动；太阳黑子理论认为是太阳黑子的变化影响了农业生产与整个经济而引起了经济周期性波动；非货币投资过度理论认为是新领土开拓、技术发明或人口增加等所引起的投资过度导致了经济的周期性波动；政治性周期理论则认为政府出于政治目的（如选举等），周期性地制止爬行的通货膨胀或用通货膨胀来消灭失业引起了经济周期。此外，还有用战争、革命、移民、偶然事件等来解释经济周期的。这种理论并不否认经济中内在因素（如投资等）的重要性，但它们强调引起这些因素变动的根本原因在经济体系之外，而且，这些外在因素本身并不受经济因素的影响。

12.3.2　实际的经济周期观点

外生经济周期理论很多，当前最有影响的是20世纪80年代之后出现的实际经济周期理论。这种理论的倡导者是在罗彻斯特大学工作的查尔斯·卜劳瑟尔和罗伯特·金，他们认为，经济波动是随机的并且是不能被预测的。如果经济一直以4%的速度增长，那么明年按照5%的速度增长和按照3%的速度增长的可能性是相同的；如果经济正按照2%的速度增长，那么下一年按照1%的速度下降和它按照3%的速度增长的可能性是相同的。60年前，伟大的前苏联数理经济学家欧根·斯卢茨基证明，看上去似乎有规则性的周期可能纯粹是由于随机事件而造成的。大量的随机发生的事件加到一起形成的图像，看上去很像具有周期性。例如可以用大量的随机事件的图形模拟美国1967—1990年耐用消费品销售额的周期波动。

实际经济周期理论与传统的经济周期理论不同，首先，经济周期并不是实际国内生产总值与潜在（充分就业）国内生产总值的背离，而是潜在国内生产总值本身的变动。这样，周期的原因就不是总需求引起的实际国内生产总值的变动，而是由其他原因引起的经济潜力，即总供给的变动。第二，市场机制无论在短期还是长期中都是完善的，可以自发地调节并使经济实现充分就业均衡。因此，经济周期不是由于市场机制的自发调节引起的，即不在于经济体制内部。第三，它不否认经济周期的存在，但认为引起这种周期的是来自外部的冲击，即一些实际因素，如技术进步、自然灾害、战争或其他突发事件。由于这些冲击没有规律，经济周期也没有规律。第四，当经济发生由外部冲击引起的波动时，要靠市场机制自发调节恢复均衡。政府的政策只会加剧波动，而不会有助于稳定，甚至会成为引起波动的外部冲击之一。因此，其结论是放弃政府对经济的干预，让市场机制自发发挥调节作用。

下面以技术进步这一外部冲击为例，说明实际经济周期理论对经济波动的解释。

假设经济原来处于充分就业均衡状态，这时发生了某种技术突破，例如个人电脑的出现。新的技术突破带来了有利的投资机会，引起投资迅速增加，这就提高了经济的生产能力，并带动了整个经济的发展，引起经济繁荣，直到这种技术突破引起的有利投资机会最终消失。如果一个技术突破接着一个技术突破，经济就会持续繁荣下去，但技术突破不可能一个接一个。当投资逐步减少时，与繁荣时相比，经济就进入了衰退，只有等待下一次技术突破，才有可能再次繁荣。技术突破是间断性的，经济也会出现繁荣与衰退的交替。

其他外部冲击也会引起经济波动。外部冲击可分为有利的冲击与不利的冲击。有利的冲击引起繁荣及以后的衰退，不利的冲击则先引起衰退，而后又逐渐恢复繁荣。无论哪一种冲击都会引起经济周期。这些外部冲击与经济内部的市场机制无关。

12.4 案例分析

世界经济周期历史及中国的经济周期

经济周期是商品经济的必然现象，又称经济危机。实际上，经济危机是经济周期中的一个阶段，是一个经济周期结束和下一个经济周期开始的转折阶段，因而人们通常以一个经济危机来代表一个经济周期。如果从英国1778年第一次生产过剩的危机算起，经济危机已有200多年历史。自1857年发生第一次世界经济危机，到第二次世界大战爆发前，总共发生了11次世界性经济危机，即1857年、1866年、1873年、1882年、1890年、1900年、1907年、1913年、1920年、1929—1933年和1937年。周期的平均长度为10年或8年，即每10年或8年发生一次经济危机。第二次世界大战以后，以美国为例一共发生了9次经济危机。时间是1948—1949年、1953—1954年、1957—1958年、1960年、1969—1970年、1974—1975年、1980年、1981—1982年和1990—1992年。战后美国经济周期时间缩短，每一个周期平均时间为5年。

中国改革开放以来，经历了三个经济周期：第一个周期：1982—1986年，持续五年。高峰在1984年，增长率为15.2%；低谷在1982年，增长为8.5%；振幅为6.7%。第二个周期：1987—1990年，持续四年。高峰在1987年，增长率为11.6%；低谷在1990年，增长率为3.8%；振幅为7.8%。第三个周期：1991—1998年，持续八年。高峰在1992年，增长率为14.2%；低谷在1998年，增长率为7.8%；振幅为6.4%。

【本章小结】

经济周期是经济繁荣与衰退的交替。

乘数—加速原理相互作用理论认为，经济周期是由于投资与国内生产总值相互作用而产生的。

内生经济周期理论是在经济体系之内寻找经济周期自发运动的因素。

外生经济周期理论认为经济周期产生于外部的冲击。

【关键术语和概念】

经济周期　繁荣　衰退　内生经济周期理论　外生经济周期理论　实际经济周期理论　乘数—加速原理相互作用

【练习题】

1. 经济周期的两大阶段是什么？各有什么特征？
2. 西方经济学家把经济周期划分为哪几种类型？
3. 投资与国内生产总值的相互影响如何引起经济周期？
4. 外部冲击如何引起经济冲击？试以某种技术突破（如计算机、生物工程等）来说明这一点。
5. 你认为经济周期可以完全消失吗？你认为经济周期会引起一个经济崩溃吗？为什么？

【补充阅读】

努力延长经济周期的上升阶段

我国的经济周期在改革开放前后呈现出不同的特点。改革开放前，其突出特点是大起大落，且表现为古典型周期。古典型周期是指在经济周期的下降阶段，国民经济产出总量绝对下降，即出现负增长。在经济周期的下降阶段，如果国民经济产出总量并不绝对下降，而是经济增长速度明显减缓，则为增长型周期。改革开放后，我国经济周期的特点为波动幅度减缓，并由古典型转变为增长型。但是，每个周期的上升阶段都历时很短，则是改革开放前后的经济周期共有的特点。

一个经济周期包括上升与下降两个阶段。在一个典型的增长型周期中，上升阶段又可分为经济增长率的回升期和超速期，下降阶段又可分为经济增长率的回落期和低速期。我国1989年、1990年经济增长率分别为4.1%和3.8%，这是一个低速期；1991年上升为9.2%，是一个回升期；1992年迅速上升到14.2%的高峰，是一个超速期；1993—1997年，经济增长率每年平均下降1个百分点，属于回落期。1998—2002年，为抵御亚洲金融危机的冲击和世界主要国家同步陷入衰退的影响以及克服国内需求不足，我国实施了积极的财政政策和稳健的货币政策，使经济增长保持了平均7.6%的速度。这与我国历史上以往的低速期相比，或与世界上主要国家的同期相比，均表现为较快增长；而从经济周期的角度看，这一速度还略低于潜在经济增长率，因此，这几年成为一个特殊的位势较高的“低速期”。2003 年第一季度，我国经济增长明显加快，增长率回升到9.9%；第二季度受“非典”影响，为6.7%；第三季度又很快回升到9.1%；全年预计为8.5%。这就进入了新一轮经济周期的上升阶段，具体说是进入了上升阶段的回升期。

对经济周期不能作机械的理解。纵观国内外的历史情况，没有两个经济周期是完全相同的。但各个经济周期有一定的相似之处，周期内的各个阶段又各具有自己的基本特征。就经济周期上升阶段的回升期来说，其一般性总体特征是：经济增长率由低转高，开始回升；社会投资开始加速；物价总水平开始由降转升。具体地说，回升期兼具其前面低速期和后面超速期的双重特征。如在投资方面，一些带头行业的投资增长会大大加速，呈现超速期的“过热”特征；而另一些行业的投资则可能还处于低水平，甚至负增长，呈现低速期的“偏冷”特征。在物价方面，一些商品的价格上升得很快，而另一些商品的价格还处于低位，甚至继续下降。就我国 2003 年的情况看，全社会固定资产投资预计增长 23%，而一些带头行业如钢材、汽车、电解铝、水泥、纺织等，它们的投资增长已超过 100%，这样必定会有一些行业的投资仍处于停滞之中。同时，部分生产资料的价格开始大幅上涨，而有些商品的价格仍处于下降之中。这就是说，在经济周期上升阶段的回升期，在不同行业的投资和不同商品的价格方面，以及不同地区的经济增长之间，呈现出有升有降、有快有慢、有热有冷的不同表现。如果只看到现象的一个方面，就会认为是“过热”；只看到另一个方面，就会认为“尚未过热”。只有从回升期的双重特征出发，才能把握当前经济走势的特点。而在经济周期上升阶段的超速期或经济周期的下降阶段，它们的特征较为清晰。

从新中国成立以来历次经济周期的波动情况看，上升阶段往往过短，只有一两年时间，由回升期很快就冲向超速期，紧接着就转折为下降阶段，大起之后就是大落。历史的教训必须汲取。同时，在经济周期波动中，每隔几年才能出现一次上升阶段。我国当前正处于经济周期的上升阶段，这一判断在宏观调控方面的政策含义就是，对经济增长的这一良好势头必须倍加珍惜，通过完善宏观调控，使上升阶段得以延长，使良好势头得以巩固和持久。

资料来源：《人民日报》2003 年 12 月 18 日，第九版

第 13 章　经济增长理论

◉本章学习要点

1. 经济增长的含义与特征
2. 决定经济增长的因素
3. 哈罗德—多马模型
4. 发展中国家的经济增长政策

◉本章学习内容

1. 经济增长理论概况
2. 经济增长理论和模型
3. 发展中国家的经济增长政策

◉案例分析

◉本章小结

◉关键术语和概念

◉练习题

◉补充阅读

13.1　经济增长理论概况

经济增长是宏观经济中既古老又新颖的议题之一。1776 年亚当·斯密的《国民财富的原因和性质的研究》，就是最早的经济增长理论。现代经济增长理论是从哈罗德和多马在凯恩斯宏观经济理论的基础上，各自对国民收入的增长进行了长期动态化的研究开始，于 1950 年以后发展起来的，它研究国民收入的长期增长趋势。

13.1.1　经济增长的含义与特征

1. 什么是经济增长

经济增长是 GDP 或人均 GDP 的增加。美国经济学家 S. 库兹涅茨给经济增长下的定义是："一个国家的经济增长，可以定义为给居民提供种类日益繁多的经济产品的能力长期上升，这种不断增长的能力是建立在先进技术以及所需要的制度和思想意识之相应的调整的基础上的。”这个定义包含了以下三个含义：

（1）经济增长集中表现在经济实力的增长上，而这种经济实力的增长就是商品和劳务总量的增加，即国内生产总值的增加。如果考虑到人口的增加和价格的变动，也可以说是人均实际国内生产总值的增加。所以，经济增长最简单的定义就是国内生产总值的增加或人均实际国内生产总值的增加。

（2）先进技术是实现经济增长的必要条件。在影响经济增长的各种因素中，技术进步是第一位的。

（3）制度与意识相应调整是经济增长的充分条件。也就是说，只有社会制度与意识形态适合经济增长的需要，技术进步才能发挥作用，经济增长才是可能的。社会制度与意识形态的某种变革是经济增长的前提。

2. 经济增长的特征

从经济增长的定义出发，库兹涅茨根据历史资料总结了现代经济增长的六大特征：

（1）按人口计算的产量的高增长率和人口的高增长率。这个特征很明显，可以用统计资料得到证明。

（2）生产率本身的增长也是迅速的。技术进步引起生产效率的提高，使得在人口增长迅速的情况下，人均产量仍然保持高增长率。

（3）经济结构的变革速度是高的。经济增长使得大量的农业向工业转移，工业向服务业转移，以及生产单位和生产规模的变化、劳动量和职业状况的变化、消费结构的变化等。

（4）社会结构与意识形态的迅速改变。例如，城市化以及教育与宗教的分离就是整个社会现代化的一个组成部分，也是经济增长的必然结果。

（5）经济增长在世界范围内迅速扩大。发达国家凭借其技术优势，尤其是运输和通讯优势，通过和平或战争的形式向世界其他地方扩张，使全世界都卷入增长范围之内，成为一个统一体。

（6）世界增长的情况是不平衡的。从目前看，还有占世界人口3/4的国家是落后的，有些国家的经济成就远远低于现代技术的潜力可能达到的最低水平。在国际范围内，贫富的差距还在拉大。

以上六个特征中，前两个数量特征属于总和的比率，中间两个属于结构的转变，后两个属于国际间扩散。这六个特征是密切相关的。

13.1.2 决定经济增长的因素

在不同的国家、不同的时期，决定经济增长的因素是不同的。

（1）制度是一种涉及社会、政治和经济行为的行为规则。制度决定人们的经济与其他行为，也决定一国的经济增长。美国经济学家诺思强调“增长的路径依赖”，其含义就是增长取决于制度，适于经济发展的制度是实现增长的前提。人类社会出现过多种经济制度，但历史证明，最适于经济增长的是市场经济制度。市场经济是一个制度体系，包括多种制度，其中包括保护个人财产的产权制度、降低交易费用的货币制度、规范人们行为的合约制度、组织经济活动的公司制度等。这些制度的建立与完善是经济增长的前提。

（2）资源。经济增长是产量的增加，产量是用各种生产要素生产出来的，各种生产要素就是资源。因此，增长的源泉是资源的增加。资源包括资本、劳动和自然资源。

在经济增长因素分析中，资本的概念主要指的是物质资本。经济增长中必然有资本的增加。英国古典经济学家亚当·斯密就曾把资本的增加作为国民财富增加的源泉。现代经济学家总结出一般的规律：资本的增加要大于人口的增加，即人均资本量是增加的，从而每个劳动力所拥有的资本量（资本—劳动比率）是增加的。人均资本量的增加是人均产量增加的前提。尽管在经济增长的不同时期，资本增加对经济增长所做的贡献不同，即资本增加在经济增长初期的贡献较大，到后来其作用有所下降，但战后西方国家经济增长的事实仍然说明了一点，就是像德国、日本等国那样，储蓄多从而资本增加也多的国家，经济增长率较高。因此，许多经济学家都比较重视资本积累。大多数经济高速发展的国家，都将10% ~20% 的产出用于净资本的形成。

劳动指劳动力的增加，劳动力的增加又可以分为劳动力数量的增加与劳动力质量的提高。劳动数量的增加可以有三个来源：一是人口的增加，二是人口就业率的提高，三是劳动时间的增加。劳动质量的提高则是文化技术水平和健康水平的提高。劳动是数量与质量的统一。一个高质量的劳动力可以等于若干个低质量的劳动力。发展中国家的人口增长率较高，但在这些国家中受过训练的劳动力供给不足，经济增长初期劳动的增加主要依靠劳动力数量的增加。尽管人口增加会增加 GDP，但增加的人口实际上降低了人均 GDP。例如印度的 GDP 比瑞士高，但瑞士是个富国，印度却是发展中国家。在发达国家，马尔萨斯的预言（19 世纪初的经济学家马尔萨斯认为人口会比养活人口的经济能力增长得更快）没有实现。由于技术进步，食物生产的增加比马尔萨斯预计的要快得多，而人口的增长却更慢些，甚至人口增长率下降，劳动工时缩短，这时就要通过劳动力质量的提高来弥补劳动数量的不足。美国每年花在年轻人正规教育上的公共投资和私人投资有 3 000 亿美元。一个教育程度更高的劳动队伍是对经济增长做出贡献的一个重要因素。

土地、石油等都是自然资源。美国早期的繁荣在很大程度上归功于该国有充足而肥沃的土地。尽管在现代，美国土地的增加不值得考虑，但在 1820—1870 年间，美国土地面积以每年 1.41% 的速度增加，对经济增长具有很大的贡献。与美国开发西部大致同一时间的俄国东部的开发，对俄国经济的增长也有相似的贡献。现在，石油资源成为一些国家经济增长的源泉，如挪威 GDP 的急剧增加。在 1970—1990 年这 20 年间，挪威人均 GDP 从相当美国人均 GDP 的 61% 上升到相当美国的 77%，这种经济增长大部分归功于其丰富的石油储量的发现与开发。

（3）技术。技术进步在经济增长中的作用，体现在生产率的提高上，即同样的生产要素投入量能提供更多的产品。技术进步在经济增长中起了最重要的作用。技术进步主要包括资源配置的改善、规模经济和知识的进步。

资源配置的改善主要指人力资源配置的改善，即劳动力从低生产率部门转移到高生产率部门中，包括农业劳动力转移到工业中，以及独立经营者与小企业转移到大企业中去。1870 年的美国，50% 的劳动力用于农业，而到了 1960 年，也仍有大约 10% 的劳动力从事农业，今天这个比重不到那时的 1/3。这种劳动力的大规模转移在其他国家同样存在。劳动力的这种转移，提高了生产率。

规模经济是指由于企业规模扩大而引起的成本下降与收益增加。企业规模扩大后，由于能采用新技术与最先进的设备，能采用新的生产方法而提高了生产率，尤其在一些工业部门（例如汽车、机械、冶金行业），这种规模经济的效果特别明显。

知识进步包括科学技术的发展及其在生产中的运用、新工艺的发明与采用等。特别应该强调的是，知识进步不仅应包括自然科学与技术科学的进步，而且也包括管理科学的进步。管理科学的发展、新的管理方法的应用，在经济增长中起了重要的作用。

以上这些因素对经济增长的相对重要性是经济学家长期研究的课题。麻省理工学院的罗伯特·索洛因增长理论的贡献而成为诺贝尔经济学奖得主，他发现技术进步、劳动供给增加和资本积累依次是 GDP 增长的重要决定因素。技术进步和资本积累是人均 GDP 增长的重要决定因素。美国在 1909—1949 年间，总 GDP 年平均增长 2.9%，其中 0.32% 归功于资本增加，1.09% 来自劳动投入增加，剩下的 1.49% 则归功于技术进步，即资本在经济增长所做的贡献占 11%，劳动所做的贡献占 38%，技术进步所做的贡献占 51%。另一个令人吃惊的结论是，在人均年产出增长 1.81% 中，1.49% 来自于技术进步，即每劳动小时的产出增长中，超过 80% 归功于技术进步。美国经济学家爱得华·丹尼森曾经利用美国 1929—1969 年的统计资料，对决定美国经济增长的因素作了估算。丹尼森得到的结果见表 13－1。从表中可以看到，生产要素数量的增长对经济增长的贡献是 53.4%，生产要素质量（技术进步）的提高对经济增长的贡献是 46.6%，而技术进步引起的生产率提高有近 60% 要归功于知识进步。

表 13－1　美国 1929—1969 年经济增长的源泉

项目	年平均增长率%	占国民收入增长率的 %
国民收入	3.41	100
各种源泉所占份额：		
1. 生产要素投入	2.82	53.4
劳动	1.32	38.7
资本	0.5	14.7
土地	0	0
2. 生产率的提高	1.59	46.6
知识的提高	0.92	27.0
资源配置的改进	0.30	8.8
规模的节约	0.36	10.6
其他	0.01	0.2

资料来源：摘自《1929—1969 年美国经济增长的说明》，布鲁金斯学会 1974 年版，第 127～428 页

13.2　经济增长理论和模型

经济增长理论是研究在制度既定的条件下，决定经济增长的资源和技术与增长之间的关系。经济增长模型旨在通过分析对决定经济增长的因素之间的关系来解决以下三个问题：第一，在长期经济中是否存在一种稳定状态的增长；第二，实现稳定均衡增长的条件是什么；第三，这种均衡增长是否有稳定性。可以说，经济增长模型就是要寻求经济长期稳定增长的途径。

13.2.1　哈罗德—多马经济增长模型

20 世纪 40 年代，英国经济家 R. 哈罗德和美国经济学家 E. 多马分别提出相似的经济增

长理论，强调投资在经济增长中的重要性，他们的研究成果被称为“哈罗德—多马模型”，它标志着现代西方经济增长理论的开始。我们以哈罗德模型为主来介绍这一模型的基本内容。

1. 哈罗德模型的基本假设

哈罗德模型的基本公式有三个前提条件：

（1）全社会只有劳动和资本两种生产要素。

（2）劳动和资本两种生产要素的比例不变，而且每单位产品消耗的生产要素不变。

（3）技术水平暂且不变，因而资本—产量比率不变。

2. 哈罗德模型的基本公式

哈罗德模型的基本公式包括三个变量：

（1）储蓄率，即储蓄和国民收入的比率。如果用 S 表示储蓄，用 Y 表示国民收入，

$$\text{储蓄率}\ s=\frac{S}{Y}$$

由此可见，储蓄率实际上是平均储蓄倾向。

（2）资本—产量比率。如果用 K 表示资本存量，Y 表示国民收入，

$$\text{资本—产量比率}\ C=\frac{K}{Y}$$

在 C 不变的假定下，$K/Y = \triangle K/\triangle Y$。例如，当 $C=2$ 时，要增加 1 单位产量，资本存量就要增加 2 个单位。资本存量的增量是净投资 I，所以 $K/Y=I/\triangle Y$，资本—产量比率成为加速数。

（3）合意的增长率，又称有保证的增长率，是指在 s 和 C 已知的条件下，要把储蓄全部转化为投资所需要的增长率。如果用 $\triangle Y$ 表示能够把储蓄全部转化为投资的国民收入的增量，那么：

$$\text{合意的增长率}\ G_W=\frac{\triangle Y}{Y}$$

哈罗德模型是在假设技术不变的前提下研究资本增加与经济增长之间的关系的，其基本公式是：

$$G_W=\frac{s}{C}$$

哈罗德模型的基本公式的推导过程是：

首先，在 C 一定的条件下，要使本年的国民收入大于上一年，实现经济增长，就必须有新投资 I，即资本存量必须增加（$\triangle K$）。因为 C 不变，

$$K/Y=\triangle K/\triangle Y$$

或

$$\triangle K/K=\triangle Y/Y \qquad (1)$$

即资本存量的增长等于产量的增长率。

其次，要使储蓄全部转化为投资，以使国民收入达到均衡，一定国民收入产生的储蓄必须与投资相等，即

$$I/Y=S/Y$$

这就是说，投资与国民收入之比等于储蓄率 s，即

$$I/Y=s \qquad (2)$$

根据（1）式并用 I 代表 $\triangle K$，

$$\triangle Y/Y = I/K$$

为了代入已知的 s 和 C，

$$I/K = I/Y \cdot Y/K$$

即

$$\triangle Y/Y = I/Y \cdot Y/K$$

根据（2）式，$I/Y = s$ 及 $G_W = \triangle Y/Y$，$C = K/Y$，这样便得到哈罗德模型的基本公式：

$$G_W = \frac{s}{C}$$

这个公式表明，要使经济均衡增长，国民收入的增长率应该等于储蓄率与资本—产量比率之商。

3. 经济长期稳定增长的条件

哈罗德模型还用实际增长率、合意的增长率与自然增长率三个概念分析了经济长期稳定增长的条件与波动的原因。

实际增长率 G 是实际上所发生的增长率，它由实际储蓄率 s 和实际资本—产量比率 C 决定，即

$$G = \frac{s}{C}$$

合意的增长率 G_W 是长期中理想的增长率，它由合意的储蓄率 s_d 和合意的资本—产量比率 C_r 决定，即

$$G_W = \frac{s_d}{C_r}$$

自然增长率 G_n 是长期中人口增长和技术进步所允许达到的最大增长率，它由最适合的储蓄率 s_0 和合意的资本—产量比率决定，即

$$G_n = \frac{s_0}{C_r}$$

哈罗德模型认为，长期中实现经济稳定增长的条件是实际增长率、合意的增长率与自然增长率相一致，即 $G = G_W = G_n$。

如果这三种增长率不一致，就会引起经济中的波动。具体来说，实际增长率与有保证的增长率的背离，会引起经济中的短期波动。当实际增长率大于合意增长率（即 $G > G_W$）时，会引起积累性扩张。因为这时实际资本—产量比率小于合意的资本—产量比率（即 $C < C_r$），厂商会增加投资，使这两者一致，从而就刺激了经济的扩张。反之，当实际增长率小于合意增长率（即 $G < G_W$）时，会引起积累性收缩。因为这时实际资本—产量比率大于合意的资本—产量比率（即 $C > C_r$），厂商会减少投资，使这两者一致，从而就刺激了经济收缩。在长期中，合意的增长率与自然增长率的背离也会引起经济波动。当合意增长率大于自然增长率（即 $G_W > G_n$）时，由于合意增长率超过了人口和技术进步所允许的最大值，将会出现长期停滞。反之，当合意增长率小于自然增长率（即 $G_W < G_n$）时，由于合意增长率没有达到人口和技术进步所允许的最大值，将会出现长期繁荣。所以，应该使这三种增长率达到一致。

哈德罗—多马模型虽然有缺陷，但之后的经济增长模型都是以它为基础，经过发展改进而建立起来的。

13.2.2 新古典经济增长模型

20 世纪 50 年代晚期和整个 60 年代，美国经济学家 R. 索罗、T. 斯旺、J. 米得等人研究创造了新古典增长理论，将注意力集中在资本积累及其与储蓄决策等的联系上，强调了古典经济学所论述的充分就业的必然趋势，因而被称为新古典增长模型。他们的研究认为，哈罗德—多马模型所指出的经济增长途径是很难实现的。也就是说，在现实中，由于各种因素的影响，实际增长率、合意的增长率与自然增长率很难达到一致。因此，他们把哈罗德—多马模型所指出的经济增长途径称为“刃锋”。他们的模型就是要通过改变资本—产量比率来解决这一“刃锋”问题，并且考虑技术进步对经济增长的作用。

1. 新古典模型的基本假设

新古典经济增长模型是在哈罗德—多马模型的基础上，进行改进和完善的，所以它的基本假设与哈罗德—多马模型一致，只是假定资本—产量比率可变，且考虑技术进步对经济增长的贡献。新古典经济增长模型的基本假设是：

（1）只生产一种产品。

（2）使用资本与劳动两种生产要素，且生产中资本与劳动的比率可以改变。

（3）规模收益不变。

（4）在完全竞争中，资本和劳动按各自的边际生产力取得相应的报酬。

2. 新古典模型的基本公式

新古典经济增长模型分析了技术不变和技术进步条件下的经济增长问题。

（1）技术不变条件下的新古典模型。

在技术不变的条件下，国民收入取决于资本和劳动的投入量和投入的比率，根据柯布—道格拉斯生产函数 $Y=AL^{\alpha}K^{\beta}$ 可推导出新古典增长模型，其公式为：

$$G=a\left(\frac{\triangle K}{K}\right)+b\left(\frac{\triangle L}{L}\right)$$

在上式中，$\triangle K/K$ 代表资本增长率，$\triangle L/L$ 代表劳动增长率，a、b 分别代表经济增长中资本和劳动所做的贡献比例。a 与 b 之比就是资本—劳动比率。由于生产中投入的要素只有资本和劳动，所以 $a+b=1$。

如果假定劳动力增长率与人口增长率相同，那么由上式可得出人均增长率的表达式：

$$\frac{\triangle Y}{Y}-\frac{\triangle L}{L}=\alpha\left(\frac{\triangle K}{K}-\frac{\triangle L}{L}\right)$$

（2）技术进步条件的经济增长模型。

$$G=a\left(\frac{\triangle K}{K}\right)+b\left(\frac{\triangle L}{L}\right)+\frac{\triangle A}{A}$$

其中 $\triangle A/A$ 代表技术进步率。

这一模型的含义是：第一，决定经济增长的因素是资本的增加、劳动的增加和技术的进步。第二，资本—劳动比率是可变的，从而资本—产量比率也是可变的。这是对哈罗德—多马模型的重要修正。第三，资本—劳动比率的改变是通过价格的调节来进行的。如果资本量大于劳动量，则资本的相对价格下降，劳动的相对价格上升，从而在生产中要更多地利用资本，更少地利用劳动，通过资本密集型技术来实现经济增长；反之，如果资本量小于劳动量，则资本的相对价格上升，劳动的相对价格下降，在生产中会更多地利用劳动，更少地利用资本，通过劳动密集型技术实现经济增长。这样，通过价格的调节使资本与劳动都得到充分利用，经济得以稳定增长。

3. 经济长期稳定增长的条件

新古典模型从资本—产量比率的角度探讨了经济长期稳定增长的条件。这一模型认为，在长期中实现均衡的条件是储蓄全部转化为投资，即对凯恩斯储蓄等于投资这一短期均衡条件的长期化。在这种情况下，如果储蓄倾向不变，劳动增长率不变，则长期稳定增长的条件是：经济增长率（$\triangle Y/Y$）与资本存量增长率（$\triangle K/K$）必须相等，即

$$\frac{\triangle Y}{Y}=\frac{\triangle K}{K}$$

如果$\triangle Y/Y>\triangle K/K$，这就意味着收入的增长快于资本存量的增长，从而资本生产率提高。这就会刺激企业用资本代替劳动。使用资本量的增加一方面使资本边际生产率下降，另一方面也使资本价格提高，从而最终会减少资本使用量，最后达到$\triangle Y/Y=\triangle K/K$。

可见，通过市场调节，会使经济在长期中保持$\triangle Y/Y=\triangle K/K$，从而实现稳定增长。

从公式$G=\frac{s}{C}$来看经济长期增长模型，新古典模型分析的是C的变动，下面讲述的新剑桥经济增长模型则是分析s的变动。

13.2.3 新剑桥经济增长模型

新剑桥经济增长模型是由英国经济学家J. 罗宾逊、N. 卡尔多等人提出的。这一模型着重分析收入分配的变动如何影响决定经济增长率的储蓄率，以及收入分配与经济增长之间的关系。

1. 新剑桥增长模型的基本假设

这一模型以研究收入分配与经济增长的关系为重点，它的基本假设是：

（1）社会成员分为利润收入者与工资收入者两个阶级。

（2）利润收入者与工资收入者的储蓄倾向是不变的。

（3）利润收入者的储蓄倾向大于工资收入者的储蓄倾向。

2. 新剑桥增长模型的公式

新剑桥增长模型的公式为：

$$G=\frac{s}{C}=\frac{\frac{P}{Y}\cdot S_p+\frac{W}{Y}\cdot S_W}{C}$$

在上式中，C仍然是资本—产量比率，P/Y是利润在国民收入中所占的比例，W/Y是工资在国民收入中所占的比例，国民收入分为利润和工资两个部分，所以

$$\frac{P}{Y}+\frac{W}{Y}=1$$

S_p是利润收入者的储蓄倾向（即储蓄在利润中所占的比例），S_w是工资收入者的储蓄倾向（即储蓄在工资中所占的比例）。根据假设，利润收入者的储蓄倾向大于工资收入者的储蓄倾向，即$S_p>S_w$，而且S_p与S_w都是既定的。

从上式中可以看出，在S_p与S_w既定时，储蓄率的大小取决于国民收入分配的状况，即利润与工资在国民收入分配中所占的比例。在$S_p>S_w$的假定之下，利润在国民收入中所占的比例越大，则储蓄率越高；相反，工资在国民收入中所占的比例越大，则储蓄率越低。在资

本一产量比率不变的情况下，增长率取决于储蓄率，储蓄率越高则增长率越高，而要提高储蓄率，就要改变国民收入的分配，使利润在国民收入中占更大的比例。因此，经济增长是以加剧收入分配的不平等为前提的，经济增长的结果，也必然加剧收入分配的不平等。这是新剑桥增长模型的重要结论。

3. 经济长期稳定增长的条件

新剑桥经济增长模型从社会储蓄率的角度探讨了经济长期稳定增长的条件。

要使经济按一定的增长率增长下去就必须保持一个一定的储蓄率，社会储蓄率取决于利润收入者与工资收入者的储蓄倾向，以及他们的收入在国民收入中所占的比率。前者是不变的，因此，要保持一定的储蓄率就必须使国民收入中工资与利润保持一定水平。这个过程是通过价格调节来实现的。如果利润在国民收入中的比率加大，则储蓄率提高，投资增加，结果最终工资增加，储蓄率下降，这是增长过快的结果；反之，如果利润在国民收入中的比率减少，则储蓄率下降，投资减少，结果最终工资下降，储蓄率上升，这是增长过慢的结果。

经济要稳定增长，利润和工资在国民收入中要保持一定比率，但这一比率并不是不变的，而是随着经济增长，在国民收入分配中，利润的比率在提高，工资的比率在下降。

13.2.4 新增长理论

20 世纪 80 年代后，美国经济学家罗默等人提出了新增长理论，这一理论是经济增长理论的重大突破。在新古典模型中，考虑到了技术进步在经济增长中的重要作用，但技术进步被作为外生变量，对经济增长的贡献表示为扣除劳动和资本所作贡献之后的余量。在新增长理论中，技术进步被作为内生变量，从而揭示了劳动、资本、技术进步对增长的共同作用，以及这三者之间的相互关系。技术进步实际上是通过劳动和资本来体现的，体现在劳动中就是劳动者素质的提高，体现在资本中就是用更先进的设备替代了旧设备。在此基础上，这种理论解释了人力资本在经济增长中的重要性，说明了资本增加并不会引起资本边际收益递减，因为资本的本质发生了变化。这种理论对解释知识经济等新问题有重大意义，对认识教育在增长中的重要性也有重大启示。同时，新增长理论解释了国际贸易的利益。这些使经济增长理论得到了深化，也更有利于促进增长政策的制定。

13.3 发展中国家的经济增长政策

世界上有 3/4 的人口生活在发展中国家。同世界上较为富有的美国相比，发展中国家的生活问题要严峻得多，甚至在某些发展中国家的生活与美国之间的差距明显超过美国的今天与它在两个世纪以前的差距。世界上最穷的国家之一——海地，1990 年的人均收入为 360 美元，而相距仅 200 英里的美国人均收入为 22 000 美元，可见差距之大。

13.3.1 发展中国家的概念

1. 发展中国家的概念

联合国和世界银行把世界上的国家分成三种类型：1989 年人均国民生产总值为 580 美元或更少的国家为低收入国家、人均国民生产总值在 6 000 美元以上的为高收入国家，介于这两者之间的为中等收入国家。低收入国家就是发展中国家，而高收入国家有时又被简称为发达国家。由于发达国家的高收入水平的基础是更高的工业化水平，发达国家也经常被称为工业化国家。

2. **发展中国家与发达国家的差距**

与发达国家相比，农业在发展中国家起着更重要的作用。在美国和西欧那些富有的国家中，农业一般仅占国内生产总值的5%或更少；在贫穷的国家中，农业通常要占国民生产总值的40%或更多。发展中国家和地区的人口增长比发达国家要快，发展中国家人口增长通常高于3%，发达国家则低于1%，或负增长。发展中国家70%以上的劳动力在农业部门就业，发达国家不超过10%。发展中国家60%以上的人生活在农村地区，发达国家不超过30%。

13.3.2 发展中国家的发展障碍

从第一节我们知道，经济增长主要与经济制度、物质资本（机器、厂房等）和人力资本的增加、自然资源的使用效率以及技术进步有关。尽管发达国家与发展中国家在经济增长问题上有一些类似之处，但发展中国家与发达国家又有一些重要的差别，主要表现在：发展中国家的经济制度和结构不利于经济增长——资本短缺、劳动力数量多但质量低、自然资源和技术的匮乏、市场失灵等。

1. **资本**

发展中国家人均资本很少。没有相当数量的资本积累，任何一个国家都不可能从欠发达状态迈向发达状态，而那些不能保持人均资本现有水平的国家的生产率还会下降。因此，人口快速增长的发展中国家必须进行大量的投资。

在一个封闭经济中，投资水平由国内的储蓄水平决定。投资决定于储蓄，没有更多的储蓄，投资便不能增加。在大多数发展中国家中，储蓄率尽管没有日本和韩国高，但比美国要高。仅仅提高储蓄率并不能保证能改变欠发达状态，因为收入很低，即使储蓄率很高也不能使得资本存量迅速增加。寻求国外援助是一种增加资本的途径。

在一个开放经济中，投资与储蓄之间的联系是松散的，因为一个国家可以从国外借款来为其投资提供资金。世界银行每年向发展中国家发放的贷款超过100亿美元，发展中国家从工业化国家得到的援助总额平均每年超过500亿美元。

外国直接投资与贷款相比有一个明显的优点：外国投资者直接承担投资风险，即使投资失败，接受投资的发展中国家不需承受损失。外国投资也使得现代技术和专有技术的引进更为便利。尽管有这些优点，但仍有许多国家抵制外国投资，或惧怕外国投资会损害国家的主权，或担心外国公司会占它们的便宜。而外国投资者首先考虑的则是发展中国家的政治环境是否稳定并且有利于经营，如是否将来会对外国公司实行国有化、外汇的限制、取得许可证等问题。如何提供一个稳定的政治环境已被证明是许多发展中国家存在的一个严重问题。

2. **人口增长和劳动供给**

统计资料表明，发展中国家和地区的人口增长比发达国家要快，而在同一时期的教育水平却比发达国家低得多。生活水平的提高和医疗条件的改善导致寿命增加、婴儿死亡率降低和不育发生率减少，这些都是促使人口增长的因素。社会保障缺乏也会带来多子多孙的观念，孩子既是劳动力的来源，又是老年人的依靠，而在发达国家中，孩子更多地成为一种经济责任而不是一种资产。

发展中国家的人口增长迅速，带来的社会问题有：首先，更高的人口增长率导致人口中需要由他人抚养的儿童比例增加。在非洲撒哈拉以南地区，接近一半的人口在 14 岁以下，而在典型的发达国家中，只有 1/4 的人口在 14 岁以下。当依靠在职工作的成年人抚养的人口比率很高时，人均收入和人均储蓄率就会很低。此外，随着这些儿童逐渐长大并进入劳动行列，每个工人可以使用的资本存量就会显得不足。迅速增加的劳动力需要更多的资本投入或更高的储蓄水平，很可能导致许多发展中国家出现难以应付的局面。

计划生育可以降低发展中国家的人口出生率，提高优生优育水平。大力发展教育可以提高劳动素质。

3. 自然资源和技术匮乏

在一些最贫穷的发展中国家，贫穷是由缺少自然资源造成的。处在撒哈拉沙漠边缘的那些国家是最典型的例子，它们既没有多少适于耕种的土地，到目前为止也没有发现矿藏资源。当然，自然资源既不是经济发展的必要条件，也不是充分条件。日本是一个自然资源匮乏的岛国，却属于发达国家，瑞士也是一个以有限的自然资源与人力和资本相结合发展起来的国家。某些非洲和中东国家尽管通过自然资源（特别是石油）得到了大量的收入，但仍属于发展中国家。

此外，发展中国家通常不能很好地使用它们有限的资源，部分原因是缺乏专有技术。这实际上也是缺少人力资本的另一个表现。例如，通过培训农民使用更好的技术并向他们提供更优良的种子，农业生产率可以得到很大的提高。

4. 市场失灵

市场对于保证资源有效配置起着决定性的作用。发展中国家普遍存在市场失灵现象，甚至实行高度计划经济的国家也不存在市场。当市场不存在或不能很好地运作时，资源就不能有效地加以配置。因此，发展中国家不仅面临着资本和受过培训的劳动力稀缺的问题，而且它们所拥有的人力和物质资本也没有得到最有效的使用。

13.3.3 发展中国家的经济增长政策

发展中国家的经济增长，政府可以采取鼓励出口、鼓励进口替代、推进农业发展、推进工业发展等发展战略。

1. 出口导向型经济增长

出口导向型经济增长政策是指政府鼓励本国具有相对优势的那些产品的生产和出口。出口导向型的优点首先表现在，产品用于出口，特别是出口到发达国家，发展中国家产品的需求不会受到本国居民低收入的限制。其次，对于提高效率和促进现代化也起着重要的作用。厂商取得成功的唯一方法是，以消费者需要的质量并以尽可能低的成本生产消费者想要的产品。国际市场上的激烈竞争，迫使发展中国家，在它们具有相对优势的低工资领域专业化，比如发展劳动密集型产品出口，也迫使厂商寻求最佳的生产方式。再次，出口导向型增长为发展中国家与国外生产商的竞争能力提供了一个强有力的市场检验。

2. 进口替代

与上述发展战略相对的是进口替代，它强调通过以国内产品替代以前进口的产品来发展国内市场。这是大多数较大的发展中国家包括中国、印度和巴西等国，在第二次世界大战后所选择的发展道路。进口替代可以帮助一个国家发展实现现代化所必需的广泛的技能。进口替代可以保护发展中国家的幼稚产业，通过发展国内市场，促进幼稚产业的发展壮大，进而有可能出口。日本成功地向国外销售汽车，首先就是在国内发展汽车市场。

3. **发展农业与工业**

发展中国家在发展初期，农业占国民生产总值的比例较高，随着经济的发展，这个比例逐渐降低，工业占国民生产总值的比例逐渐上升。许多发展中国家认为，经济的发展必需建立在工业化部门的发展基础之上，因此向农业部门课税来为工业化筹集必需的资金和为生活在城市的人提供粮食补助，增强了城乡差别。发展中国家70%以上的劳动力在农业部门就业，农业不发展，人均收入同样不能显著提高。

许多发展中国家的相对优势表现在农业方面。20世纪80年代，发展中国家开始意识到，经济增长虽然有赖于工业部门的增长，但经济持续增长必须以农业部门的繁荣及其生产率水平的提高为基础。中国已经重新将土地的控制权交还给了农民家庭，并且也意识到过去对农业部门征收的税收过重，对生产起到的严重消极作用，现在已取消农业特产税，部分省份免征或减征农业税，2006年全国免征农业税。

13.4 案例分析

一国的财富

不应忽视这一事实：大多数国民财富都集中在公司部门之外。国民财富包括劳动力中教育和技术的人力资本含量；生产性劳工的健康资本；实验室及工厂车间中发展出来的专门技术；储存在图书馆中的信息资本；土地、地下资产以及环境资源等。因此，国民财富的一份完整清单如下：

国民财富总量

可再生资本：

- 私人企业
- 居民
- 政府

人力资本：

- 教育
- 技术与培训
- 健康

技术资本：

- 管理
- 科学与工程基础
- 学院、大学、图书馆

土地资源：

- 地下资产
- 环境资源

当考虑到资产概念的广泛性时，就能够理解，为什么二战中有形资产遭到重创的德国和日本，能够如此迅速地复兴，其原因就在于：他们的大部分人力资本和技术资本并未被大炮摧毁。

【本章小结】

经济增长是实际 GDP 的增加。

决定一国经济增长的因素是制度、资源和技术进步。

现代经济增长的核心是技术进步。

各种经济增长模型都是为了分析经济增长与影响它的各种因素之间的关系。

发展中国家的发展障碍是资本短缺、劳动力数量多但质量低、自然资源和技术的匮乏、市场失灵等。

发展中国家的经济增长政策主要有鼓励出口、鼓励进口替代、推进农业发展、推进工业发展。

【关键术语和概念】

经济增长　哈罗德—多马模型　新古典模型　新剑桥模型　新增长理论　发达国家　发展中国家

【练习题】

1. 什么是经济增长？各国经济增长表现出什么基本特征？

2. 经济增长的源泉是什么？

3. 哈罗德—多马模型是如何分析经济波动的？

4. 假设一个经济储蓄率为12%，资本—产量比率为3，根据哈罗德—多马模型，其增长率为多少？如果要使增长率达到6%，储蓄率应该是多少？

5. 设实际储蓄率为0.4，实际资本—产量比率为3，合意的储蓄率为0.5，合意的资本—产量比率为4，自然增长率为8%。

（1）计算实际增长率、有保证的增长率和最适宜的储蓄率。

（2）在以上的假设中，短期中经济会出现积累性扩张，还是积累性收缩，或是稳定增长？长期中是长期停滞、长期繁荣，还是稳定增长？

（3）如果实际的和合意的资本—产量比率都为4时，实际储蓄率和合意储蓄率为多少时才能实现长期的稳定增长？

6. 设资本量 $K=1\,000$，资本增量 $\Delta K=100$，劳动量 $L=1\,000$，劳动增量 $\Delta L=200$，经济增长中资本所做的贡献比例 $a=0.6$，劳动所做的贡献比例 $b=0.4$，技术进步率 $\Delta A/A=0.3$，请用新古典增长模型计算该经济的增长率。

7. 新剑桥模型的基本假设是什么？基本公式是什么？得出的结论是什么？

8. 设利润在国民收入中的比例（P/Y）为0.2，利润收入者的储蓄倾向（S_p）为0.4，工资收入者的储蓄倾向（S_w）为0.2，资本—产量比率为3，试根据新剑桥模型的公式计算：

（1）储蓄率。

（2）经济增长率。

（3）如果 S_p、S_w、C 都不变，要使经济增长率达到12%，P/Y 与 W/Y 分别应该是多少？这时收入分配发生了什么变化？

9. 请根据新剑桥增长模型解释为什么经济增长以收入分配不平等加剧为条件。

10. 请用技术进步在经济增长中的作用的理论解释“科技是第一生产力”这句话。

11. 发展中国家经济发展的障碍有哪些？

12. 经济增长理论有什么启发意义？

13. 请以中国改革前后经济的变化说明制度在经济增长中的重要性。

14. 请用经济增长理论来分析中国的经济发展。

【补充阅读】

零增长理论

20世纪50年代至60年代西方国家的高经济增长政策尽管获得了成功，但也引起了滞胀、环境污染、社会风气败坏等问题。这在经济学界引起了关于经济增长的争论，许多学者对经济增长提出了异议，这就是零经济增长理论的来由。这种理论或者认为增长是有极限的，或者认为即使可以无限增长，增长也是不可取的。

零增长理论认为：影响经济增长的五个因素是人口增长、粮食供应、资本投资、环境污染和能源消耗。这些因素的共同的特点在于它们的增长都是指数增长，即按照一定的百分比递增。他们把这五种因素的相关数据代入公式运用计算机进行计算，得出的结果是：假定世界上自然的、经济的和社会的关系没有重要的变化，那么，由于世界粮食的短缺、资源的耗竭和污染的严重，世界人口和工业生产能力将会发生非常突然的无法控制的崩溃。为了避免这种人类毁灭的前途，必须在1975年停止人口增长，在1980年停止工业投资的增长，以达到零增长的全球性均衡。这种观点被称为增长极限论。

另一种相关的观点认为，即使增长不存在极限，也并不可取，因为经济增长的结果并不一定使生活水平提高，人们为经济增长所付出的社会与文化的代价太高了。这首先就在于：持续的经济增长使人们失去了许多美好的享受，例如无忧无虑的闲暇、田园式的享受、清新的空气等。其次，经济增长所带来的仅仅是物质享受的增加，但是物质并不是唯一的幸福源泉，随着社会的发展，人们也并不把物质享受作为唯一的目标，有些物质产品的增加也许还会给人们带来负效用。最后，人们幸福的理解取决于他在社会上的相对地位，因此经济增长尽管增加了个人收入的绝对量，但并不一定能提高他在社会上的相对地位，这样也就并不一定能给他带来幸福。总之，提出这种观点的美国经济学家米香认为，技术的进步、经济的增长仅仅是物质产品的增加而不是幸福的增加，在经济增长中，人们失去的幸福太多了。因此，即使经济增长是可能的，也是不可取的。应该停止经济增长，恢复过去那种田园式的生活。

第 14 章　宏观经济政策

◉本章学习要点

1. 宏观经济政策目标
2. 财政政策的运用
3. 赤字财政政策
4. 货币政策的运用

◉本章学习内容

1. 宏观经济政策概况
2. 财政政策
3. 货币政策
4. 供给管理政策

◉案例分析

◉本章小结

◉关键术语和概念

◉练习题

◉补充阅读

14.1　宏观经济政策概况

经济政策是要通过某些手段来达到特定的目标。宏观经济政策是国家进行总量调控，以达到一定目的的手段。

14.1.1　宏观经济政策目标

一般经济学家都认为，宏观经济政策目标应该是实现经济稳定，为此要同时达到四个目标：充分就业、物价稳定、减少经济波动和实现经济增长，如果考虑到开放经济还应该包括国际收支平衡与汇率稳定。

充分就业并不是人人都有工作，而是维持一定的、能为社会所接受的失业率，即自然失业率。换言之，当失业率下降至自然失业率时，就实现了充分就业。

物价稳定是维持一个低而稳定的通货膨胀率，这种通货膨胀率能为社会所接受，对经济也不会产生不利的影响。

减少经济波动并不是要消灭经济周期，只要使波动的程度控制在一定范围之内，而且，尽量缩短经济衰退的时间，使衰退程度减少到最低，就达到了目的。

经济增长是达到一个适度的增长率，这种增长率要既能满足社会发展的需要，又是人口增长和技术进步所能达到的。

这四个经济目标总体上是经济稳定所需要的，在选取具体的宏观经济政策时要充分考虑这四个经济目标之间存在的一些矛盾关系，不同时期的目标政策应有所侧重。例如上个世纪的美国所实行的宏观经济政策目标，50 年代是兼顾充分就业与物价稳定，60 年代是充分就业与经济增长，70 年代之后是四个目标的兼顾。

（1）充分就业与物价稳定的矛盾。要实现充分就业，就必须运用扩张性财政政策和货币政策，这些政策又会由于财政赤字的增加和货币供给量的增加而引起通货膨胀。

（2）充分就业与经济增长有一致的一面，也有矛盾的一面。经济增长一方面会提供更多的就业机会，有利于充分就业；另一方面，由于技术进步引起的经济增长又会引起资本对劳动的替代，相对地减少生产对劳动的需求，尤其是容易引起技术水平低的工人失业。

（3）物价稳定与经济增长的矛盾。在经济增长过程中，通货膨胀是难以避免的。减少经济波动也会影响经济增长。

（4）充分就业与国际收支平衡的矛盾。充分就业的实现会引起国民收入的增加，而在边际进口倾向既定的情况下，国民收入增加必然引起进口增加，从而使国际收支状况恶化。

14. 1. 2　宏观经济政策工具

宏观经济政策工具是用来达到政策目标的手段。一般说来，政策工具是多种多样的，不同的政策工具都有自己的作用，但也往往可以达到相同的政策目标。在宏观经济政策工具中，常用的有需求管理政策、供给管理政策以及国际经济政策。

1. 需求管理政策

需求管理是通过调节总需求来达到一定政策目标的宏观经济政策工具，这也是凯恩斯主义所重视的政策工具。

20 世纪 30 年代经济大危机时期，资源严重闲置，经济中的关键是总需求不足。需求管理是要通过对总需求的调节，实现充分就业、无通货膨胀的目标。在总需求小于总供给时，经济中会由于需求不足而产生失业，这时要运用扩张性的政策工具来刺激总需求。在总需求大于总供给时，经济中会由于需求过度而出现通货膨胀，这时就要运用紧缩性的政策工具来抑制总需求。需求管理的主要武器是财政政策和货币政策。

2. 供给管理政策

20 世纪 70 年代初，石油价格大幅度上升对经济产生严重影响，使经济学家们认识到了总供给的重要性。总需求—总供给模型中分析了总供给对国民收入和价格水平的影响。这样，宏观经济政策工具中就不能只有需求管理，还要有供给管理。

供给管理是要通过对总供给的调节，来达到一定的政策目标。供给即生产。在短期内影响供给的主要是生产成本，特别是生产成本中的工资成本。在长期内影响供给的主要因素是生产能力，即经济潜力的增长。因此，供给管理包括控制工资与物价的收入政策、指数化政策、改善劳动力市场状况的人力政策，以及促进经济增长的增长政策。

3. 国际经济政策

现实中各国经济之间存在着日益密切的往来与相互影响。一国的宏观经济政策目标中有国际经济关系的内容（即国际收支平衡），其他目标的实现不仅有赖于国内经济政策，而且也有赖于国际经济政策。因此，宏观经济政策也应该包括国际经济政策，或者说政府对经济的宏观调控也应该包括对国际经济关系的调节。有关国际经济政策的内容将在下一章详细介绍。

14.2 需求管理中的财政政策

财政政策是一个国家干预和调节经济的主要政策之一。宏观财政政策是利用政府支出、政府税收和财政赤字，通过直接影响某些经济总量来消除通货紧缩缺口或通货膨胀缺口，以达到需求管理目标的政策。

14.2.1 财政政策的内容和运用

财政政策是通过政府支出与税收来调节经济的政策，其主要内容包括政府支出与税收。政府支出包括政府公共工程支出（如用于基础设施建设）、政府购买（对各种产品和劳务的购买），以及转移支付（如政府的社会保障与社会救济支出、对农业的补贴等）。政府税收主要是个人所得税、公司所得税和其他税收。

财政政策就是运用政府开支与税收来调节经济。政府应根据不同情况来调整政府支出和税收，采取扩张性的或紧缩性的政策措施。

在经济萧条时期，总需求小于总供给，经济中存在失业，政府就要通过扩张性的财政政策来刺激总需求，以实现充分就业。扩张性的财政政策包括增加政府支出与减少税收。因为政府公共工程支出与购买的增加有利于刺激私人投资；转移支付的增加可以增加个人消费，这样就会刺激总需求；减少个人所得税（主要是降低税率）可以使个人有更多的可支配收入，从而增加消费；减少公司所得税可以使公司收入增加，从而投资增加，这样也会刺激总需求。

在经济繁荣时期，总需求大于总供给，经济中存在通货膨胀，政府则要通过紧缩性的财政政策来压抑总需求，以实现物价稳定。紧缩性的财政政策包括减少政府支出与增加税收。因为政府公共工程支出与购买的减少有利于抑制投资；转移支付的减少可以减少个人消费，这样就会抑制总需求；增加个人所得税（主要是提高税率）可以减少个人可支配收入，从而减少消费；增加公司所得税可以使公司收入减少，从而投资减少，这样也会抑制总需求。

20世纪50年代，美国等西方国家就采用了这种“逆经济风向行事”的财政政策，即在经济高涨时期抑制总需求，使经济不致于过度高涨而引起通货膨胀；在经济萧条时期，刺激总需求，使经济不至于严重萧条而引起严重失业。

14.2.2 内在稳定器

内在稳定器或自动稳定器是指财政制度本身具有内在的能够自动调节经济，使经济稳定的功能。具有内在稳定器作用的财政政策，主要是个人所得税、公司所得税，以及各种转移支付。

累进所得税具有内在稳定器的作用。因为，当经济萧条时，国民收入减少，个人收入和公司收入都会减少，他们所缴纳的税收也会自动减少，从而抑制了消费和投资的减少，有助于减轻萧条的程度。当经济繁荣时，国民收入水平上升，个人收入和公司利润都会增加，他们所缴纳的税额就会自动增加，从而抑制了消费和投资的增加，有助于减轻由于总需求过旺而引起的通货膨胀。

失业救济金和各种福利支出这类转移支付，有固定的发放标准。在萧条时期，随着失业人数和其他需要补助的人数增多，这类转移支付就会自动增加，有助于减轻经济萧条的程度。在繁荣时期，失业人数和需要其他补助的人数减少，这类转移支付就会自动减少，有助于减轻由于需求过旺而引起的通货膨胀。

内在稳定器自动地发生作用，调节经济，无需政府做出任何决策，但是，这种内在稳定器调节经济的作用往往只在轻微的经济萧条或通货膨胀中是有效的。它只能减轻萧条或通货膨胀的程度，并不能改变萧条或通货膨胀的总趋势；只能对财政政策起到自动配合的作用，并不能代替财政政策。因此，尽管某些财政政策具有内在稳定器的作用，但仍需要政府有意识地运用财政政策来调节经济。

14.2.3 赤字财政政策

20 世纪 30 年代的经济大萧条，使人们认识到保持预算平衡会加快经济的衰退。现实中，许多国家在经济萧条时，为解决有效需求不足，克服萧条，运用赤字财政政策来刺激经济，为实现充分就业服务。财政赤字就是政府收入小于支出。实行赤字财政政策，必然打破旧的财政收支平衡的信条。

实行赤字财政政策、扩大政府支出可通过发行公债的办法来进行。凯恩斯认为这种办法不仅是增加国民收入、解决失业问题所必需的，而且也是可能的。因为：第一，债务人是国家，债权人是公众。国家与公众的根本利益是一致的。政府的财政赤字是国家欠公众的债务，也就是自己欠自己的债务。第二，政府的政权是稳定的，这就保证了债务的偿还是有保证的，不会引起信用危机。第三，债务用于发展经济，使政府有能力偿还债务，弥补赤字。这就是一般所说的“公债哲学”。

政府实行赤字财政政策是通过发行债券来进行的。债券卖给不同的人就有了不同的筹资方法。如果把债券卖给中央银行，称为货币筹资。这种方法的好处是政府不必还本付息，从而减轻了政府的债务负担，但缺点是会增加货币供给量引起通货膨胀。如果把债券买给中央银行以外的其他人，称为债务筹资。这种筹资方法相当于向公众借钱，不会增加货币量，也不会直接引发通货膨胀，但政府必须还本付息，这就背上了沉重的债务负担。

赤字财政可以在短期内刺激经济，尤其是可以较快使经济走出衰退，但必须注意：第一，运用货币筹资时会引发通货膨胀；第二，用债务筹资减少了私人储蓄，对长期经济增长不利；第三，只有市场机制有活力，赤字财政政策才有作用。仅仅依靠赤字财政使经济持久繁荣是不可能的，而且长期用赤字财政会引起赤字依赖症。

14.3 需求管理中的货币政策

货币政策是西方国家干预和调节经济的主要政策之一。在 20 世纪 50 年代，货币政策注重稳定物价、制止通货膨胀，货币供给量增加并不快。60 年代则运用扩张性货币政策刺激经济，从而使货币供给量迅速增加，以至于引起 70 年代初美国的通货膨胀。70 年代后期，由于通货膨胀严重，西方各国实际上放弃了凯恩斯主义的货币政策，采用货币主义经济学家所主张的控制货币供给量的政策。90 年代之后的美国克林顿政府更多地运用货币政策来刺激经济并取得成功。

14.3.1 货币政策的基本知识

货币政策涉及到银行、商业银行信用创造、金融市场等有关的知识。

1. 银行制度

西方国家的银行体系是由中央银行与商业银行以及其他金融机构组成的两极银行体系。中央银行在一个国家金融体系中居于核心地位，它代表国家负责制定和执行国家的金融政策、法令，对在其国内经营的所有金融机构（包括本国和外国在内）负有金融管理和监督的职责，控制金融市场的货币流通与信用活动。它集发行银行、银行的银行和政府的银行于一身，主要通过制定和执行货币政策，保证币值稳定，促进国家宏观经济目标的实现。

银行系统的第二级是商业银行和其他金融机构。商业银行是依法设立、自主经营、照章纳税、独立核算、自担风险、自负盈亏的金融企业。其主要业务是负债业务（主要是吸收存款）、资产业务（主要是发放贷款）和中间业务（商业银行通过自身特殊的服务功能为客户办理的各项劳务性服务业务，如结算和清算业务、银行卡业务、代理业务、担保业务、咨询业务等）。其他金融机构（如储蓄银行等），除在资金来源与运用上各具特点外，其性质和作用与商业银行一样。

2. 商业银行信用创造

商业银行信用创造是指商业银行通过贷款和投资等资产业务创造存款货币，增加货币供应量。商业信用创造必须具备两个前提条件，即法定准备金制度和转账结算制度。

商业银行资金的主要来源是吸收存款。但是，为了应付存款客户随时取款的需要，确保银行的信誉与整个银行体系的稳定，商业银行不能把吸收的存款全部贷放出去。中央银行通常规定商业银行的存款必须按一定比例，以现金和在中央银行存款的形式留有准备金，但不计息。由中央银行以法律形式规定的商业银行在其吸收的存款中必须保持的准备金比例，称为法定准备金率。商业银行吸收存款后，必须按法定准备金率保留准备金，其余的部分才可以作为贷款放出。例如，法定准备金率为 20%，那么，商业银行在吸收了 100 万元存款后，就要留 20 万元作为准备金，其余 80 万元方可以作为贷款放出。

转账结算制度，又称非现金结算制度，是指银行客户通过开出支票由银行代为办理转账以清偿债务和支付贷款的制度。在这种制度下，客户不使用现金，货币支付在银行体系内部完成。

商业银行信用创造是在商业银行体系内部由若干家银行共同完成的。假设法定存款准备金率为 20%，某人以活期存款形式存入商业银行 A 100 万元，由于法定存款准备金率为 20%，甲银行 A 只需提取 20 万元为准备金，其余 80 万元可全部贷出。得到 80 万元贷款的客户把这笔贷款存入商业银行 B，该银行又可放款 64 万元，得到这 64 万元贷款的客户把这笔贷款又存入商业银行 C，该商业银行又可以放款 51.2 万元……这样继续下去，这个商业银行体系可以增加到 500 万元存款。即 100 万元的原始存款创造出了 500 万元的货币，其中 400 万元是由贷款转化而来的派生存款。

表 14－1　商业银行存款货币创造过程　　单位：万元

商业银行	活期存款	准备金	贷款
A	100	20	80
B	80	16	64
C	64	12.8	51.2
D	51.2	10.24	40.96
……	……	……	……
总计	500	100	400

如果以 D 表示经过派生过程可能形成的最大存款总额，ΔD 表示派生存款额，D_0 表示原始存款额，r 表示法定存款准备金比率，K 表示存款货币乘数。它们之间的数量关系有：

$$D = D_0 + D_0\ (1-r)\ + D_0\ (1-r)^2 + D_0\ (1-r)^3 + \cdots\cdots$$

即

$$D = \frac{1}{r} \times D_0$$

$$\Delta D = D - D_0$$

$$K = \frac{D}{D_0} = \frac{1}{r}$$

在上例中，$D_0 = 100$ 万元，$r = 20\%$，则 $D = 500$ 万元，$\Delta D = 400$ 万元，货币乘数 $K = 5$。

3. **金融市场**

金融市场又称公开市场，是资金供求双方运用金融工具进行各种金融交易活动的场所，中央银行主要是通过在公开市场上的活动来运用货币政策调节经济。

金融市场按照金融工具期限的长短可划分为货币市场和资本市场。货币市场是专门融通短期（通常是一年以内）资金的场所，在货币市场上交易的短期金融工具主要有：商业票据，即由公司发行的短期票据；国库券，即由政府发行的短期债券；银行承兑汇票，即由私人或公司所签发而以某一承兑银行为付款人的定期汇票；可转让的定期存单，即由银行发行的一种债券。货币市场交易的主体主要是：政府主管国库的机构，它通过发行国库券以获得短期资金；中央银行，它通过货币市场调节货币供给量与利息率；商业银行，它通过货币市场从事它所需要的准备金数量的调整；其他金融机构（人寿保险公司、互助储蓄银行等），它们通过货币市场从事其资金的运用与筹措。资本市场是长期（通常指一年以上）金融工具交易的场所。长期金融工具主要有：公债（包括中央政府与地方政府发行的）、公司债券、股票以及地产抵押单等。

14.3.2 凯恩斯主义货币政策

1. 凯恩斯主义货币政策的机制

凯恩斯主义货币政策是通过对货币供给量的调节来调节利率，再通过利率的变动来影响总需求的货币政策。凯恩斯主义货币政策的机制就是：

货币量 → 利率 → 总需求

在这种货币政策中，政策的直接目标是利率，利率的变动通过货币量的调节来实现，所以调节货币量是手段。调节利率的目的是要调节总需求，所以总需求变动是政策的最终目标。

正确理解凯恩斯主义货币政策机制，必须弄清楚：

（1）货币量是如何调节利率的。

凯恩斯假定人们的财富只有货币和债券两种形式，债券是货币的唯一替代物。人们在保存财富时只能在货币与债券之间做出选择。持有货币无风险，但也没有收益；持有债券有收益，但也有风险。人们在保存财富时总要使货币与债券之间保持一定的比例。如果货币供给量增加，人们就要以货币购买债券，债券的价格就会上升；反之，如果货币供给量减少，人们就会抛出债券以换取货币，债券的价格就会下降。用公式来表示就是：

$$\text{债券价格} = \frac{\text{债券收益}}{\text{利率}}$$

可见，债券价格与债券收益的大小成正比，与利率的高低成反比。因此，货币量增加，债券价格就会上升，利率就会下降；反之，货币量减少，债券价格下降，利率就会上升。

（2）利率是如何影响总需求的。

首先，利率的变动会影响投资需求。利率下降会降低投资者贷款所付的利息，从而降低投资成本，增加投资的收益；同时，利率的下降也会使人们更多地购买股票，从而股票价格上升，而股票价格的上升有利于刺激投资。

其次，利率的下降会影响消费需求。利率的下降会鼓励人们更多地消费，减少储蓄；相反，利率的上升会减少投资和消费需求。

2. 货币政策的工具

在凯恩斯主义的货币政策中，中央银行能够使用的政策工具主要是：公开市场业务、再贴现政策以及存款准备金政策。

公开市场业务是指中央银行在金融市场上买进或卖出有价证券用以增加或减少货币供给量的一种政策手段。当需要紧缩货币供应量时，中央银行在金融市场上卖出证券，这些证券不论是银行购买，还是其他部门购买，总会有相当数量的基础货币回流中央银行，引起货币供应量的减少；反之，当需要增加货币供应量时，中央银行买入证券，从而向社会投放基础货币，增加货币供应量。

再贴现政策是指中央银行通过提高或降低再贴现率的办法，影响商业银行等存款货币机构从中央银行获得的再贴现贷款和超额准备，达到增加或减少货币供应量、实现货币政策目标的一种政策措施。再贴现是商业银行向中央银行贷款的方式。当商业银行资金不足时，可以凭借自身的收益资产，如政府债券或客户借款时提供的票据到中央银行申请转让。再贴现率是官定利率，通常采取定期挂牌的方法公布。它一般低于商业银行向客户贷款的利率。中央银行降低再贴现率或放松再贴现条件，可以使商业银行得到更多的资金，这样就可以增加它对客户的放款，放款的增加又可以通过商业银行信用创造机制增加流通中的货币供给量，降低利率。相反，中央银行提高再贴现率或严格再贴现条件，会使商业银行减少向中央银行的借款，从而减少对客户的贷款，贷款的减少又通过商业银行信用创造机制减少货币供给量，提高利率。在西方国家，再贴现是货币政策中一个相对次要的工具。

存款准备金政策是指中央银行对商业银行等存款货币机构的存款规定存款准备金率，强制性地要求商业银行等存款货币机构按规定比率上缴存款准备金；中央银行通过调整法定存款准备金率以增加或减少商业银行的超额准备，以收缩或扩张信用，实现货币政策所要达到的目标。根据货币乘数原理，中央银行规定的法定存款准备金比率越低，货币乘数就越大，商业银行创造货币的能力也就越大；反之，法定存款准备金比率越高，货币乘数就越小，商业银行减少的贷款就会越多。也就是说，如果中央银行降低准备金比率，就会增加货币供给量，降低利率；如果中央银行提高存款准备金比率，就会减少货币供给量，提高利率。由于改变法定存款准备金比率作用程度过于强烈，它会引起政策上过大或过分突然的变化，因此，西方国家极少采用。

3、货币政策的运用。

在不同的经济形势下，中央银行要运用不同的货币政策来调节经济。

在萧条时期，总需求小于总供给，为了刺激总需求，就要运用扩张性货币政策，其中包括在公开市场上买进有价证券、降低贴现率并放松贴现条件、降低准备金率等。这些政策可以增加货币供给量，降低利率，刺激总需求。

在繁荣时期，总需求大于总供给，为了抑制总需求，就要运用紧缩性货币政策，其中包括在公开市场上卖出有价证券、提高贴现率并严格贴现条件、提高准备金率等。这些政策可以减少货币供给量，提高利率，抑制总需求。

14.3.3 货币主义的货币政策

面对20世纪60年代末70年代初日益严重的经济滞胀现象，凯恩斯主义既无法提出合理的解释，更不能提出有效的解决措施，所以70年代后，货币主义得以迅速发展。在弗里德曼的领导下，货币主义者向凯恩斯主义宏观经济学提出了挑战，强调货币政策在稳定宏观经济方面的重要性。

货币主义的货币政策不属于需求管理。货币主义的理论基础是现代货币数量论，即认为影响国内生产总值与价格水平的不是利率而是货币量，这是由人们对财富形式的选择所决定的。人们的财富有多种形式，如货币、债券、股票、住宅、珠宝、耐用消费品等，人们在保存财富时可以在各种财富的形式中进行选择。这样，货币供给量的变动主要不是影响利率，而是使各种财富的价格上升，从而直接刺激生产，使国民收入增加，并使整个价格水平上升。

货币主义的货币政策目标是保持物价稳定，抛弃了凯恩斯主义的把利率作为货币政策目标。他们认为物价稳定相当重要，因为通货膨胀不仅导致市场功能消失，而且破坏自由经济的正常发展，政府应集中精力抑制通货膨胀，实现物价稳定。

货币主义认为，货币政策不应该是一项刺激总需求的政策，而应该作为防止货币本身成为经济失调的根源的政策，为经济提供一个稳定的环境，并抵消其他因素所引起的波动。因此，货币政策不应该是多变的，应该以控制货币供给量为中心，即根据经济增长的需要，按固定比率增加货币供给量，这也被称为“简单规则的货币政策”。这种政策可以抑制通货膨胀，为经济的发展创造一个良好的环境。

14.4 供给管理政策

自20世纪70年代以后，西方经济学家重视了总供给对经济的影响，分析了供给对通货膨胀的影响以及“滞胀经济问题”，根据这种分析，他们提出了供给管理政策，主要政策措施有收入政策、指数化政策、人力政策和经济增长政策等。

14.4.1 收入政策

收入政策是通过控制货币工资和物价来抑制通货膨胀的政策。因为控制的重点是工资，所以称为收入政策。

根据供给推动型通货膨胀理论，通货膨胀是由成本增加，特别是工资成本增加而引起的。因此，只要能限制工资增长率，就可抑制成本提高，从而抑制物价上涨，消除成本推进型通货膨胀。

收入政策主要有三种形式：

1. 工资—物价管制

政府采用法律手段禁止在一定时期内提高工资与物价。这种措施作用强、效力大，但副作用也大。例如会导致排队抢购、定量供应、黑市盛行、地下经济扩张等，破坏了市场机制的正常作用，在长期中不仅不能抑制通货膨胀，反而还会引起资源配置失调，给经济带来更大的困难。

这种措施一般是在特殊时期（例如战争时期）采用，在某些通货膨胀严重时期也可以采用这一强制性措施。例如，1971年美国尼克松政府为了抑制当时的通货膨胀，就曾宣布工资与物价冻结3个月。

2. 工资与物价指导线

政府为了抑制通货膨胀，根据劳动生产率的增长和其他因素，规定出工资与物价上升的限度，其中主要是规定工资增长率（又称“工资指导线”）。工会和企业要根据这一指导线来确定工资增长率，企业也要根据这一规定确定物价上涨率。如果工会或企业违反规定，使工资增长率和物价上涨率超过了这一指导线，政府就要以税收或法律形式进行惩罚。这种做法比较灵活，在20世纪70年代以后被西方国家广泛采用。

3. 税收刺激计划

以税收为手段来控制工资的增长。具体做法是：政府规定货币工资增长率，即工资指导线，以税收为手段来付诸实施。如果企业的工资增长率超过这一指导线，就课以重税，如果企业的工资增长率低于这一规定，就给予减税。例如，当政府的目标是使工资增长率从6%下降到4%时，政府可将4%的增长率作为标准，对平均工资增长率高于4%的企业按高税率征税；对平均工资低于增长率4%的企业按较低的税率征税，或适当减免税收。美国卡特政府在1978年曾提出过这一政策，但被议会否决，而未付诸实施。

14.4.2 指数化政策

通货膨胀会对财产分配和收入分配产生影响，使一些人受益而使另一些人遭受损失，从而对经济产生不利影响。收入指数化政策就是为了消除这种不利影响而采取的政策，其具体做法是定期地根据通货膨胀率来调整各种收入的名义价值，以使其实际价值保持不变。主要指标有：

1. 工资指数化

按通货膨胀率指数来调整名义工资，以保持实际工资水平不变。在经济发生通货膨胀时，如果工人的名义工资没变，实际工资就会降低，这就会引起有利于资本家而不利于工人的收入再分配。为了保持工人的实际工资不变，在工资合同中就要确定有关条款，规定在一定时期内按消费物价指数来调整名义工资，这项规定称为“自动调整条款”。此外，也可以通过其他措施按通货膨胀率来调整工资增长率。工资指数化可以使实际工资不下降，从而维护经济和社会的安定。但在某些情况下，工资指数化也会引起工资成本推动型通货膨胀。

2. 税收指数化

按通货膨胀率指数来调整所得税免征额与税率等级。当经济出现通货膨胀时，实际收入不变就意味着名义收入增加了。这样，所得税的免征额实际降低了。在累进税制下，纳税者名义收入的提高使原来的实际收入进入了更高的税率等级，使得缴纳的实际税金增加。如果不实行税收指数化，就会使收入分配发生不利于公众而有利于政府的变化，成为政府加剧通货膨胀的动力。只有根据通货膨胀率来调整税收，即提高免征额并调整税率等级，才能避免不利影响，使政府采取有力的措施来抑制通货膨胀。

此外，利率等也应该根据通货膨胀来进行调整。

14.4.3 人力政策

人力政策又称就业政策或劳工市场政策，是一种改善劳动力市场结构，以减少失业、增加就业的政策。

1. 人力资本投资

由政府或有关机构向劳动者投资，以提高劳动者的文化技术水平与身体素质，适应劳动力市场的需求。从长期来看，人力资本投资的主要内容是增加教育投资。从短期来看，是对劳动力进行再培训，包括对失业者的培训和在职人员的培训，增强他们的就业能力。

2. 完善劳动市场

失业产生的一个重要原因是劳动力市场的不完善，例如劳动供求信息的不畅通，就业中介机构的缺乏等。因此，政府应不断完善和增加各类就业中介机构，为劳动的供求双方提供迅速、准确而完整的信息，使企业和失业者及时了解准确的就业信息，减少自然失业率。

3. 协助工人进行流动

劳动者在地区、行业和部门之间的流动，有利于劳动的合理配置与劳动者人尽其才，也能减少由于劳动力的地区结构和劳动力的流动困难等原因而造成的失业。协助工人进行流动的措施包括政府为社会提供充分的信息、为劳动力流动提供必要的物质帮助和鼓励，以及制定有助于劳动力合理流动的优惠政策等。

14.4.4 经济增长政策

从社会的长期发展来看，影响总供给的最重要因素还是经济潜力或生产能力。因此，提高经济潜力或生产能力的经济增长政策就成为供给管理政策的重要内容。促进经济增长的政策措施是多方面的，其中主要有：

1. **增加劳动力的数量和质量**

劳动力的增加对经济增长有着重要的作用。劳动力包括数量和质量两个方面。增加劳动力数量的方法有提高人口出生率、鼓励移民入境等；提高劳动力质量的方法是增加人力资本投资。

2. **增加资本积累**

资本的增加可以提高资本—劳动比率，即提高每个劳动力的资本装备率，发展资本密集型技术，利用更先进的设备，从而提高劳动生产率。资本积累的主要来源是储蓄，因此应鼓励人们储蓄。鼓励储蓄有减少税收、提高利率等途径。例如德国、日本等经济发展迅速的国家，储蓄率都是比较高的。

3. **促进技术进步**

技术进步在现代经济增长中起着越来越重要的作用。因此，促进技术进步成为各国经济政策的重点，其主要措施有：国家对全国的科学技术发展进行规划与协调、国家直接投资于重点科学技术研究、政府采取鼓励科学技术发展的措施；对发展中国家来说还需大量进口来自发达国家的原生技术，以及加强对科技人才的培养等。

4. **计划与平衡增长**

现代经济中各个部门之间存在着密切联系，客观上要求各部门之间相互协调增长。在市场经济中，各部门之间的平衡增长，要通过国家的计划或政策指导来实现。一般来说，各国都通过制定本国经济增长的短期、中期与长期计划和各种经济政策来实现协调增长。在西方各国的计划中，法国和日本是比较成功的。

14.5 案例分析

美国战后财政政策的运用

美国在战后长期运用财政政策刺激经济，研究这一问题可以加深我们对财政政策的理解。

第二次世界大战以后，美国加大了政府对宏观经济的调节。在20世纪50年代，美国的宏观经济政策以稳定为中心，运用的是补偿性财政政策。这种政策是在经济萧条时期增加政府支出，减少税收，使财政有赤字；而在经济繁荣时期减少政府支出，增加税收，使财政有盈余。这样，可以求得长期的财政预算平衡。从1952年到1960年的8年中，有5年有财政赤字，3年有财政盈余，赤字最多时也只是125亿美元。但与此相应，经济处于缓慢增长状态。这一时期美国总统是艾森豪威尔，因此，这一时期被称为“艾森豪威尔停滞”。

20世纪60年代以后，为了实现充分就业与经济增长，财政政策则以扩张性的财政政策为基础，强调通过增加政府支出与减税来刺激经济。特别是在1962年肯尼迪政府时期，曾进行了全面的减税。个人所得税率减少20%，最高税率从91%降至65%，公司所得税率从52%降到47%，还采取了加速折旧、投资减税优惠等变相的减税政策。这些措施对经济起到了有力的刺激作用，造成20世纪60年代美国经济的繁荣。但与此相应，美国的财政赤字大幅增加。

20 世纪 70 年代是美国经济的停滞时期，面对高通货膨胀和高失业，赤字财政的运用有所控制。

同时，财政政策的运用中又强调了微观化，即对不同的部门与地区实行不同的征税方法，制定不同的税率，个别地调整征税范围，以及调整政府对不同部门与地区的拨款、支出政策，以获得经济的平衡发展。

20 世纪 80 年代里根上台后，制定了以供给学派理论为依据的经济政策，其中最主要的一项也是减税。应该指出的是，供给学派的减税不同于凯恩斯主义的减税。凯恩斯主义的减税是为了刺激消费与投资，从而刺激总需求，而供给学派的减税是为了刺激储蓄与个人的工作积极性，以刺激总供给。减税政策刺激了经济，但由于减税的同时无法大量减少政府支出，这就使财政赤字大幅增加。

1981—1992 年间 12 个财政年度，赤字总计达到 22 724 亿美元。同期，国债从 9 085 亿美元猛增至 39 700 亿美元。国债与国内生产总值的比例，从 1981 年的 26.5% 上升到 1992 年的 51.5%。1992 年赤字达 2 920 亿美元。如果不采取得力措施，今后每年的赤字都会达到 3 000 亿美元。正因为如此，消灭赤字实现财政收支平衡是每一届美国政府的愿望，但没有一届政府实现这一目标。里根上任时，曾讥讽他的前任使美国的国债达到了这样的程度：如果以每张票面值为 1 000 美元的钞票摞在一起，其高度可达 67 英里。里根一再声称要解决这一问题。但实际上到 1983 年底，里根已把这一记录加高到近 100 英里。

1992 年克林顿上台之后，更多地运用货币政策刺激经济。为了减少财政赤字，采用了有限度的紧缩性财政政策，增加税收并减少政府支出。这种政策使赤字减少，甚至在 1997—1998 年度实现了当年财政收支略有盈余。

2000 年小布什上台后为了刺激经济，又实行减税，对经济亦起到刺激作用，使美国经济走出 20 世纪 80 年代以来的衰退。

政策的运用是一门艺术，美国政府在实践中变换政策，总体上起到了积极作用。

格林斯潘与美国货币政策

在美国，甚至全世界，美联储主席格林斯潘的一言一行都备受关注。他被认为是美国仅次于总统的第二号人物，在经济方面甚至比总统地位还高。他知道自己“一言可以兴邦，一言可以丧邦”，说话格外谨慎，习惯于用一种故意让人不明其意的“美联储语言”，以至于用这种语言向其女友求婚。女友没听懂，婚事拖了好几年。

格林斯潘为什么有如此大的影响呢？原因有两个方面：一是货币政策在美国经济中的重要性及美国经济在世界上的地位；二是美联储的独立性及决策权。

美国政府一直运用财政政策与货币政策调节经济，但总的趋势是货币政策的作用在不断加强，而财政政策的作用相对下降。这是因为，美国经济学家芒德尔证明了，在资本自由流动和浮动汇率的情况下，货币政策对国内宏观经济的影响要大于财政政策。在 20 世纪 90 年代，克林顿政府就是主要靠货币政策实现了经济繁荣与物价稳定。这种政策的主要制定者正是格林斯潘。在世界上，美国经济是世界经济的领头羊，“美国感冒，全世界打喷嚏”。这样一个对美国经济影响至大的人，必定是对世界经济影响重大的人。

格林斯潘的地位还与美联储的独立性相关。美联储的最高领导机构由总统任命，并由得到议会批准的7名理事会成员组成，每位成员任职4年，每两年更换一位。理事会主席，即美联储主席由总统任命并得到议会批准，任期4年。决定货币政策的机构是联邦公开市场委员会，由美联储7位理事和12个地区联邦储备银行总裁组成（其中5位有投票权，除纽约联邦储备银行总裁外，其他4位轮流担任），这些地区联邦储备银行总裁并不是政府任命，而是选举产生的。格林斯潘也是联邦公开市场委员会的主席。货币政策由美联储的联邦公开市场委员会决定，不受议会和政府干预。美联储的这种独立性也加强了格林斯潘的地位。

格林斯潘自1987年以来先后由老布什、克林顿和小布什任命为美联储主席，可见他在美国货币政策的决定中起了至关重要的作用。

【本章小结】

宏观经济政策目标是充分就业、稳定物价、减少经济波动和实现经济增长。开放经济还应该包括国际收支平衡与汇率稳定。其中心是稳定。

财政政策就是用政府开支与税收来调节经济，以实现稳定。在经济繁荣时期，政府则要通过紧缩性的财政政策来压抑总需求，以实现物价稳定。在经济萧条时期，政府就要通过扩张性的财政政策来刺激总需求，以实现充分就业。

实行赤字财政政策是通过发行债券来进行的。赤字财政政策有利于经济走出衰退，但会加重财政负担，并引起通货膨胀、储蓄减少，对长期经济增长不利。

凯恩斯主义货币政策是要通过对货币供给量的调节来调节利率，再通过利率的变动来影响总需求。在经济萧条时期，运用扩张性货币政策增加货币供给量，降低利率，刺激总需求。在经济繁荣时期，运用紧缩性货币政策减少货币供给量，提高利率，抑制总需求。

20世纪70年代以后，西方经济学重视了总供给对经济的影响，分析了供给对通货膨胀的影响以及“滞胀经济问题”，根据这种分析，他们提出了供给管理政策，主要政策措施有收入政策、指数化政策、人力政策和经济增长政策等。

【关键术语和概念】

充分就业　物价稳定　需求管理　供给管理　财政政策　扩张性财政政策　紧缩性财政政策　财政赤字　自动稳定器　凯恩斯主义货币政策

【练习题】

1. 宏观经济政策的目标是什么？这些经济政策的目标之间存在哪些矛盾关系？

2. 为什么仅有自动稳定器是不够的，还要运用积极的（或紧缩的）财政政策？

3. 比较赤字财政的两种筹资方式。

4. 经济学家认为，赤字财政中无论采用哪一种筹资方式，最终都会引起通货膨胀。你认为这种看法正确吗？为什么？

5. 如何运用扩张的财政政策和货币政策？

6. 如何运用紧缩的财政政策和货币政策？

7. 在经济繁荣时期和经济萧条时期应如何运用不同的财政政策与货币政策？

8. 凯恩斯主义货币政策的机制是什么？其中间目标与最终目标是什么？政策工具是什么？

9. 货币主义货币政策的中心是什么？

10. 1997年东南亚国家发生金融经济危机之后使中国出现了增长放慢的现象。这时应该采取什么样的财政政策？中国是如何运用这一政策的？

11. 你如何看待中国正在实行的赤字财政政策，赤字财政政策是否应该继续实施下去？

【补充阅读】

宏观经济政策的发展与演变

自从20世纪30年代以来，宏观经济政策的发展大致经历了三个阶段。

从20世纪30年代到第二次世界大战前是第一个阶段。20世纪30年代的经济大危机迫使各国政府走上了国家干预经济的道路。凯恩斯在1936年发表的《就业、利息与货币通论》，正是要为这种干预提供理论依据。这一段时期是宏观经济政策的试验时期，其中最全面而且成功的试验是美国罗斯福总统的“新政”。

第二次世界大战以后，宏观经济政策的发展进入了第二个阶段。1944年英国政府发表的《就业政策白皮书》和1946年美国政府通过的《就业法》，都把实现充分就业、促进经济繁荣作为政府的基本职责。这标志着国家将全面而系统地干预经济，宏观经济政策的发展进入了一个新时期。这一时期的宏观经济政策是以凯恩斯主义为基础的，主要政策工具是财政政策与货币政策。

20世纪70年代初，西方国家相继出现了高通货膨胀率与高失业率并存的“滞胀”局面。这就迫使它们对国家干预经济的政策进行反思，于是，宏观经济政策的发展进入了第三个阶段。在这个阶段，最重要的特征是自由放任思潮的复兴。自由放任思潮主张减少国家干预，加强市场机制的调节作用。因此，经济政策的自由化和多样化，成为宏观经济政策的重要发展。

值得注意的是，从1992年美国总统克林顿上台后，又强调了国家干预，希望依靠国家的力量振兴美国经济。这也许是又一次加强国家干预经济的一个信号。

第 15 章　开放经济概论

◉本章学习要点

1. 当代世界国际贸易的特征
2. 自由贸易理论
3. 国际收支的均衡与不均衡
4. 开放经济中的宏观经济调节

◉本章学习内容

1. 开放经济与国际贸易
2. 国际收支
3. 汇率理论
4. 开放经济中的宏观经济调节与对外经济政策

◉案例分析

◉本章小结

◉关键术语和概念

◉练习题

◉补充阅读

当今世界各国基本上都选择了开放经济，只不过开放的程度不同而已。本章主要介绍开放经济中的宏观经济。

第二次世界大战后，大部分刚独立的发展中国家实行内向型经济发展战略，而以亚洲四小龙为代表的极个别的国家和地区走开放型经济发展的道路，结果表明：一个国家的经济越开放，越参与世界贸易体系，经济发展就越快。

15.1 开放经济与国际贸易

15.1.1 开放经济的概念

1. 什么是开放经济

现代经济活动都离不开国际间的经济交往，即各国之间存在着商品、劳务、资本和人才的往来，所以，开放经济就是指参与国际经济活动的经济。由于国际经济活动中，最重要的是国际贸易，所以开放经济也可以简单地定义为“参与国际贸易的一种经济”。

2. 开放程度的衡量

当前，虽然绝大多数国家的经济是开放经济，但各国的开放程度却不相同。衡量一个国家开放程度的标准，是进口占国内生产总值（GDP）或国民生产总值（GNP）的比例。即

$$\text{经济开放程度}=\frac{\text{进口}}{\text{GDP}}\text{或}\frac{\text{进口}}{\text{GNP}}$$

此外还可以用外资流入与国内投资总额的比例、非贸易外汇收入与国内零售总额的比例等指标来衡量一国的经济开放程度。

15.1.2 当代世界国际贸易的特征

第二次世界大战后，世界经济的显著特点是国际贸易增长极为迅速。这种迅速增长的国际贸易的特征表现在：

（1）在国际贸易中增长最快的是发达国家之间的制成品贸易。从1950年代起，当代世界国际贸易中，制成品贸易占世界贸易的比重从1950年代的50%，上升到1995年代后的80%；发达国家间的制成品贸易占世界贸易的比重为70%左右。

（2）劳务贸易（包括旅游、运输、保险等）增长迅速，这种贸易也主要是在发达国家之间进行。

（3）各国之间的贸易并不平衡，发达国家贸易增加迅速，发展中国家在国际贸易中的地位相对下降。

（4）贸易自由化程度提高。世贸组织的成立极大地推动了贸易自由化，贸易保护基本原则主要体现在关税是作为唯一的保护手段。乌拉圭谈判后各成员国加权平均关税水平大幅度下降，一般降幅在30~40%之间，发达国家之间的关税已降到3.7%。

（5）发展中国家通过国际贸易，特别是与发达国家发展国际贸易，使经济迅速得到发展。

（6）跨国公司的发展在推动国际贸易中起了巨大作用。全球7万多家跨国公司的贸易占世界贸易的60%。

（7）国际贸易与全球资本一体化同步发展，相互促进。

15.1.3 自由贸易理论

国际贸易的迅速增长说明国际贸易对各国都是有利的，各种不同的解释产生了不同的自由贸易理论。

1. **亚当·斯密的绝对优势理论**

如果一国生产一种产品的效率比另一国高，该国在这种产品生产上就有绝对优势。英国经济学家亚当·斯密在其代表著作《国民财富的性质和原因的研究》中提出，分工能提高生产效率，这一原则不仅适用于国内，而且适用于各国之间。各国由于自然资源赋予或后天的条件，生产同一种商品所用的成本并不一样。各国生产成本最低的产品，然后与其他国家交换其他产品，对各国都是有利的。例如，假定英国和葡萄牙都生产布匹与葡萄酒，如果英国生产同样数量的布匹所耗费的资源（如劳动）少于葡萄牙，葡萄牙生产同样数量的葡萄酒所耗费的资源少于英国，那么英国与葡萄牙比较，英国在布匹生产上存在绝对优势，葡萄牙则在葡萄酒生产上存在绝对优势。

根据这一理论，亚当·斯密提出了自由贸易的主张。

2. **李嘉图的比较优势理论**

如果一国生产一种产品的机会成本比另一国低，该国在生产这种物品上就有比较优势。假如一国无论生产什么绝对成本都低于另一国，为什么两国之间还会发生国际贸易呢？李嘉图的比较优势理论的解释是：一国生产自己相对成本低的产品，即有比较优势的产品，与别国进行交换，对双方都是有利的。

后来的经济学家继承了李嘉图比较优势的思想，并用机会成本来解释比较优势。例如，假定布匹与葡萄酒的生产只需要劳动资源。如果葡萄牙生产 1 单位布匹和葡萄酒分别耗费 3 小时和 6 小时劳动，英国分别耗费 2 小时和 5 小时，那么英国在布匹生产上与葡萄牙相比有绝对优势。但是，英国生产 1 单位葡萄酒只需放弃 2.5 单位布匹的生产，而葡萄牙生产 1 单位葡萄酒只需放弃 2 单位布匹的生产，所以英国在葡萄酒的生产上与葡萄牙相比是没有比较优势的，反而葡萄牙在葡萄酒的生产上具有比较优势。由此可以看到，比较优势能够更一般地解释贸易发生的原因。

这种以比较优势为基础的国际贸易理论一直是自由贸易理论的中心，也是自由贸易政策的基础。

3. **俄林—赫克歇尔的要素禀赋理论**

要素禀赋理论强调的是各国自然资源赋予的差异。这一理论的基本内容是：各种商品生产中所使用的各种生产要素的比例是不相同的，各国所拥有的资源不同使各国的贸易是互利的。具体来说，劳动力丰富而价格低的国家生产劳动密集型产品，资本丰富而价格低的国家生产资本密集型产品，然后进行交换。因为各自都是出口自己生产要素价格低的产品，进口自己生产要素价格高的产品，其结果对双方都有利。根据这种理论，国际贸易给各国带来的好处是：

第一，资源配置在世界范围内实现最优化。各国按自己的资源条件进行专业化生产，这就可以使资源得到最有效的利用。由于资源配置的改善，同样的资源可以生产出更多的产品，这样，就会增加世界各国的收益。

第二，产品价格的均等化。各国产品在世界范围内进行竞争，其结果使各种产品在各国的水平相等，而且是最低的价格水平。

第三，生产要素的价格均等化。通过国际贸易，各国生产要素的价格也均等化。在进行贸易之前，同种要素在各国的价格不同，这正是进行贸易的原因。通过各国之间的贸易，某种要素价格低的国家生产这类物品出口，需求增加，价格提高，生产要素价格也提高。某种要素价格高的国家进口这类物品，其要素价格必然下降。各国产品流动的结果就是要素价格的均等化。

4. 需求差别理论

需求差别理论从需求出发，认为由于消费者的收入和偏好不同，即使是同一种产品，例如汽车，消费者也有不同的需求（豪华型、节油型、不同的颜色、各种各样的款式等），这种不同的需求就使企业要生产出有差别的产品。瑞典经济学家林德（S. B. Linder）专门分析了收入水平对贸易的影响。他认为，一国生产者生产的产品首先是为了满足国内消费者的需求，随着国内人均收入水平的提高，生产者不断扩大工业品和奢侈品的生产，以满足市场需求，结果产量增加的速度超过需求增长的速度，从而使该国有能力向别国出口。对于该国出口的工业品，只有与之收入相近的国家才会有需求。因此，进口工业品的主要国家也是收入较高的国家，这样就使贸易主要发生在收入水平相近的工业国家之间。

5. 产品周期理论

国际贸易的历史表明，有一些产品（如我们熟悉的纺织品）先是由欧美发达国家生产并出口，其他国家则需要进口。后来，纺织品的出口移到了原来的进口国（如日本和亚洲部分国家和地区），而最初的发达国家由出口国变为进口国，如今中国是世界最大的纺织品生产和出口国之一。美国的经济学家维农（R. V. Vernon）的产品周期理论解释了这一贸易现象。

产品周期理论认为，一个产品的技术发展大致经过三个阶段：新产品阶段、成熟阶段和标准化阶段。在产品创新阶段，只有少数发达国家才拥有大量的产品创新资源：先进的科学知识和充裕的研究经费。因而，发达国家拥有新产品生产的比较优势，成为原始出口国。产品成熟以后，技术逐渐扩散到其他先进的国家，产品从知识密集型变为技能密集型或资本密集型。资本和熟练工人充裕的国家开始拥有该产品生产的比较优势，并逐渐取代技术发明国而成为主要生产和出口国。产品技术标准化以后，技术和资本变得不太重要，而劳动力成本是决定产品比较优势的主要因素，发展中国家因为劳动力充裕而成为产品出口国。

6. 规模经济与不完全竞争理论

20 世纪 60 年代以来，要素禀赋相似的发达工业国家之间的贸易量大大增加，而产业内国际贸易又成为当代国际贸易的主要形式。这种现象是传统的比较优势理论和要素禀赋理论都无法解释的。70 年代末，美国经济学家克鲁格曼等人提出了规模经济说来解释这种国际贸易现象。

规模经济是指生产规模扩大、产量增加使产品平均成本下降，也称为“规模报酬递增”。传统贸易理论都是假设产品的规模报酬不变，国际市场是完全竞争型的。规模经济理论则认为，工业产品类似但不同样（即存在产品差别），国际市场是垄断竞争型的，规模经济本身构成贸易发生的原因。例如，贸易发生前美国和日本都生产大型和小型汽车，因为国内市场规模的限制，汽车价格太高。如果两国发生贸易关系，日本抢先扩大小汽车的生产规模并降低价格向美国出口，美国则扩大大型汽车的生产规模并向日本出口，这样两国通过贸易都获得了规模经济，消费者可以有更多的产品选择而且价格便宜。由于工业产品的多样性，任何一国都不可能囊括一个行业的全部产品，从而使国际分工和贸易成为必然。但具体哪一国生产哪一种产品，都没有固定的模式，既可以自然竞争产生，也可以协议分工。这种贸易发生的原因就是规模经济，而不是技术不同或要素禀赋不同所产生的优势。

15.1.4 保护贸易理论

尽管国际贸易发展总的趋势是贸易自由化，但在不同时期不同国家，保护贸易仍然相当严重。

历史上最早的保护贸易理论是欧洲16、17世纪的重商主义。重商主义是近代资本主义历史上第一个经济学派，其中心观点是：只有以金银为形式的货币才是一国真正的财富。增加一国财富的唯一方法是只出口不进口，或者多出口少进口。当一国有贸易顺差时其他国家的金银流入，这时本国财富就增加了。由此得出贸易限制政策有利于一国经济的结论。重商主义的这种理论是贸易保护主义的鼻祖。

19世纪德国历史学派经济学家李斯特等人根据当时德国经济发展的要求提出了贸易保护主义。他们认为，面对英国经济的强大，德国这样落后的国家只有靠保护国内市场才能发展起来，在发展起来之后才可以自由贸易。这种以保护求发展，通过限制进口保护国内工业的观点也有相当大的影响。现代许多保护贸易理论是这种理论的发展。

在现代经济中仍有一定影响的保护贸易理论主要有下面的观点：

1. 加剧失业论

加剧失业论认为，与其他国家之间的贸易会减少国内的工作岗位，从而加剧失业。例如，当一国向他国进口纺织品时，该国的纺织行业工人失业就会增加，尽管增加出口也会创造一些工作岗位，但原来纺织行业的工人由于年龄、技术等限制，无法进入新行业，这就增加了失业。

2. 国家安全论

有些行业（如钢铁、通讯、计算机软件等）影响到国家安全。如果实行自由贸易，这些行业大部分依赖进口，一旦出口国与进口国成为敌国，进口国的国家安全就会受到威胁，或者出口国会把这些出口品作为威胁对方的武器。因此，从国家安全出发，也应该对某些行业进行保护。

3. 民族产业论

民族产业论是为了使国内尚不具备国际竞争力的行业得以发展而进行保护的保护贸易理论。落后国家的新兴行业无法与发达国家竞争，为了使这些行业得到发展，就应该实行保护，至少是暂时的保护，等这些行业发展起来，能与发达国家抗争之后再开放。

4. 战略性保护论

战略性保护论是为了建立国内有竞争力的行业而进行保护的保护贸易理论。这就是说，比较优势不一定自然存在，可以人为地创造，建立战略性行业正是创造自己的比较优势。要建立这种行业，并使之具有规模经济，一是要靠国家支持，二是要保护国内市场。这种理论在20世纪90年代颇为流行，其实质与民族产业论颇为相似，不过强调了不是保护一些幼稚产业，而是重点保护未来有竞争力的战略性产业。

5. 不公平竞争论

这种理论认为世界并不是一个完全竞争的市场，发达国家在世界市场上具有垄断地位，尤其是大型跨国公司增强了发达国家的竞争实力。加之，国际经济秩序总体上有利于发达国家，这就使发展中国家在国际贸易中处于不利地位。因此，发展中国家用限制性贸易政策保护自己的国内市场是天经地义的。此外，各国的法律与政策不同，有些国家对国内出口行业给予补贴，这也形成世界市场竞争的不公平，因此，保护是合理的。

6. 作为讨价还价筹码的保护论

这种理论认为，各国在国际贸易中要就开放市场、降低关税等问题进行谈判。为了在谈判中有讨价还价的余地，就要对一些部门实行保护，然后在谈判中以放弃或减少保护为代价换取其他好处。

总之，各种理论都说明了保护贸易政策的有利性与合理性。这些理论仍有相当影响，这正是保护贸易主义抬头，国际贸易纷争与贸易战从未停止过的原因。

15.2 国际金融

15.2.1 国际收支

国际收支是一国在一定时期（通常是一年）内对外国的全部经济交往所引起的收支总额的对比。这是一国与其他各国之间经济交往的记录。国际收支集中反映在国际收支平衡表中，该表按复式记账原理编制。

1. 编制国际收支平衡表的基本原则

第一，只有国内外经济单位间的经济交易才记入国际收支中。

第二，要区分借方和贷方两类不同的交易，在国际收支平衡表上，最后借方与贷方总是平衡的。

第三，国际收支平衡表是复式簿记。

2. 国际收支平衡表的内容

国际收支平衡表中的项目一般分为三类：

经常项目：经常项目又称商品和劳务项目，包括商品（进出口）、劳务、国际间单方转移。经常项目在一国的对外收支中占有相当重要的地位。由于在经常项目中进出口贸易收支占有很大的比重，且经常项目逆差或顺差主要取决于进出口收支差额，因此通常就用进出口收支差额来对经常项目进行分析。

资本项目：指一切对外资产和负债的交易活动，如各种投资、股票与债券交易等。外国资本流入额减去本国资本流出额的差额，表现为资本往来收支差额，称为资本的净流入。当外国资本的流入大于本国资本的流出时，资本的净流入为正值，即资本项目出现顺差；反之，当外国资本的流入小于本国资本的流出时，资本的净流入为负值，即资本项目出现逆差。

官方储备项目：是国家货币当局对外交易净额，包括黄金、外汇储备、在国际货币基金组织的特别提款权等的变动。当一国在一定时期内国际收支出现逆差时，就要通过官方储备的变化来进行调整。政府持有的官方储备资产是一国对其外债进行清偿、平衡其国际收支的最后手段。

表 15－1 是 1996 年美国的国际收支平衡表的一个例子。

表 15-1　美国的国际收支平衡表　　单位：10 亿美元

(a) 项目	(b) 贷方 (+)	(c) 借方 (-)	(d) 净贷 (+) 净借 (-)
1. 经常账户			-148
a. 商品贸易余额	612	-803	-191
b. 服务	237	-157	80
c. 投资收益	206	-204	3
d. 单方转移支付			-40
2. 资本账户			148
[贷出（-）或借入（+）]			
a. 私人			20
b. 政府			
美国官方储备变动			7
其他国家官方储备变动			121
经常账户、资本账户总计			0

3. 国际收支的均衡与不均衡

在国际收支平衡表中，国际收支总是平衡的。但是，这种平衡仅仅是形式上的。国际货币基金组织建议使用“综合差额”来描述国际收支盈余和赤字。所谓综合差额是指除了官方储备变动外，一国其他国际经济交易的收支差额的总和。

在不考虑官方储备的情况下，当综合差额为零时，即经常项目与资本项目的借方与贷方相等，则国际收支平衡；当综合差额为正值时，即经常项目与资本项目的贷方大于借方，则国际收支顺差，或者说国际收支有盈余；当综合差额为负值时，即经常项目与资本项目的借方大于贷方，则国际收支逆差，或者说国际收支有赤字。

当国际收支顺差，即有盈余时，会有黄金或外汇流入，使官方储备增加；当国际收支逆差，即有赤字时，会有黄金或外汇流出。当国际收支不平衡时，要通过官方储备项目的调整来实现平衡。

15.2.2　汇率理论

在一个开放的国际贸易经济中，国际间的经济交易和支付活动必须用本国货币同外国货币兑换，这就涉及到外汇与汇率问题。

1. 外汇和汇率

（1）外汇的含义。

外汇是国际汇兑的总称。它是指一国对外结算时所使用的外国货币，或以外国货币表示的支付凭证和信用凭证。其内容包括外国货币、各种长期外国证券、外币支付凭证等。但是，并非一切外国货币都是外汇。只有那些为国际所共同接受的可以在国际货币市场上自由兑换的外国货币，才叫外汇，如美元、日元、英镑、欧元等。

（2）汇率的含义与标价方法。

汇率是一国货币单位同他国货币单位的兑换比率。外汇汇率有两种标价法，即直接标价法和间接标价法。直接标价法是以1单位或100单位外国货币作为标准，折算为一定数额的本国货币，这种标价法又称付出报价。直接标价法的外国货币的数额固定不变，本国货币的数额随外国货币或本国货币币值的变化而改变。目前绝大多数国家都采用直接标价法，我国目前采用的也是直接标价法。间接标价法是以1单位或100单位本国货币作为标准，折算为一定数额的外国货币，这种标价法又称收进报价。间接标价法的本国货币的数额固定不变，外国货币的数额随本币或外币币值的变化而改变。英国采用间接标价法。美国从1978年9月1日起改为间接标价法，但美元对英镑保留了过去习惯用的直接标价法。如：1英镑等于1.614 0美元。

从银行买卖外汇的角度，汇率可分为买入汇率和卖出汇率。银行在外汇业务中，采用双向报价制，即同时报出外汇的买入价和卖出价。买入价即买入汇率（Buying Rate）——银行买入外汇时标明的汇率；卖出价即卖出汇率（Selling Rate）——银行卖出外汇时标明的汇率。两者之间的差额是银行买卖外汇的收益，通常为1‰ ~ 5‰。

买入汇率与卖出汇率的算术平均值被称为中间汇率（Middle Rate）。它通常用于非外汇交易的各种场合，如汇率分析和预测。国际货币基金组织所公布的各国汇率表，西方报刊报道汇率消息，采用中间汇率。

（3）汇率的升值与贬值。

在汇率问题上，还有两个基本的概念：汇率的升值与贬值。汇率升值是指用本国货币表示的外国货币的价格下跌了。例如，如果美元与欧元的汇率由1欧元兑1.2美元下降为1欧元兑1.1美元，对美元来说则是汇率升值，因为用美元表示的欧元价格下跌，意味着美元升值了。汇率贬值是指用本国货币表示的外国货币的价格上升了。例如，如果美元与欧元的汇率由1欧元1.1美元上升为1欧元1.2美元，对美元来说则是汇率贬值，因为用美元表示的欧元价格上升，意味着美元贬值了。

（4）汇率变动的影响。

汇率变动对一国经济有重要的影响，主要是影响进出口贸易。汇率贬值有增加出口、减少进口的作用。这样，汇率贬值就可以使国内生产总值增加。同时，因为边际出口倾向小于1，所以尽管国内生产总值增加会使进口增加，但进口的增加一定小于出口的增加，从而也可以使贸易收支状况改善。相反，汇率升值则有减少出口，增加进口的作用，还会使国内生产总值减少，贸易收支状况恶化。

2. 汇率的决定

有关汇率决定的理论相当多，例如，用国际资金供求关系来解释汇率决定的国际借贷理论；用人们对外汇的主观心理评价来解释汇率决定的汇兑心理理论；把外汇作为一种资产，从资产选择角度来说明汇率决定的流动资产选择理论；强调货币市场在汇率决定中的作用的货币主义汇率理论等。但到现在为止，购买力平价理论所指出的汇率运动背后的重要因素仍使它成为预测长期均衡汇率的依据。

（1）购买力平价理论。

20世纪初，瑞典经济学家古斯塔夫·卡塞尔第一个系统地提出了购买力平价理论，也是第一个用价格的统计平均数来表示汇率理论的人，从而使汇率理论成为一个可操作的理论。

购买力平价理论认为，本国人需要外国货币，是因为该外国货币在其发行国有购买力；外国人需要本国货币，是因为本国货币在本国有购买力。购买力平价有两种形态：绝对购买力平价和相对购买力平价。因此，一国货币对外汇率，主要是由两国货币在其本国所具有的购买力决定的，或者说，在一个时点上，两国货币间的汇率决定于两个国家的一般物价水平的比率。以 R 代表两种货币的汇率，P_a 与 P_b 分别代表 A 国和 B 国的一般物价水平，则绝对购买力平价公式为：

$$R=\frac{P_a}{P_b}$$

所谓相对购买力平价，是指两国货币间的汇率在两个时期的变化，反映着两国在两个时期物价指数的变化，即两国货币之间的汇率等于过去的汇率乘以两国通货膨胀率之商。假定 A 国的通货膨胀率为 P'_a，B 国的通货膨胀率为 P'_b，两国货币之间过去的汇率为 R_0，新汇率为 R_1，则相对购买力平价公式便为：

$$R_1=R_0\times\frac{P'_a}{P'_b}$$

同绝对购买力平价相比，相对购买力平价似乎更有实际意义。因为它可用来预测实际汇率。在预测期内，如两国经济结构不变，两国货币间汇率的变化便反映着两国物价指数的变化。

（2）影响汇率的主要因素。

市场汇率的变化取决于外汇的供求关系。当一国货币在外汇市场上的供给超过对该国货币的需求时，该国货币的对外汇率就下跌；反之，当一国货币在外汇市场上的需求超过对该国货币的供给时，该国货币的对外汇率就上升。汇率的变动实际上反映了一国的国际收支与经济状况。影响汇率的因素十分复杂，既有经济因素，又有非经济因素，概括起来主要有：

第一，国际收支状况。一国的国际收支可反映该国对外汇的供求关系。国际收支逆差引起该国对外汇的需求量增加，从而外汇汇率上升，本币汇率下降；反之，国际收支顺差引起该国对外汇的需求量减少，外汇汇率下降，本币汇率上升。

第二，通货膨胀。物价上涨一般会导致汇率下降。

根据购买力平价，通货膨胀是影响汇率变动的最重要的因素。它影响汇率的传导机制包括：

①若一国通货膨胀率高于他国，该国出口竞争力减弱，而外国在该国市场上的竞争力增强；这会引起该国贸易收支逆差，造成外汇供应缺口，外汇汇率上升，本币汇率下降。

②通货膨胀会使一国实际利率下降，推动资本外逃，引起资本项目逆差和本币汇率下降。

③由于通货膨胀是一个持续的物价上涨过程，人们的通货膨胀预期会演变成本币汇率下降预期。在这种预期心理下，为了避免本币贬值可能带来的损失，人们会在外汇市场上抛售本币，抢购外汇。这种投机行为会引起本币汇率进一步的下降。

第三，利率。利率变动引起国际间短期资本流动，从而影响国际收支与汇率。利率上升使资本流入，汇率升值；利率下降使资本流出，汇率贬值。

如果一国利率上升，别国利率也上升，则汇率一般不受影响。

由利率引起的国际资本流动还必须考虑未来汇率的变动，只有两国利率的差异抵消了汇率在未来的不利变动之后金融资产所有者仍有利可图时，资本的国际流动才会发生。

现在，国际资本流动规模大大超过国际贸易额，因而利率水平差异对汇率变动的作用就显得更为重要。

第四，经济增长率。经济增长对汇率的影响实际上难以确定。如果出口不变或增长较慢，经济增长所引起的进口增加，会使国际收支恶化，汇率贬值。如果经济是出口导向型的，经济增长带动出口增加，就会使国际收支改善，汇率升值。而且，经济增长也有利于使其货币升值。从实际情况来看，经济增长对汇率的影响要进行具体分析。

第五，财政赤字。财政赤字对汇率的影响也不易确定。一般说来，财政赤字增加会加剧通货膨胀，从而使汇率贬值。但财政赤字又会使利率上升，使汇率升值。哪一种作用大，仍要根据具体情况进行分析。

第六，外汇储备。外汇储备的增加可以增强一国中央银行干预外汇市场，维持汇率的能力。但这种作用只在短期内有效，而且作用有限。

此外，影响汇率的因素还有投机性、政治性因素及其他偶然性因素。正因为影响汇率的因素复杂，所以，远期汇率不易预测，要通过外汇期货期权市场来保值，也可以利用汇率的不确定性进行外汇投机。

3. 汇率制度及其演变

汇率制度是指一国货币当局对本国汇率变动的基本方式所作的安排和规定。按照汇率变动的幅度，汇率制度可分为两种类型：固定汇率制和浮动汇率制。

（1）固定汇率制。

固定汇率制包括金本位制和纸币流通下的固定汇率制。

第一次世界大战以前，西方国家实行金本位制。在这种制度下，金币有规定的含金量，黄金作为世界货币，在各国之间可以自由地输入输出。两个金本位制度国家货币单位的含金量之比，叫做铸币平价，决定了两国货币之间的汇率。第一次世界大战爆发后，西方各国金本位制陷于瓦解，在1929—1933年大危机的冲击下，西方各国的金本位制终告崩溃。

第二次世界大战以后，西方各国在美国布雷顿森林召开会议，建立了以美元为中心，以固定汇率制为基础的国际货币体系，称布雷顿森林体系。按规定，1盎司黄金的官价为35美元，其他国家的货币与美元保持固定汇价，汇率波动上下限幅度不得超过1%。

固定汇率制是指一国货币同他国货币的汇率基本固定，其波动的界限规定在一定幅度之内的一种汇率制度。在这种制度下，中央银行（有的国家是财政部或外汇管理局）固定了汇率，并按这一水平进行外汇买卖。在固定汇率制度下，各国中央银行必须为任何国际收支盈余或赤字按官方汇率提供外汇。当有盈余时购入外汇，当有赤字时售出外汇，以维持固定汇率制。

实行固定汇率制有利于一国经济的稳定，也有利于维护国际金融体系与国际经济交往的稳定，减少国际贸易与国际投资的风险。但是，实行固定汇率要求一国的中央银行有足够的外汇或黄金储备。如果不具备这一条件，必然出现外汇黑市，黑市的汇率要远远高于官方汇率，这样反而会不利于经济发展与外汇管理。

（2）浮动汇率制。

进入20世纪60年代以后，美国在频繁的经济危机和货币危机的冲击下，经济实力下降，经济增长放缓，国际收支逆差不断扩大，美元的地位不断削弱。1973年，维持了28年的布雷顿森林体系终于崩溃，西方主要工业国先后都实行了浮动汇率制，少数发展中国家也随后实行浮动汇率制。

浮动汇率制是指一国中央银行不规定本国货币与他国货币的官方汇率，听任汇率由外汇市场自发地决定。浮动汇率制又分为自由浮动与管理浮动。自由浮动又称“清洁浮动”，指中央银行对外汇市场不采取任何干预措施，汇率完全由市场力量自发地决定；管理浮动又称“肮脏浮动”，指实行浮动汇率制的国家，其中央银行为了控制或减缓市场汇率的波动，对外汇市场进行各种形式的干预活动，主要是根据外汇市场的情况售出或购入外汇，以通过对供求的影响来影响汇率。

实行浮动汇率制有利于通过汇率的波动来调节经济，也有利于促进国际贸易，尤其在中央银行的外汇与黄金储备不足以维持固定汇率的情况下，实行浮动汇率制对经济较为有利，同时也能取缔非法的外汇黑市交易。但浮动汇率制不利于国内经济和国际经济关系的稳定，会加剧经济波动。

15.3　开放经济中的宏观经济调节与对外经济政策

开放经济中，各国国内生产总值的决定与变动是相互影响的。一国的失业和通货膨胀会通过不同的渠道传递到其他国家。各国经济的这种相互依赖性，是我们分析开放经济中一国经济调节的出发点。

15.3.1　开放经济中各国经济的互相依赖性

在开放经济中，各国经济通过国际贸易和国际金融联为一体，这就是全球经济一体化。

在开放经济中，各国国内生产总值的决定与变动是相互影响的。一国国内总需求与国内生产总值的增加会通过进口的增加而影响对国外产品的需求，从而使与之有贸易关系的国家的国内生产总值也增加。这种一国总需求与国内生产总值增加对别国的影响，称为“溢出效应”。反过来，别国由于“溢出效应”所引起的国内生产总值增加，又会通过进口的增加使最初引起“溢出效应”的国家的国内生产总值再增加，这种影响被称为“回波效应”。这两种效应概括了各国间国内生产总值变动的相互影响。

各国之间相互影响的程度并不一样，大体取决于以下几个因素：

第一，国家的大小。一般来说，大国对小国的影响大，小国对大国的影响小。

第二，开放程度。开放程度高的国家对别国的影响与受别国的影响都大；相反，开放程度低的国家对别国的影响与受别国的影响都小。

第三，各国边际进口倾向的大小。一国的边际进口倾向越高，对别国的影响与受别国的影响越大；反之，一国边际进口倾向越低，对别国的影响与受别国的影响越小。

各国间的这种影响是很重要的。根据经济合作与发展组织的估算，美国的总需求增加1%，就会使德国内生产总值增加0.23%，即美国对德国的溢出效应为0.23。而德国国内生产总值增加0.23%，又会使美国的国内生产总值增加0.0 115%，即德国对美国的回波效应为0.0 115。这种影响对经济的作用相当大。例如，德国1981—1982年的经济衰退就是依靠美国的复兴而得以摆脱的。美国经济复兴引起的国内生产总值增加提高了进口水平，而美国的进口中有相当一部分来自德国，这就增加了德国的出口，使其经济摆脱了衰退。通过溢出效应与回波效应，国际贸易就把各国经济紧紧联系在一起，既可以由一国的繁荣带动其他国家的繁荣，也可以由一国的萧条引起其他国家的萧条。

15.3.2　开放经济中的宏观经济调节

在开放经济中，进行经济调节时，一方面要考虑到各国经济的相互关系，另一方面又要同时实现内在均衡与外在均衡。这里重点分析同时实现内在均衡与外在均衡的困难。

把内在均衡界定为充分就业与物价稳定，把外在均衡界定为国际收支平衡。这三者的关系在现实中有不同的情况，按照这三者关系组合的情况制定宏观经济调节政策：

（1）国内通货膨胀与国际收支逆差。采取紧缩性政策可以使总需求得到抑制，国内生产总值减少，消灭通货膨胀；国内生产总值的减少又会使进口减少，从而消除国际收支逆差。

（2）国内经济衰退与国际收支顺差。采取扩张性政策可以刺激总需求，使国内生产总值增加，摆脱经济衰退；国内生产总值增加又会增加进口，从而消除国际收支顺差。

（3）国内通货膨胀与国际收支顺差。采取紧缩性政策可以抑制国内通货膨胀，但国内生产总值的减少会减少进口，加大国际收支顺差；而采取扩张性政策，增加国内生产总值固然可以增加进口，减少国际收支顺差，但却又加剧了国内的通货膨胀。

（4）国内经济衰退与国际收支逆差。采取扩张性政策可以摆脱国内经济衰退，但却加重了国际收支逆差；采取紧缩性政策可以减少国际收支逆差，但却加剧了经济衰退。

（5）国内经济均衡与国际收支失衡（即顺差或逆差）。采取任何解决国际收支失衡的政策，都会破坏国内经济均衡。

（6）国内经济失衡（通货膨胀或经济衰退）与国际收支均衡。采取任何解决国内问题的政策，都会破坏国际收支均衡。

（7）国内经济均衡与国际收支均衡。这种少见的最优状态，实现了内在均衡与外在均衡，不用采取任何调节措施。

第 3 ~6 种情况属于同时实现内在均衡与外在均衡在经济调节中的矛盾。如何兼顾内在均衡与外在均衡，这就是最优政策的配合问题。

15.3.3 开放经济中的最优政策配合

内在均衡与外在均衡的矛盾要求经济学家寻找出最优政策配合的方案。最优政策配合的含义是：在国内外需要不同调节政策的情况下，所采用的政策应使其中一种政策的积极作用超过另一种政策的消极作用。在选择最优政策时，首先应该注意各种政策对内与对外的不同影响。货币政策对外的影响往往要大于对内的影响。例如，货币量增加通过利率下降对国内总需求的刺激作用，比利率下降对资本流出的影响要小。财政政策对内的影响往往要大于对外的影响。例如，增加政府支出引起的国内生产总值增加的作用要大于增加进口的作用。其次，应该确定政策所要解决的主要问题。例如，如果在国内经济衰退与国际收支顺差的情况下，主要是解决国内经济衰退问题，那就要把政策重点放在刺激国内经济上。最后，要把各种政策配合运用，用一种政策的积极作用去抵消另一种政策的消极作用。

加拿大经济学家 R. 芒德尔提出了解决最优政策配合问题的有效市场分类原理。这一原理认为，每一种政策手段应当用于其能产生最大的有利影响的市场或经济环境，其对另一市场或经济环境所必然产生的某种不利作用，可用性质相反的另一种经济手段加以抵消。这样，两种经济政策的相互配合就可以达到最优目的。例如在第三种情况，即在国内通货膨胀与国际收支顺差的情况下，应该采用紧缩性财政政策以抑制通货膨胀，同时用扩张性货币政策增加货币供应量，降低利率，以使资本流出，克服国际收支顺差。第四种情况则可用扩张性财政政策以摆脱国内经济衰退，同时采用紧缩性货币政策调高利率，吸引资本流入，克服国际收支逆差。此外，还可以用对外经济政策来配合国内经济政策。例如，在第五种情况下，国内经济均衡与国际收支逆差时，可以通过支出转换政策来调节。支出转换是在对国内产品总需求保持不变的情况下，改变总需求的构成，即通过保护贸易政策或汇率贬值政策来减少进口，以使国内经济保持均衡，而国际收支逆差得以消除。

最优政策配合是一个很复杂的问题，不仅要考虑到国内外的经济状况、政策目标、政策效应等问题，还要考虑到各种复杂的政治因素、国际关系、一国的历史传统等问题。例如，在通过增加进口来消除国际收支顺差时，应考虑到本国的边际进口倾向有多大。边际进口倾向是由许多经济与非经济因素决定的，在一定时期内有相对稳定性。如果一国由于历史原因边际进口倾向较低，那么，增加进口消除国际收支顺差的作用就有限。此外，在通过紧缩性货币政策提高利率，以吸引资本流入，消除国际收支长期逆差时，应考虑到国际经济形势及世界市场对本国出口产品的需求弹性。如果国际经济处于衰退期，而且本国出口产品在世界市场上的需求弹性低，那么，这一政策就很难奏效。

15.3.4 对外经济政策

要实现内在均衡和外在均衡不仅需要财政政策、货币政策这些国内政策，而且还需要对外经济政策，包括对外贸易政策和国际金融政策。

1. 对外贸易政策

对外贸易政策是指一国在一定时期内影响其进出口贸易的政策总和，是一国政府在经济发展战略的指导下，运用经济、法律和行政手段对国际贸易活动的方向、数量、规模、结构和效益所进行的一系列干预和调节行为。对外贸易政策可以分为两类：自由贸易政策和保护贸易政策。

当前国际贸易政策的主流是自由贸易。自由贸易有利于实现世界范围内的资源最优配置，从而达到全世界经济福利最大化。自由贸易产生于18世纪中叶的欧洲，在长达200多年的历史过程中，欧美发达国家在大多数产业中都占有绝对优势，发展中国家没有条件和他们去竞争。欧美发达国家极力倡导自由贸易，却对自由贸易实行双重标准，在主张其他国家一定要打开大门的同时，却对发展中国家能够挑战他们产业的一些产品搞贸易保护主义，关上大门。国际贸易政策自由化主要表现在关税水平大幅度下降，非关税壁垒逐步取消。国际贸易政策的支流是国际贸易保护主义，主要表现在反倾销的滥用、技术性贸易壁垒泛起、保障措施成为“新宠”、发展中国家贸易保护政策凸显。

（1）关税政策。

这是保护贸易的主要工具之一。关税是对进出国境或关境的货物和物品征收的一种税。国境是一国的领土范围。关境是一国关税法令完全实施的区域。当国境内设有自由港或自由贸易区时，关境小于国境。当几个国家结成关税同盟，组成一个共同关境，实施统一的关税法令和对外税则，彼此之间货物进出国境不征关税时，关境就大于其成员国的各自国境。

关税主要分为进口关税和出口关税。通过征收进口关税可以提高进口货物的成本，以削弱其与本国同类产品的竞争力，保护本国生产，特别是对国内能大量生产的或暂时还不能大量生产的但将来有发展可能的工业品及半制成品。通过对某些出口商品征收出口关税，可以抵制这些商品的输出。在需要保护本国自然资源防止其大量外流时，可以使用出口关税这个手段。

（2）非关税壁垒。

非关税壁垒是为了保护本国的经济发展，除关税以外采用的种种行政手段和其他经济手段。用非关税堡垒作为保护贸易的手段比关税壁垒更为直接、有效，因此各国使用的范围和措施不断扩大。例如通过进口配额、许可证、卫生检疫、技术性壁垒等各种管理制度限制有关商品的进口。非关税壁垒的项目目前有增多的趋势。据统计，20 世纪 60 年代仅 850 项，现在达到 2 500 多项，适用的商品进口范围日益扩大，歧视性加深，许多国家根据其与不同国家或地区经济贸易关系的性质和规模，采取了不同的非关税壁垒措施，受非关税壁垒损害的国家日趋增多。

（3）鼓励出口政策。

鼓励出口政策包括以下措施：

第一，出口信贷。出口信贷是一国为鼓励出口而由本国银行对本国出口商、外国进口商或外国进口方银行提供优惠贷款的一种融资方式，包括卖方信贷、买方信贷。买方信贷在出口信贷中应用很广泛，其中出口银行直接将款项贷给进口方银行的买方信贷形式使用得尤为普遍。

第二，出口信贷国家担保制。指由国家设立专门机构出面对本国出口商或商业银行向外国进口商或银行提供的信贷进行担保，需要确定担保项目与金额、担保对象、担保期限和费用等内容。

第三，出口补贴。出口补贴是一国政府对出口商品的现金补贴或财政上的优惠待遇，又称为出口津贴，可以分为直接补贴（直接对出口商现金补贴）、间接补贴（出口退税、减免税、优惠汇率）。

2. 对外金融政策

一国对外贸易政策必须与对外金融政策相互配合。这包括外汇管理政策、国际收支调节政策。

（1）外汇管理政策。

外汇管制即外汇管理，是指一国（或地区）通过法律、法令、条例等形式，对外汇的收支、买卖、借贷、转移及国际结算、外汇汇率、外汇市场、外汇来源与运用进行的干预和控制。西方发达国家在外汇管制上表现出逐步放宽的趋势。发展中国家基本上采取比较严格的外汇管制，有些石油输出国则比较宽松。还有一些发展中国家，为了促进本国经济的发展，实行对外开放，采取适当优惠政策，吸引外国投资，引进国外先进技术和管理经验。

外汇管理的对象为人和物两个方面。前者分自然人（居民、非居民）和法人管理，对于居民管理较严。后者是对外币、外币支付工具、外汇有价证券和黄金的管理。在实行外汇管制的国家所设立的外汇管制机构中，由中央银行设立外汇管理局的国家有法国、意大利、中国等，中央银行直接作为外汇管理机构的有英国，由国家行政部门直接负责外汇管制的国家有美国（由财政部负责）、日本（由大藏省和通产省负责），不少西方国家还把由其中央银行指定的一些大商业银行作为经营外汇业务的指定银行。

对于贸易外汇收支，出口商必须把出口所得外汇收入按照官定汇率售给指定银行。实行外汇管制的国家，在进口付汇方面通常使用进口许可证制，即对进口所需的外汇，规定进口商必须先申请进口许可证，根据进口许可证批准的商品金额供应外汇。

对非贸易外汇收支，采用直接限制（如许可证制度、按期结汇给国家指定银行）、最高限额（对非贸易外汇支出规定最高限额）、登记制度（对一定数额的外汇收入或支出进行登记）、特别批准（如购买出国费用外汇、向国外汇款）方式管理。

对资本输出、输入的管理，国际收支逆差的国家倾向于限制资本流出、鼓励资本流入，国际收支顺差的国家则倾向于鼓励资本流出、限制资本流入，发达国家较少采取措施限制资本输出、输入，发展中国家一般都限制资本输出，同时实行各种优惠措施积极引进外国资金。

在汇率管理方面，实行间接管理和直接管理两种形式。间接管理主要指政府利用外汇平准基金干预外汇市场，以维持汇率稳定。当本国国际收支发生短期性逆差，外汇供不应求而引起外汇汇率上涨时，中央银行即出售外汇，回笼本币，以抑制汇率继续上升；当出现短期顺差引起汇率下跌时，则由中央银行用基金中的本币买进外汇，以阻止汇率继续下跌。直接管理主要是通过选择具备管理性的汇率制度来实现，这种汇率制度主要包括：有管理的浮动、盯住单一货币、盯住一揽子货币、实行复汇率制。

对于货币、黄金的管理，实行外汇管制的国家一般禁止私人输出黄金，法国等国还禁止私人输入黄金，黄金的输入、输出由中央银行独家办理。实行外汇管制的国家，对本国现钞的输出都规定了最高限额。对输入本国的现钞，有的国家规定限额，有的则不加限制，但规定输入的现钞必须用于指定的用途。

（2）调节国际收支的措施。

国际收支调节政策主要包括外汇缓冲政策、财政和货币政策、汇率政策、直接管制和国际经济金融合作手段，具体调节措施因国际收支不平衡的因素而定。对于国际收支的短期不平衡通常采用中央银行对外借贷和外汇平准基金干预进行调节，对于国际收支因产业结构调整而产生的长期不平衡则要采用必要的财政政策和货币政策、货币升值、贬值甚至外汇管制进行调节，调节必须有助于产业结构改善。通常在短期逆差时采用中央银行对外联络借款、减少外汇平准基金的方法调整，在长期逆差时采用紧缩财政和货币政策的方法进行调整，在一国实行固定汇率制时，还可宣布货币贬值调节。在国际收支发生短期顺差时，采用中央银行对外贷款、增加外汇平准基金的方法调整，在长期顺差时采用扩张财政和货币政策的方法进行调整，在一国实行固定汇率制时宣布货币升值调整。

15.4 案例分析

克林顿为什么禁止进口墨西哥西红柿

美国、加拿大和墨西哥在1993年签署了北美自由贸易协定，但是1996年克林顿政府却限制墨西哥西红柿出口到美国。

美国西红柿质次价高，墨西哥西红柿质高价低。无论从哪一个角度看，美国让墨西哥西红柿进入都是有利的。但我们知道，西红柿进口受益的是消费者，而每个消费者受益并不大，他们无法组织起来支持西红柿进口。西红柿进口受损的主要是佛罗里达州的种植者。他们的损失总体上小于消费者的受益，但他们人少，分摊到每个人身上的损失并不小，因此，就组织起来反对西红柿进口。

那么，克林顿为什么不支持消费者而支持生产者呢？因为消费者不会由于西红柿进口少了而不支持他，但生产者会由于西红柿进口而反对他。1996年正值总统大选，克林顿担心支持西红柿进口会失去佛罗里达州的支持，于是限制墨西哥西红柿进口。

这个例子说明，决定国际贸易的不仅有经济利益，还要考虑政治与其他社会问题。国际贸易对一些人有利，也对另一些人不利。决策者在考虑自由贸易时一定要考虑各集团利益的冲突与平衡。这是自由贸易受到限制，保护贸易经常抬头的原因所在。

克林顿政府成功的秘诀

中国加入WTO标志着我国的经济更加开放。如何在开放经济的条件下调节经济，以实现经济繁荣？克林顿政府成功地使美国经济繁荣保持了10年之久的经验值得重视。

1993年克林顿上任时，面临着几个挑战：从1981年开始并一直增加的财政赤字已占GDP的4.9%；失业率超过了7%；经济在衰退。他的目标是减少赤字，实现充分就业。按传统理论这两个目标需要两种不同的政策。减少赤字要用紧缩性政策，实现充分就业要用扩张性政策。在美国这样一个开放的经济中，应该用什么政策组合来同时实现这两个政策目标呢？

美国经济学家芒德尔证明了，在一个资本自由流动，而且实行浮动汇率的经济中，就国内宏观经济而言，财政政策的作用远远小于货币政策。因为在资本自由流动条件下，国内与国外利率，当实行扩张性货币政策使国内利率下降时，资本流出，汇率下降，可以促进出口与经济繁荣，而财政政策引起利率上升，对经济的刺激作用有限。于是，克林顿采用紧缩性财政政策，减少支出，增加税收，结果使财政赤字减少。美联储实行扩张性货币政策，刺激了投资，而投资增加，股市上扬，又增加了人们的消费信心，消费也增加，边际消费倾向从长期的0.676上升到0.68。这就有力地刺激了美国经济，实现了繁荣。

这种政策的最优组合说明运用政策调节经济是一门艺术。

【本章小结】

在国际经济活动中，最重要的是国际贸易。国际贸易的深度和广度，是衡量一个国家开放经济程度的标志。

国际贸易在第二次世界大战后出现的重要特点之一是发达国家之间行业内制成品贸易大量增加，推动了经济繁荣。

比较优势理论是自由贸易的基石。这一理论证明了自由贸易是双赢的。

规模经济和不完全竞争理论证明了行业内制成品贸易的合理性，使自由贸易理论有了突破性发展。

保护贸易的思想始终存在，并称为限制性贸易政策的基础。传统的保护贸易理论是民族产业论，当代的贸易保护理论是战略性保护贸易论。

国际收支是一国一年内对外国的全部经济交往所引起的收支总额的对比，包括经常项目、资本项目和官方储备。

汇率决定的重要理论是购买力平价论，它证明了两国的汇率在本质上取决于各国货币的购买力。

在开放经济中，各国通过溢出效应和回波效应相互影响。

在开放经济中要同时实现内在均衡和外在均衡，就要灵活地运用政策组合，实现最优政策配合。

各国制定的对外贸易政策和国际金融政策成为规范一国对外贸易和资金流动的主要政策。

【关键术语和概念】

开放经济　绝对优势理论　比较优势理论　自由贸易理论　边际进口倾向　内在均衡

外在均衡　国际收支　国际收支顺差　国际收支逆差　经常账户　资本账户　外汇　汇率　固定汇率制　浮动汇率制　直接标价法　间接标价法　汇率升值　汇率贬值　溢出效应　回波效应　最优政策配合　对外贸易政策　关税　非关税壁垒　出口信贷　外汇管制

【练习题】

1. 当代国际贸易有什么特点？你认为哪一个特点最重要？
2. 有一种观点认为，资本丰富而廉价的国家应该生产资本密集型产品，劳动力丰富而廉价的国家应该生产劳动密集型产品。你认为这种观点正确吗？为什么？
3. 市场竞争的不完全性和规模经济如何引起行业内的贸易？
4. 发展中国家是否应该保护幼稚产业或战略性产业？为什么？
5. 国际收支平衡账户有哪些？
6. 简述外汇的含义。
7. 汇率变动对一国经济有什么影响？
8. 影响汇率的因素有哪些？
9. 当一国经济面临国内经济衰退与国际收支逆差时，仅仅用一种政策调节有什么困难？
10. 什么是最优政策配合？这种理论有什么意义？

【补充阅读】

国际汇率制度的演变

在第二次世界大战后的近60年中，国际汇率制度发生了重大变动。这种变动反映了国际经济的变化。

1944年7月，美、英、法、中、苏等44国代表在美国新罕布什尔州布雷顿森林举行了联合国货币金融会议。会议通过了《国际货币基金协定》，由此而形成了以美元为中心的国际货币体系，又称"布雷顿森林体系"。在这一体系下，西方各国实行了黄金美元本位制（又称国际黄金汇兑本位制）。这一制度的基本内容是：第一，美元与黄金挂钩，国际货币基金组织各国确认美国在1934年1月所规定的美元与黄金比价，即35美元等于1盎司黄金。各国有义务协助美国维持美元官价，美国承担准许各国中央银行按官价向美国兑换黄金的义务。第二，其他各国货币与美元挂钩，即其他官价的货币与美元保持固定汇率。只有在一国国际收支出现"根本不平衡"时才能调整汇率。市场汇率波动超过1%时，各国政府有义务干预，而汇率调整超过10%时，须经国际货币基金组织同意。这就是20世纪70年代之前西方各国所实施的固定汇率制度。

20世纪60年代后，由于多次发生美元危机，这一货币体系发生动摇。1971年8月15日，美国宣布停止美元兑换黄金。同年12月，根据西方"十国集团"达成的史密森协定，美元贬值7.89%，即从每盎司黄金35美元，改为38美元，并将汇率波动幅度从1%扩大为2.25%。1973年2月，美元再度贬值10%，即每盎司黄金升为42.22美元。目前，各国主要是采用浮动汇率制。

浮动汇率制取代固定汇率制标志着以美元为中心的国际货币体制的崩溃。这种体制崩溃的另一表现则是美元再不是唯一的国际通货。应该说，在目前的国际货币体制中，美元仍有重要地位，但这一地位已不是独占的了，欧元、日元、瑞士法郎等币值稳定的通货也与美元分享国际通货的作用。这种国际通货的多元化，有利于世界经济的稳定。

参考文献

1. [美] 斯蒂格利茨．经济学．姚开建，刘凤良，吴汉洪译．中国人民大学出版社，1997
2. [美] 多恩布什，费希尔，斯塔兹．宏观经济学．范家骧，张一驰，张元鹏，张延译．中国人民大学出版社，2000
3. 缪代文．微观经济学与宏观经济学．高等教育出版社，2000
4. 黎诣远，李明志．微观经济分析．清华大学出版社，2003
5. 高鸿业．微观经济学．中国人民大学出版社，2004
6. 梁小民．西方经济学教程．中国统计出版社，1998
7. 梁小民．西方经济学．中央广播电视大学出版社，2002
8. 茅于轼．生活中的经济学．暨南大学出版社，1998
9. 李翀．现代西方经济学原理．中山大学出版社，1999
10. 于春荣，胡静波．西方经济学．中国时代经济出版社，2002
11. 张淑云，李文和．西方经济学教程．化学工业出版社，2004
12. 刘凤良．西方经济学．中国人民大学出版社，2005